THE WORLD'S GREATEST
AIRCRAFT CARRIERS
AN ILLUSTRATED HISTORY

世界航空母舰
极简史

[英] 大卫·罗斯（David Ross）　著

徐玉辉　石　健　译

上海三联书店

目 录

1927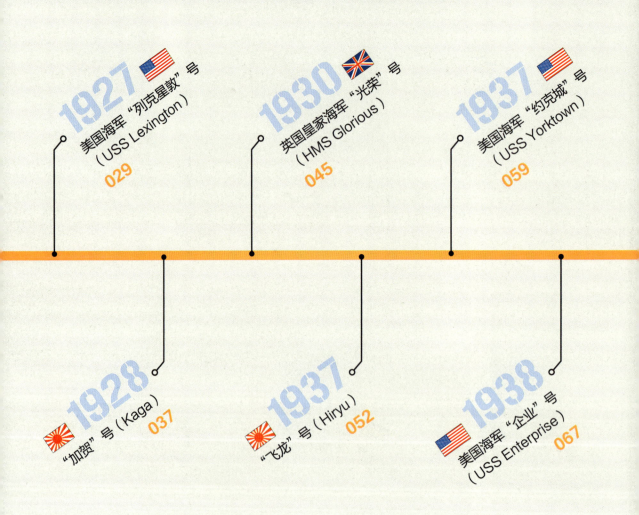
美国海军"列克星敦"号
（USS Lexington）
029

1930
英国皇家海军"光荣"号
（HMS Glorious）
045

1937
美国海军"约克城"号
（USS Yorktown）
059

1928
"加贺"号（Kaga）　**037**

1937
"飞龙"号（Hiryu）　**052**

1938
美国海军"企业"号
（USS Enterprise）
067

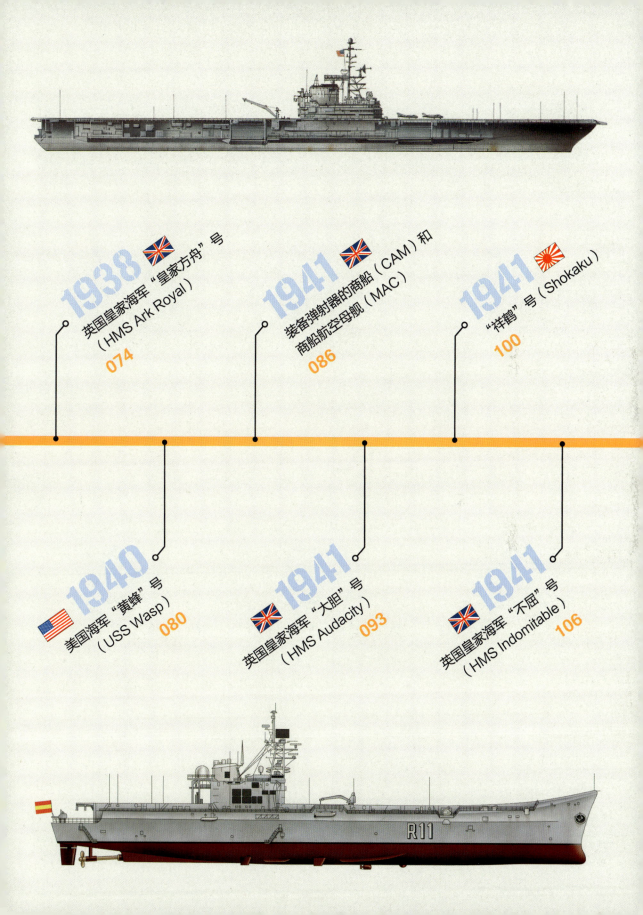

1938 🇬🇧 英国皇家海军"皇家方舟"号
（HMS Ark Royal）
074

1941 🇬🇧 装备弹射器的商船（CAM）和
商船航空母舰（MAC）
086

1941 🎌 "祥鹤"号（Shokaku）
100

1940 🇺🇸 美国海军"黄蜂"号
（USS Wasp） **080**

1941 🇬🇧 英国皇家海军"大胆"号
（HMS Audacity） **093**

1941 🇬🇧 英国皇家海军"不屈"号
（HMS Indomitable） **106**

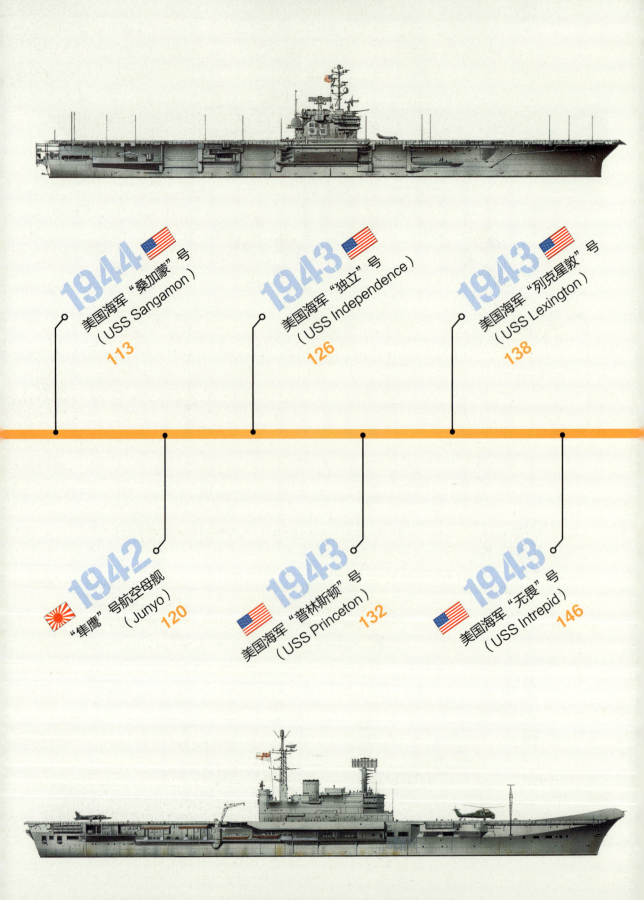

1944 🇺🇸
美国海军"桑加蒙"号
（USS Sangamon）
113

1943 🇺🇸
美国海军"独立"号
（USS Independence）
126

1943 🇺🇸
美国海军"列克星敦"号
（USS Lexington）
138

1942
"隼鹰"号航空母舰
（Junyo）
120

1943 🇺🇸
美国海军"普林斯顿"号
（USS Princeton）
132

1943 🇺🇸
美国海军"无畏"号
（USS Intrepid）
146

1943 🇺🇸
美国海军"黄蜂"号
（USS Wasp）
154

1944 🎌
"信浓"号（Shinano）
169

第二部
1945年之后的
航空母舰
185

1944 🎌
"大凤"号（Taiho） 162

1945 🇺🇸
美国海军"中途岛"号
（USS Midway） 176

1951 🇬🇧
英国皇家海军"鹰"号
（HMS Eagle） 186

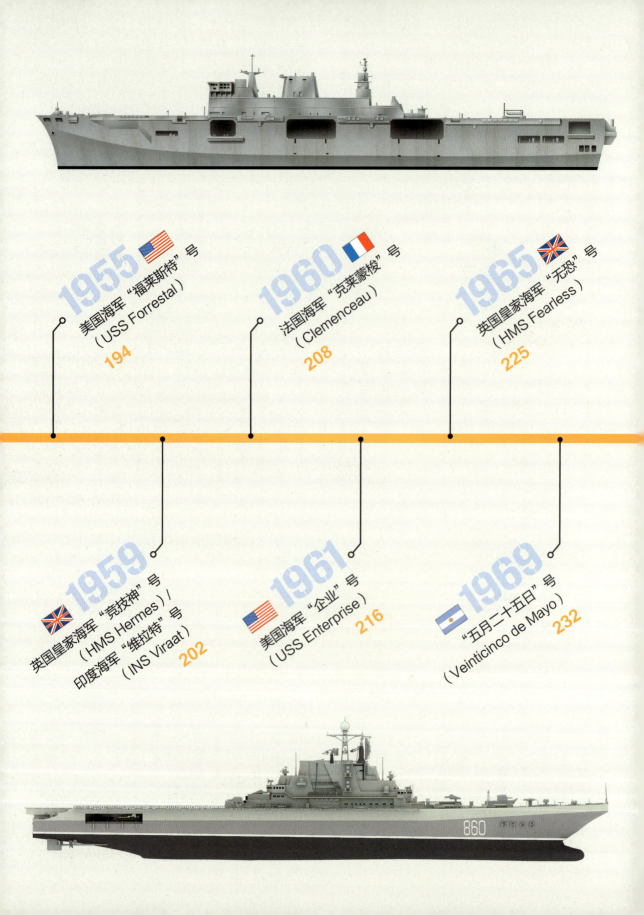

1955 🇺🇸
美国海军"福莱斯特"号
（USS Forrestal）
194

1960 🇫🇷
法国海军"克莱蒙梭"号
（Clemenceau）
208

1965 🇬🇧
英国皇家海军"无恐"号
（HMS Fearless）
225

1959 🇬🇧
英国皇家海军"竞技神"号
（HMS Hermes）/
印度海军"维拉特"号
（INS Viraat）
202

1961 🇺🇸
美国海军"企业"号
（USS Enterprise）
216

1969 🇦🇷
"五月二十五日"号
（Veinticinco de Mayo）
232

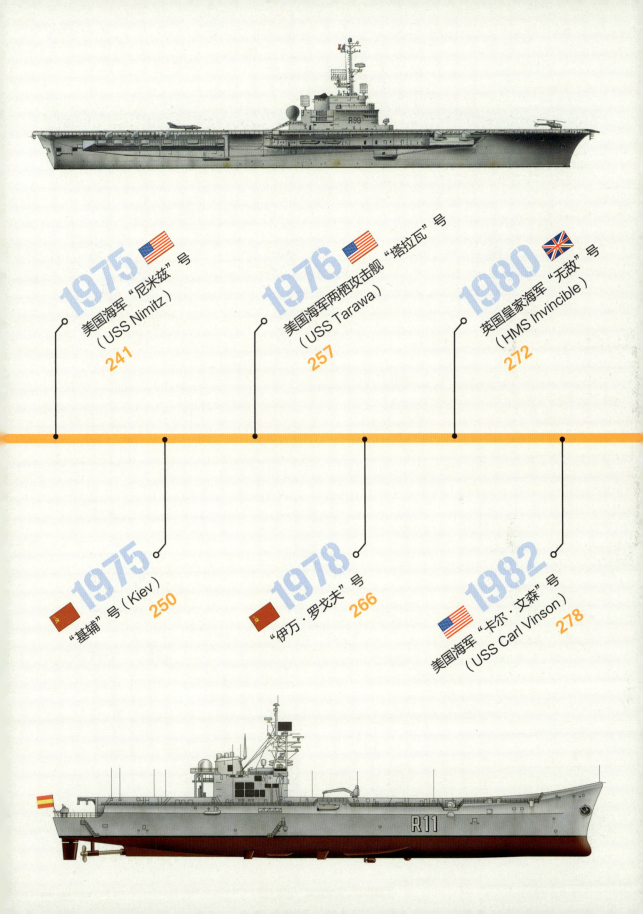

1975 🇺🇸
美国海军"尼米兹"号
（USS Nimitz）
241

1976 🇺🇸
美国海军两栖攻击舰"塔拉瓦"号
（USS Tarawa）
257

1980 🇬🇧
英国皇家海军"无敌"号
（HMS Invincible）
272

1975
"基辅"号（Kiev）250

1978
"伊万·罗戈夫"号 266

1982 🇺🇸
美国海军"卡尔·文森"号
（USS Carl Vinson）278

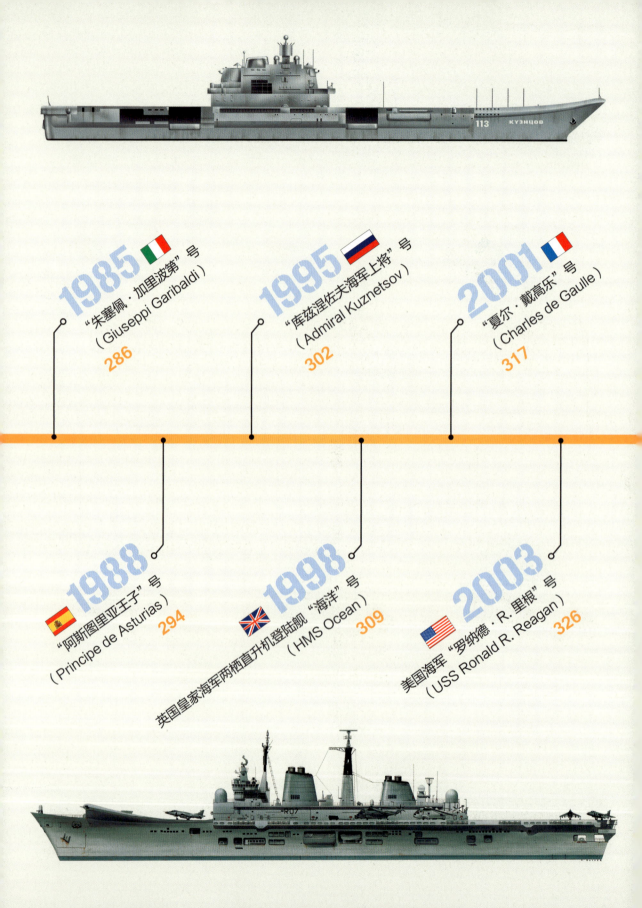

1985 🇮🇹 "朱塞佩·加里波第"号
（Giuseppi Garibaldi）
286

1995 🇷🇺 "库兹涅佐夫海军上将"号
（Admiral Kuznetsov）
302

2001 🇫🇷 "夏尔·戴高乐"号
（Charles de Gaulle）
317

1988 🇪🇸 "阿斯图里亚王子"号
（Principe de Asturias）
294

1998 🇬🇧 英国皇家海军两栖直升机登陆舰 "海洋"号
（HMS Ocean）
309

2003 🇺🇸 美国海军 "罗纳德·R.里根"号
（USS Ronald R. Reagan）
326

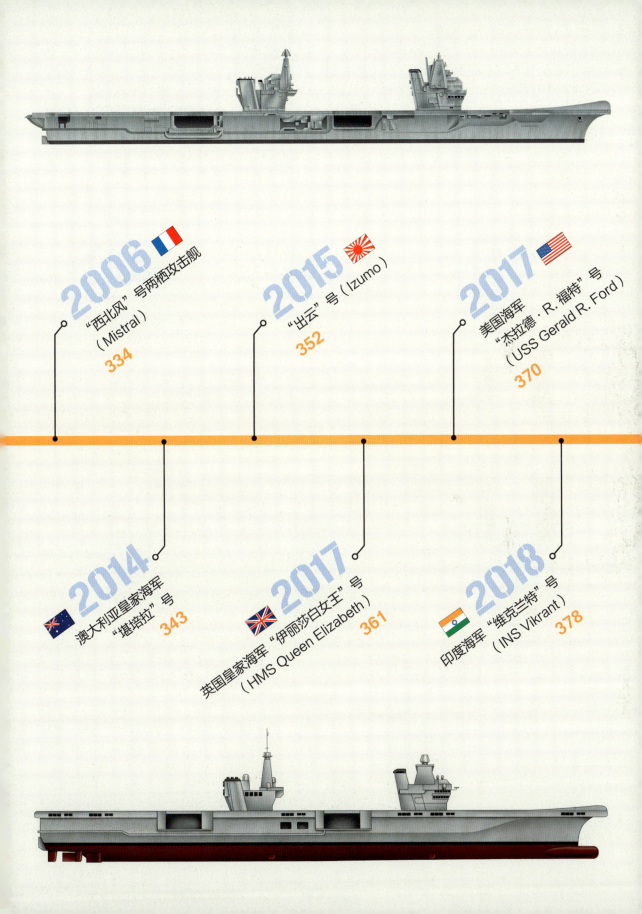

2006 🇫🇷
"西北风"号两栖攻击舰
（Mistral）
334

2015 🎌
"出云"号（Izumo）
352

2017 🇺🇸
美国海军
"杰拉德·R.福特"号
（USS Gerald R. Ford）
370

2014
澳大利亚皇家海军
"堪培拉"号 343

2017
英国皇家海军"伊丽莎白女王"号
（HMS Queen Elizabeth）
361

2018
印度海军"维克兰特"号
（INS Vikrant）
378

▲2007年5月22日，美国海军"尼米兹"号航空母舰（USS Nimitz）（CVN–68）在阿曼湾进行一次维持区域稳定巡逻。

AIRCRA

AN ILLUSTRA

引 言

航空母舰是20世纪最具革命性的海军舰船。包括潜艇在内的其他战舰的发展，都可以追溯到19世纪，但航空母舰却直到20世纪才粉墨登场。

THE

WORLDS

GREATEST

T CARRIERS

ED HISTORY

　　舰船安装用于军事用途的航空设备并不是什么新鲜事：从18世纪晚期开始，海军舰船就投放气球用于探测，甚至投掷炸弹。两个因素使得航空母舰与众不同：一个是有动力的飞机，它们出现于1903年，将战争带入一个新的维度；另一个是舰船的设计。纵观历史，舰船的设计和建造都是沿中心线左右对称布置。最早的一批航空母舰也试图沿用这一思路，但不久之后人们就意识到需要一条不同的路径：飞机可以从其上起飞，但无法再回来着舰。想要满足飞机的起降就需要一个"平顶"，即舰船的上部结构，甚至烟囱都安装在大型的飞行甲板下方，飞行甲板下方是正常的主甲板，这就是典型的航空母舰整体轮廓。

　　这种解决方案的弊端是导航和飞行控制非常困难，因此人们又设计了舰岛，通常位于舰体右舷或者右侧延伸段。

▼1931年，马丁VT-1B T4M鱼雷轰炸机准备从美国海军"列克星敦"号航空母舰（USS Lexington）（CVN-2）上起飞。

空中支援

在认识到飞机能够为海军舰艇提供侦察和搜索支援后，人们很快开始了让军舰搭载飞机的尝试。第一架军用飞机于1909年6月交付给美国海军，1910年11月14日，尤金·伯顿·伊利（Eugene Burton Ely）首次驾驶1架带动力的飞机从"伯明翰"号巡洋舰（USS Birmingham）上起飞。他驾驶的寇蒂斯双翼机借助舰艇上方的一个斜坡，在接触水面的前一刻成功起飞。1911年1月18日，他又首次在美国海军"宾夕法尼亚"号巡洋舰（USS Pennsylvania）上完成降落，舰船上装备了一个特制的36.5米（120英尺）平台，平台利用沙袋和绳索构成了最原始的"着舰装置"。

1912年5月9日，英国皇家海军"海伯尼亚"号（HMS Hibernia）前无畏舰首次实现舰船移动状态下的飞机起降，当时它的行驶速度为10.5节（19.4千米/时；12英里/时）。其他国家海军充满热情的官员也开始特别注意这种新的战斗形式。后续的尝试使用了新的科学设备，如风洞，同时还在地面基地上利用模拟的航空母舰甲板进行了试验，最终从大量的实验和错误中学到了很多经验。

可供轮式飞机起降的平顶舰船概念很快被传统上相对保守的英国海军接受，主要原因有三：首先，自1914年8月第一次世界大战爆发以来，获取战术或战略优势的创新理念成为关键；其次，飞越海面的飞机既可以躲避潜艇，又能准确地到达预设地点，然后发回情报信息——1916年，水上侦察飞机可以向它们的母舰发回无线电信息——或发起攻击；最后，大舰队的舰长们迫切需要更有效的空中掩护。

大量英国战列舰和巡洋舰都在主炮塔上装备了短程的起飞平台，选择炮塔是因为它们可以根据风向旋转，而不需要舰船改变方向，到第二次世界大战结束时大量战舰都搭载了飞机。第一艘配备弹射器帮助飞机起飞的战舰是美国海军"北卡罗莱纳"号战列舰（USS North Carolina），它于1915年11月5日使用1架寇蒂斯AB-2飞机测试了弹射起飞。但是这些改装舰艇都还谈不上真正的专用型航空母舰。直到1917年，英国皇家海军的"暴怒"号（HMS Furious）完成改装后，"航空母舰"（Aircraft Carrier）这种船型才真正得以出现。

条约的推动

第一次世界大战结束时，航空母舰的概念已经正式确立了。战后的《华盛顿海军条约》意外地推动了航空母舰的发展。多数列强在战争结束后仍在建造大型巡洋舰（战列巡洋舰）和战列舰，但《华盛顿海军条约》限制建造新的大型军舰，且规模庞大的主力舰队也已经彻底超出和平时期所需。一些主力舰按照条约被报废拆毁，但还有多艘在建船体被改造成了航空母舰，这种改建的方式比全新建造航空母舰成本更低。在非常短的时间（约10年）内，航空母舰就实现了从无到有，并在各列强国家海军中占据显著地位，同时战略重要性与日俱增。

▲1918年，一架索普维斯"骆驼"飞机（出现于1917年）正由起重机吊到飞行甲板上。

AIRCRA
AN ILLUSTRA

第一部
两次世界大战
时期的航空母舰

　　1914年8月第一次世界大战的爆发，以及随后海军力量的建设对海军航空兵力量的发展起到了巨大的推动作用。当时世界上最强大的海军——英国皇家海军引领了航空母舰的发展，虽然航空母舰直到战争临近结束时才真正出现，并且对战争的实际影响甚微，但它对战后海军政策的影响是巨大的。美国和日本海军也很快加入了航空母舰研究行列。当时没有统一的设计方案，20世纪20年代出现了大量战列舰和巡洋舰改装型号，包括一些拥有2层、甚至3层飞行甲板的船型。直到20世纪30年代，专业的航空母舰设计方案才正式提出来，1936年以前，新建舰船的吨位都受到1922年《华盛顿海军条约》的限制。

GREATEST
T CARRIERS
ED HISTORY

1917

英国皇家海军
"暴怒"号（HMS Furious）

"暴怒"号最初被设计为巡洋舰，但后来成为第1艘专用型航空母舰，其间经历了一系列改造，飞行甲板从仅覆盖舰体一部分到变成全长度飞行甲板。它与英国皇家海军"百眼巨人"号航空母舰（HMS Argus）是仅有的2艘在两次世界大战中都被用作航空母舰的舰船。

▼ "暴怒"号的迷彩涂装。这种用于让观察者产生视觉误差的伪装诞生于第一次世界大战期间，且该舰在第二次世界大战期间也一直涂刷着迷彩。

排气口：废气从舰艉飞行甲板和机库之间的位置排到空气中，这个位置产生的气流对于舰载机着舰有不利影响。

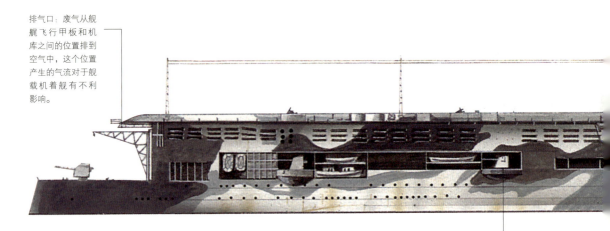

火炮（Guns）：火炮安装在主甲板侧面，部分安装在舰体侧面的舷台上。

"暴怒"号于1915年6月8日在泰恩的阿姆斯特朗·惠特沃思的埃尔斯威克船厂开建，它和另外两艘姊妹舰最初都定位为重型火炮巡洋舰，计划用于波罗的海沿岸的炮击行动，但最终完工时都成为了航空母舰。1917年，"暴怒"号经过改造，装备了一个小型飞行甲板，前部炮塔也换成了小型机库和起降设施，后来，艉部炮塔也被拆除以安装另一个更小的飞行甲板。上部结构的两侧都被改为走廊以便飞机在舰体两端移动。1917年8月2日，E. H. 邓宁（E. H. Dunning）少校驾驶一架索普维斯飞机成功在"暴怒"号上着舰，但他在第二次尝试中不幸罹难。当时"暴怒"号没有阻拦装置，由于风险太大，英军放弃了在甲板上着舰。因此该舰释放的飞机要么在海上迫降，要么就必须另寻他处着陆。在这种情况下，1918年7月19日，"暴怒"号发起了第一次舰载行动，成功突袭了位于石勒苏益格-荷尔斯泰因的特纳恩（Tondern Schleswig-holstein）齐柏林飞艇基地，舰上搭载的7架索普维斯"骆驼"2F.1飞机摧毁了两艘齐柏林飞艇。

改装

然而，由于人们认为舰船的设计并没有完全满足作战需求，"暴怒"号经过1921年至1925年期间的改装成为了一艘全平甲板的航空母舰，但最初全平甲板仅用于着舰，并且舰艉保留了一个短距离下层起飞甲板（1932年被拆除）。舰桥和烟囱都被拆除，以避免产生的涡流影响舰载机运作。战舰的指挥设施全部被挪至飞行甲板下方，发动机废气则直接通过舰艉的排烟管排出。"暴怒"号还是第一艘采用圆钝型飞行甲板的航空母舰，从而保证甲板周围的气流更加平滑；"暴怒"号还首次测试了不同的停机绳索，该系统最初是纵向的，更多的是避免飞机在甲板上突然转向，而不是让它们停下来，因为当时飞机的速度很慢，因此还并不是特别需要借助外力停止。此时，其姊妹舰"勇敢"号（Courageous）和"光荣"号（Glorious）也改装成了航空母舰。

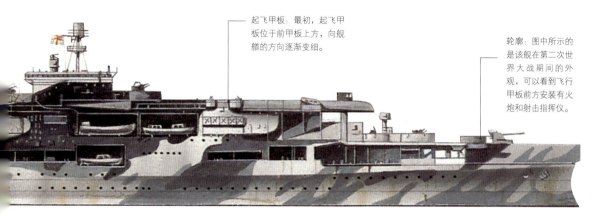

起飞甲板：最初，起飞甲板位于前甲板上方，向舰艉的方向逐渐变细。

轮廓：图中所示的是该舰在第二次世界大战期间的外观，可以看到飞行甲板前方安装有火炮和射击指挥仪。

性能规格

尺寸：长224.1米（735英尺2英寸）；宽26.8
　　　米（88英尺）；吃水8.3米（27英尺3
　　　英寸）

排水量：标准22900公吨（22500吨）；满载
　　　　26900公吨（26500吨）

推进装置：18台"亚罗"锅炉，4台布朗—寇蒂
　　　　　斯齿轮减速蒸汽轮机，4根传动轴；
　　　　　功率67113千瓦（90000轴马力）

速度：30节（56千米/时；34.5英里/时）

续航能力：可以10节（18.5千米/时，11.5英里
　　　　　/时）的速度航行7480海里（13850
　　　　　千米，8610英里）

武器：10门BL 140毫米（5.5英寸）Mk 1舰
　　　炮，6门QF 102毫米（4英寸）防空炮

载机量：36架

舰员：795人

1931年至1932年期间，"暴怒"号又进行了一系列改造，按照飞行甲板的标准重新建造了舰艉，1939年，舰体右舷安装了小型舰岛，同时还加强了防空武器：6门双联装102毫米（4英寸）火炮和2套射击指挥仪，后来又增加了3座8联装"砰砰"防空炮。该舰主要的推进装置是4台布朗—寇蒂斯齿轮减速式蒸汽轮机，动力来源于18台"亚罗"小直径水管锅炉。船体的部分区域安装了51～76毫米（2～3英寸）装甲，主要用于保护发动机和转向装置，此外舰体侧面还设有防雷突出部。

"暴怒"号最初搭载的索普维斯"骆驼"飞机并不是专为舰载机设计的。20世纪20年代，一些适合海上使用的飞机出现了，其中包括阿弗罗"野牛"和布莱克本R-1观测飞机、布莱克本"飞镖"鱼雷轰炸机、韦斯特兰"海象"侦察机，以及格罗斯特"战神X/欧夜鹰"和费尔雷"鹣"战斗机。1940年，"暴怒"号搭载的是费尔雷"剑鱼"和格罗斯特"海斗士"战斗机。

第二次世界大战期间，"暴怒"号完成了繁重的作战任务，除了本舰参与的空袭行动，它还将28个航空中队运送到不同的目的地。1939年9月，它跟随本土舰队在西北水道作战，并在10

▼虽然使用了完全一样的舰体，"勇敢"号在改装成航空母舰时与"暴怒"号有所差异。当时航空母舰最佳的布局尚在摸索之中。

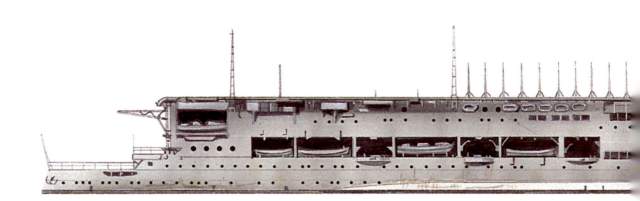

月和11月搭载18架费尔雷"剑鱼"战斗机，参与了追击"沙恩霍斯特"号（Scharnhorst）战列舰和"科隆"号（Koln）巡洋舰的行动。随后它在大西洋开展护航行动（其中一次将价值1800万英镑的金块安全送往加拿大）并进行洲际巡逻直至1940年4月，后来它还在纳尔维克战役中为驱逐舰提供支援。

唯一的幸存者

"光荣"号被"沙恩霍斯特"号击沉后，"暴怒"号成为挪威战场唯一可用的航空母舰。1940年9月22日，11架"剑鱼"鱼雷轰炸机从"暴怒"号上起飞，向特隆赫姆周围的德军阵地发起进攻，同时还有6架"贼鸥"战斗机作为空中掩护，最终损失了5架"剑鱼"轰炸机和1架"贼鸥"战斗机。1940年12月至1941年7月期间，它先后向西非和马耳他运送飞机，向直布罗陀运送部队，其间在贝尔法斯特港的哈兰德与沃尔夫造船厂进行过短暂的维修，因为该舰在5月8日被1枚炮弹击中，但造成的损伤不大。后来，它又护卫一支护航队前往俄罗斯北部的阿尔汉格尔港，并再次向直布罗陀和牙买加运送飞机，随后到宾夕法尼亚的美国海军船厂进行大规模翻修，改装内容包括安装更先进285式火控雷达。

"暴怒"号再次参加作战行动是在1942年7月，当时该舰参与了遭到反复攻击的，为遭受封锁的马耳他运输飞机的行动，随后进入地中海继续服役，其间在至少2次意大利潜艇的袭击中幸免，随后加装了可以用于对空和对海预警的286型雷达。北非登陆的"火炬"行动期间，它多次派出飞机袭击维希法国位于阿尔及利亚的机场。到1943年2月时，它返回本土舰队，同时在西部战线和通往俄罗斯的护航路线上服役。1943年8月至12月，它进行了一次整修。1944年早期，它频繁地返回挪威水域，参加了一系列舰载机突袭行动，主要目标是停泊在卡峡湾的"提尔皮茨"号战列舰。1943年10月，该舰退出一线，转而用于飞行员训练。"暴怒"号于1945年3月退役，并被列入预备役名单。1948年1月23日，"暴怒"号出售拆毁。

全面改造

　　"勇敢"号的舰体与"暴怒"号完全一样，但后来进行了改装，并于1928年2月作为专用航空母舰重新服役。该舰的外形与"暴怒"号差别较大，大型的垂直烟囱与小巧的上层建筑连为一体，共同布置在舰体右侧，其上布置有航海舰桥和航空调度室。"光荣"号采用了干舷高度更低、前方向下倾斜的飞行甲板，但倾斜甲板在20世纪30年代初被拆除。得益于"暴怒"号的设计经验以及设计优化，"勇敢"号可以搭载48架飞机，与之相比的"暴怒"号只能搭载36架。由于装甲较薄，"勇敢"号于1939年9月17日在爱尔兰沿岸被德军VIIA型潜艇 U-29号发射的2枚鱼雷击沉，这也是第二次世界大战期间损失的第一艘航空母舰。

▶图中展示了"勇敢"号的舰艇飞行甲板。注意左舷和右舷上的起重机。1931年，它成为英国第一艘安装横向停机绳索的航空母舰，该装置使得飞机的着舰更加安全。

1918

英国皇家海军
"百眼巨人"号（HMS Argus）

1914年开工时，"百眼巨人"号还是一艘客轮，但该舰却成为了人类历史上第一艘采用全长度飞行甲板的航空母舰。由于服役太晚，该舰未能赶上第一次世界大战，而在第二次世界大战期间，该舰主要被用作飞机运输船，不过也曾一度成为一艘战斗机母舰。

格拉斯哥造船公司威廉-比德摩尔分公司很早就对海军舰载航空产生了兴趣，它们在1912年向海军部正式提出了平甲板航空母舰的概念。阴差阳错的是，比德摩尔公司库存的一艘舰船在1916年9月被海军部征走，即1914年铺设龙骨的，在克莱德河畔达尔缪尔（Dalmuir）造船厂为一家意大利公司建造的"罗索伯爵"号（Conte Rosso），该舰在接受改装后以"百眼巨人"号的舰名于1917年12月2日正式下水。

"百眼巨人"号于1918年9月16日开始服役，是世界上第一艘安装全尺寸飞行甲板的航空母舰，可以让轮式飞机在舰船上着舰，因其独特的外观而被称为"熨斗"。该舰的舰体沿用了商船的船体，仅有舰部的弹药库和鱼雷舱周围安装了50毫米（2英寸）厚的装甲，前部的弹药库仅在顶部安装了一块50毫米（2英寸）厚的装甲。

独一无二的外形

　　"暴怒"号最初改造成航空母舰时只采用了局部飞行甲板，"百眼巨人"号在设计时吸取了前者的教训，在左右两舷都布置有小型舰岛，之间以舰桥甲板相连接，从而使得飞行甲板前后贯通。这种设计的同样也是为了迁就分别布置在两舷的两座烟囱。该舰的舾装成本高达130万英镑，但终归物有所值，使得该舰具备了独具一格，首开时代先河的全平坦飞行甲板的布局。舰楼后部设有一个可以升降的操舵平台，可以在没有飞机起降时升起以改善视野。来自锅炉的废气和烟气通过飞行甲板和机库顶部甲板之间的管道从舰艉排出，一些热量通过电风扇排散。后甲板上还装有两个起重机，位于飞行甲板末端下方。航母的中心线上安装有两部升降机，其中一部置于舰体前部，这也是第一次在航空母舰上安装升降机。

　　等到该舰开始服役时，战争已经接近尾声，因此，"百眼巨人"号在20世纪20年代的首要任务是作为测试和训练舰船，探索航空母舰的功能，提升航空母舰的作战效率。该舰在1925年进行了一次重大改造，装上了航空燃油油罐，在此之前燃料都装在9升（2加仑）的油桶中。长而狭窄的舰体上方搭载沉重的飞行甲板导致舰船的稳定性不佳，因此在改造中沿着吃水线安装了一个膨出部，这也为舰船提供了一些鱼雷防御能力。

　　"百眼巨人"号由12缸"苏格兰"火管锅炉提供动力，4台"帕森斯"蒸汽轮机驱动4根传动轴，有限的功率使得该舰的加速性能有限，最大速度为20节（37千米/时，23英里/时），而此后装备的航空母舰在航速上会有显著提升。事实证明，"百眼巨人"号是一款在高速航行时容易操纵的航空母舰，不过航海部门必须学会应对大风，并估测大风对舰船航行带来的影响。舰艏和舰艉甲板上安装了4门102毫米（4英寸）平射舰炮，两舷舷台还装有4门102毫米防空炮。

▲第806中队的1架布莱克本"贼鸥"Mk 2型俯冲轰炸机。"贼鸥"是1938年11月引入的一款舰载俯冲轰炸机，也是舰载航空力量装备的第一款单翼机。1941年，它因为速度过慢而退出一线。

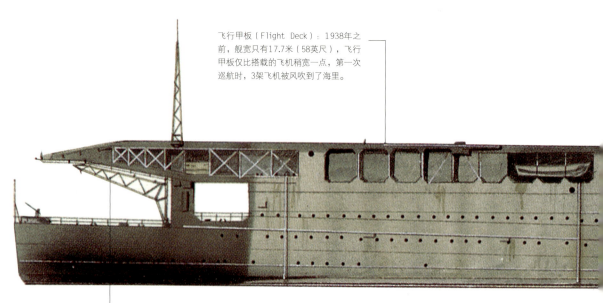

飞行甲板（Flight Deck）：1938年之前，舰宽只有17.7米（58英尺），飞行甲板仅比搭载的飞机稍宽一点，第一次巡航时，3架飞机被风吹到了海里。

起重机（Cranes）：后甲板上安装了2个水上飞机起重机。

性能规格

尺寸：长172.2米（565英尺）；宽20.7米（68英尺）；吃水7米（23英尺2英寸）

排水量：标准14935公吨（14700吨）；满载16028公吨（15775吨）

推进装置：12座"苏格兰"锅炉，4台"帕森斯"蒸汽轮机，2根传动轴；功率15000千瓦（20000轴马力）

速度：20节（37千米/时；23英里/时）

续航能力：3563海里（6598千米；4100英里）

武器：4门102毫米（4英寸）舰炮，4门102毫米（4英寸）防空炮

载机量：48架

舰员：495人

"百眼巨人"号可以搭载18架飞机，最初包括一个由12架索普维斯"布谷鸟"鱼雷轰炸机组成的中队和6架索普维斯"骆驼"战斗机。在1920年1月跟随大西洋舰队的一次巡航中，该舰搭载了多架索普维斯"骆驼"战斗机，2架爱尔科DH.9A轰炸机和2架费尔雷水上飞机。在20世纪20年代该舰还搭载过多款那个时代的舰载机，如帕纳尔"美洲豹"侦察机，格洛斯特"欧夜鹰"战斗机和布里斯托尔战斗机。后来在第二次世界大战中，该舰还搭载过费尔雷"剑鱼"和"贼鸥"轰炸机。

"百眼巨人"号最初的伪装色是和平时期的海军灰。最初，"百眼巨人"号安装了"暴怒"号上拆下来的着舰装置，但后来它也尝试了其他形式的着舰装置。1918年10月1日，"百眼巨人"号完成了第一次飞机着舰。1922年9月，恰纳克危机期间，"百眼巨人"号被部署到达达尼尔海峡，为一支英国海军分舰队提供空中掩护，当时英国和土耳其之间一度可能

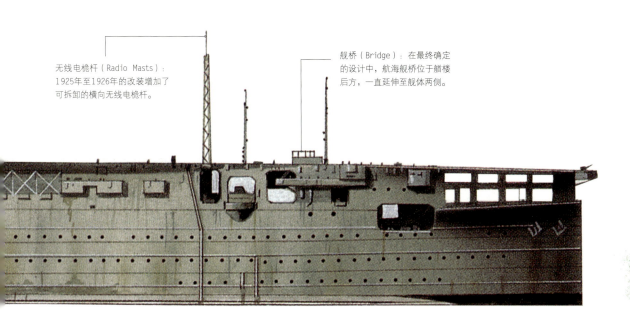

无线电桅杆（Radio Masts）：
1925年至1926年的改装增加了
可拆卸的横向无线电桅杆。

舰桥（Bridge）：在最终确定
的设计中，航海舰桥位于舰楼
后方，一直延伸至舰体两侧。

▲ "百眼巨人"号带来的顶部太重，导致船体横向稳定性不尽如人意。其平坦的顶部和尖锐的舰艏使其获得了"熨斗"的绰号。

爆发战争，1927年至1928年冬季，该舰被派往母港为中国香港的中国分舰队。1928年至1936年期间，"百眼巨人"号转入预备役状态。1936年至1938年期间，它被改装成一艘拖靶船，拆除了火炮，装上了新型发动机，飞行甲板加宽了3米（10英尺）；它还被用于飞行训练。1940年早期，"百眼巨人"号又恢复了防空装备，即2门102毫米（4英寸）防空炮和3座维克斯4联装重机枪。这些仅作为权宜之计的防空武器日后都被厄里康20毫米防空炮取代。

训练船只

第二次世界大战爆发后的头几年里，"百眼巨人"号搭载第767海军航空中队参与了护航行动，以及将飞机摆渡到冰岛、马耳他、黄金海岸（加纳）、直布罗陀和摩尔曼斯克等地的任务。1942年6月，"百眼巨人"号在"鱼叉"行动中为开往马耳他的护航队提供空中掩护，11月，该舰又支援了北非登陆行动，其间被一枚炸弹击中，4名舰员阵亡，随后返回英国进行修整。1943年5月，"百眼巨人"号被重新划为护航航空母舰，但此时大量更先进的舰船已经开始投入使用，因此该舰继续被用于训练飞行员。"百眼巨人"号最后一次载机服役是在1944年9月27日，1945年1月至8月，该舰在查塔姆造船厂作为浮动住舱使用。1946年12月，"百眼巨人"号被出售，1947年被拆解。

"最小的航空母舰"

　　与"百眼巨人"号同时代，英国皇家海军还生产了一种安装18.3米（60英尺）倾斜坡道的H级"水上飞机驳船"。H级舰船共建造了35艘。最初，它搭载1架轻型双翼水上飞机，1918年7月21日，这种驳船测试了装备1挺机关枪的索普维斯双翼机，结果表明轮式飞机也能从最小化的飞行甲板上起飞。驳船由1艘摩托艇拖曳，以20节（37千米/时；23英里/时）航速顶风航行时，飞机启动发动机并逐渐加速至最大功率，轮挡和绳索松开后飞机便可起飞。1918年8月10日，1架从H21上起飞的索普维斯双翼机攻击并击落了L53齐柏林飞艇。这种"最小的航空母舰"主要的任务是阻止齐柏林飞艇的突袭。英格兰耶维尔顿海军航空兵博物馆收藏了1艘修复的H级舰船。

▶1938年的"百眼巨人"号，舰艏甲板已经与飞行甲板平齐，但巨大的开孔使得系船甲板仍然可以使用。

1924

英国皇家海军
"鹰"号（HMS Eagle）

与所有第一代航空母舰一样，"鹰"号并不是作为航空母舰开工的，即使在改造成航空母舰之后它仍然保留了很多战列舰的外观特点。

　　1912年7月，智利海军从阿姆斯特朗—惠特沃思船厂订购了"海军上将科克兰"号（Almirante Cochrane）无畏舰，该舰从1913年2月20日开始建造，但由于1914年8月战争的爆发而一度中断。1918年2月13日，英国海军部买走了尚未完工的舰体，并将其改造成了1艘水上飞机航空母舰，随后又进一步改进为标准的航空母舰，1920年4月6日在德文波特以"鹰"号的舰

飞行甲板（Flight Deck）："鹰"号是第一艘在舰岛上设置飞行甲板的航空母舰，并由此确立了上层建筑安装在舰船右舷的惯例。

发动机舱（Engine Room）：发动机舱的部件是在英国政府买下该船前订购的，因此该舰成为英国唯一一艘使用公制单位设计建造且采用西班牙语标签的战舰。

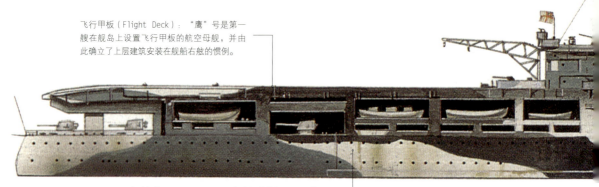

名作为航空母舰服役。该舰随后进行了密集的测试，主要集中在甲板着舰上，而着舰也是直到现在为止海军航空兵最关键的能力，后来"鹰"号又前往朴茨茅斯船厂进行了进一步的改造，其中包括增建上层建筑和安装防雷突出部。它于1924年2月26日重新开始服役，成为当时世界上最大的航空母舰。

"无畏"级舰船的舰体非常容易识别，飞机库甲板位于舰体上方，同时还铺设有全长的装甲化飞行甲板。大型的上层建筑安装在舰体右舷上。这种布局经过风洞试验之后被采用，实验表明，这种布局下，烟囱冒出的尾气给飞机在舰艉着舰时带来的烟雾干扰和湍流影响最小。当舰船在风中散发热气时，在舰艉着舰最有利于降低速度。

"鹰"号有2根桅杆和2个烟囱——英国皇家海军中唯一如此配置的航空母舰。另一处改进是燃料供应从煤-油混烧改成重油专烧。舰内燃料舱可装载3088公吨（3040吨）舰船发动机所用的燃油，此外还能装载14000升（3083加仑）航空燃料。动力来自32台"亚罗"水管式锅炉，传动装置包括4台"帕森斯"齿轮减速式蒸汽轮机和4根传动轴。主甲板上安装了9门152毫米（6英寸）舰炮。装甲包括114毫米（4.5英寸）厚的装甲带，甲板装甲厚25～38毫米（1～1.5英寸），横舱壁装甲厚度为102毫米（4英寸）。舰船共安装了2台飞机升降机，1台位于舰船上层建筑正前方，另1台位于舰艉。"鹰"号的战列舰式舰体限制其最多只能搭载24架飞机，通常只有20架或21架。在它最后一次执行任务中，"鹰"号搭载了20架"海飓风"（Sea Hurricane）战斗机。但在第二次世界大战早期，该舰还搭载过"剑鱼"（Swordfish）轰炸机，"鹟"（Flycatcher）

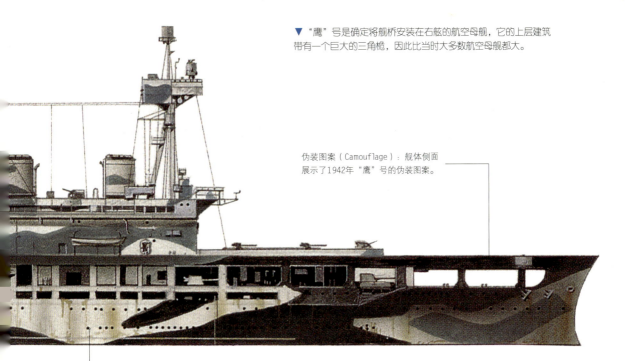

▼ "鹰"号是确定将舰桥安装在右舷的航空母舰，它的上层建筑带有一个巨大的三角桅，因此比当时大多数航空母舰都大。

伪装图案（Camouflage）：舰体侧面展示了1942年"鹰"号的伪装图案。

防鱼雷凸出部（Torpedo Blisters）："鹰"号的防雷凸出部可以吸收52千克力/平方厘米（750磅力/平方英寸）的冲击载荷。

战斗机，"海斗士"（Sea Gladiator）战斗机和"管鼻鹱"（Fulmar）战斗机。

　　20世纪20年代晚期，"鹰"号主要在地中海舰队服役，并跟随舰队开展了首次全舰载航空行动，这期间以马耳他的哈尔法机场作为陆地基地。1931年至1933年期间，"鹰"号返回英国进行了一次整修，换装了新锅炉，安装了横向的飞机阻拦索，随后它被部署到远东地区，1933—1935年和1937—1939年期间在中国舰队服役。1939年9月第二次世界大战爆发时，"鹰"号正在新加坡海军基地进行另一次整修。第二次世界大战期间，"鹰"号在1艘驱逐舰的护卫下进行了战时巡逻。1940年3月14日，"鹰"号在尼科巴群岛沿岸发生炸弹意外爆炸事故，导致14名舰员死亡，大部分飞机受损，它被迫回到新加坡进行修理。修理完成后，"鹰"号又被

▲ "鹟"是一款1922年研制完成的单座战斗机。该机前部机身采用金属材质，后半部机身为覆盖纤维蒙皮的木质结构。截至1930年，"食虫鸟"战斗机共量产192架。

送回地中海舰队，虽然它搭载的飞机数量过少，并且速度太慢而无法被划分为舰队航空母舰，但在新型的速度更快的"光辉"号航空母舰到来之前，"鹰"号一直是英国皇家海军在地中海舰队唯一的航空母舰。

利比亚突袭

　　7月9日，"鹰"号的舰载机突袭了意大利占领的利比亚，击沉了"西风"号（Zeffiro）驱逐舰。随后"鹰"号又开展了密集的行动，并于7月10日在西西里岛的奥古斯塔击沉了"莱昂内—潘卡耳德"号（Leone Pancaldo）驱逐舰，此外"鹰"号的舰载机还针对意大利的轰炸机发起了多次空战。"鹰"号搭载的"海斗士"战斗机还在7月9日简短的、非决定性的卡拉布里亚海战中充

性能规格

尺寸：长203.5米（667英尺6英寸）；宽35.1米（115英尺）；吃水（最大）8.1米（26英尺8英寸）

排水量：标准22200公吨（21850吨）

推进装置：32座"亚罗"锅炉，4台齿轮减速蒸汽轮机，功率37000千瓦（50000轴马力）

速度：24节（44千米/时；28海里/时）

续航能力：可以16节（29.6千米/时；18.4英里/时）的速度航行4800海里（8900千米；5500英里）

武器：9门152毫米（6英寸）舰炮，5门102毫米（4英寸）防空炮

载机量：24架

舰员：791人

当英军主力舰的侦察机，它还派出"剑鱼"鱼雷轰炸机进攻意大利舰船，但没有命中。10月12日，"鹰"号被意大利SM79轰炸机袭击，因近失弹导致的输油管破裂而导致燃油泄漏，随后该舰回到位于亚历山大港的英国海军基地进行修理。因此，"鹰"号没有直接参与11月11日在塔兰托对意大利舰队开展的海军空中袭击，但其搭载的5架"剑鱼"鱼雷轰炸机从"光辉"号上起飞参与了此次行动。"鹰"号在地中海一直服役到1941年4月，随后它被派去在印度洋开展远距离巡逻，绕过好望角到达南非西蒙斯敦，最终进入南大西洋，其间主要搜索德国的破交船，并在6月6日击沉了偷过封锁线的"易北河"号（Elbe）。1941年9月20日，"鹰"号发生火灾，多架"剑鱼"鱼雷轰炸机被烧毁。

　　1941年10月返回英国后，"鹰"号停泊在别根海特，舰上的4联装12.7毫米（0.50英寸）口径机枪升级为12门20毫米（0.787英寸）厄利康高射炮，同时装上了290式对空预警雷达和285式火控雷达。1942年2月，"鹰"号再次回到地中海，替换"皇家方舟"号航空母舰，为来自第813和第824中队的H舰队提供空中支援，并在2月和3月向马耳他的英军卫成部队运送"喷火"

战斗机。

　　1942年4月返回直布罗陀修理转向装置后，"鹰"号又返回到直布罗陀和马耳他之间服役，主要负责运送飞机和提供护航支援，其间在5月17日意大利SM79飞机袭击中幸存下来。这次行动是"基座"行动（Operation Pedestal）的一部分，1942年8月11日，"鹰"号在马略卡岛以南130千米（81英里）的位置被1艘VIIB型潜艇（U-73）发射的4枚鱼雷命中。吃水线以下被炸出几个大洞，"鹰"号开始倾翻，随后在不到8分钟的时间内沉没了。131名舰员死亡，929人被护卫舰船救起。

"基座"行动

　　地处地中海正中的马耳他对于盟军通往中东、北非以及经苏伊士运河至远东的运输补给线至关重要，但作为一座岛屿要塞，马耳他也需要持续获得武器和弹药支援。"基座"行动是1942年盟军为了向马耳他输送补给而发起的运输行动中最为关键，也是代价最为惨痛的一次。在这一年，盟军护航船队需要冒着敌人无比凶残的空中、水面和水下攻击，向马耳他抢运物资。1942年8月，岛上的航空燃油告罄，因此，包括美国油轮"俄亥俄"号在内的14艘商船在41艘盟军战舰的护航下前往该岛，"鹰"号也在护航战舰的队伍中。虽然英军拼死保护，但最终仅有5艘商船成功抵达，"俄亥俄"号也是其中之一。

◀20世纪30年代的"鹰"号航空母舰。飞行甲板的前端与舰体形状一致，末端有所倾斜以创造更大的着舰区域。

1927

"赤城"号（Akagi）

作为日本偷袭珍珠港舰队的旗舰以及中途岛战役初期的旗舰，"赤城"号几乎参加了太平洋战争早期所有的重大行动。

　　赤城——日本群马县一座山的名字——也成为了日本最著名的航空母舰的舰名。"赤城"号于1920年12月6日在吴市海军船厂安放龙骨，最初设计为战列巡洋舰，但作为航空母舰建成总造价为5300万日元。该舰是2艘计划由战列巡洋舰改装为航空母舰的舰船之一，但其姊妹舰"天城"号（Amagi）在1923年9月1日关东大地震中损毁，随后被"加贺"号取代。虽然二者在原始设计上有很多相似之处，但"加贺"号仍然不能视为"赤城"号的姊妹舰。"赤城"号于1927年3月25日开始服役，此时日本正在建设足以与英国皇家海军和美国海军相提并论的世界最强航母舰队之一。

　　航空母舰的建造几乎没有先例可循，"赤城"号的很多建造方式都是临时性和试验性的。遵循英国的经验，"赤城"号采用双层机库甲板，从而使得干舷极高。日本帝国海军可能仔细研究过英国的"暴怒"级航空母舰，"赤城"号也拥有很多"暴怒"级航空母舰的特征。顶部的主飞行甲板长192米（624英尺），并在舰船中部略微隆起；中部的飞行甲板直接与上部机库相通，但长度只有18米（60英尺），并且只适用于最轻型的飞机；底部的飞行甲板对底部的机库开放，其49米（160英尺）的长度在1927年足以保证鱼雷轰炸机起飞。第三个小型机库位于舰艉，用于存放拆解的飞机。

　　平坦的顶部甲板配有2台升降机，主要用于飞机着舰和存放，但在甲板上存放飞机不是日本帝国海军常见的做法。主装甲带相比原始的战列巡洋舰设计更低更薄，防雷凸出部也被修改以增强稳定性。在建成之初，"赤城"号是彻头彻尾的"平甲板"舰船，没有任何高于飞行甲板的上层建筑。

当时的人们依然认为航母的最佳自卫武器不是他们的舰载机，因此与其他早期航母一样，"赤城"号也安装了炮塔，共装备6门203毫米（8英寸）舰炮，但射界相当有限。日本帝国海军也意识到高速度是航空母舰必不可少的反潜保护措施，同时也能为飞机起飞和着舰创造顶风状态。

机械装置采用技术本部蒸汽轮

性能规格（1938年之后）

尺寸：长260.6米（855英尺）；宽31.4米（103英尺）；吃水8.8米（29英尺）

排水量：标准37084公吨（36500吨）；满载41961公吨（41300吨）

推进装置：19部锅炉，4台蒸汽轮机，4根传动轴，功率41013千瓦（55000轴马力）

速度：31节（57.3千米/时；35.6海里/时）

续航能力：可以14节（25.9千米/时；16.1英里/时）的速度航行10000海里（18520千米；11510英里）

武器：6门203毫米（8英寸）舰炮，12门120毫米（4.7英寸）高平两用炮，14门双联25毫米防空炮

载机量：91架

舰员：1630人

▼1930年左右，原始形态下的"赤城"号拥有3条飞行甲板。照片前景中的小艇似乎是在进行划艇训练。

机，动力由19台舰本式燃油专烧锅炉提供，4轴驱动。废气通过2根不同的烟囱排出，其中一根大型烟囱向下倾斜，另有一根稍小的垂直烟囱，1935—1938年在佐世保海军兵工厂进行的大规模改装中，2个烟囱合并成了一个更大的烟囱。"赤城"号还拆除了底部的飞行甲板，封闭了机库前门，同时增加了第三部升降机。上层建筑位于舰船中部左舷位置，取代了飞行甲板下方的航海舰桥。载机量从61架增加到91架。

中途岛战役

"赤城"号的第一任舰长是山本五十六（Isoroku Yamamoto）——未来的日本联合舰队司令长官。20世纪30年代早期，"赤城"号支援了日本在中国东北的军事行动。1941年4月，第1航空舰队成立：这是世界上第一支独立实施作战的海军舰载航空兵战术集群，共配备474架飞机，这支部队在当年12月展现出了它们的实力。"赤城"号也是海军中将南云忠一（Chuichi

机库甲板（Hangar Decks）：机库甲板是全封闭的，这种设计在被击中时导致炸弹在密闭且充满燃油蒸汽的空间内爆炸，从而造成严重损害。

液压装置（Hydraulic Gear）：1938年，"赤城"号安装了一套由吴海军造船厂研制的一式着舰阻拦系统。

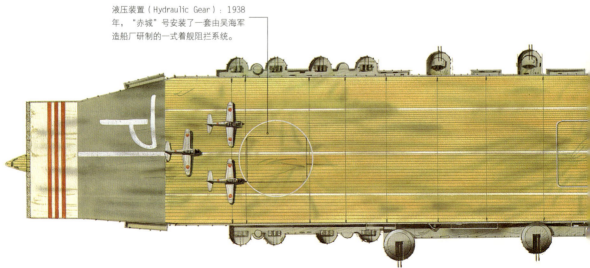

本页3幅图展示了1935年改装之后的"赤城"号，这次改装后"赤城"号拥有了全长的飞行甲板，同时也为日本帝国海军未来的航空母舰设定了标准，但舰岛居左的布局此后仅在"飞龙"号上出现过。

舰岛（Island）：舰岛安装在左舷以使其远离烟囱排放的废气。"飞龙"号也采用了这种形式，但在后来的航空母舰中没有再使用了。可以看到上层建筑上还捆扎有防御炮弹和破片的沙袋捆。

飞行甲板（Flight Deck）：自1938年起，飞行甲板长度加长至249.2米（817英尺6英寸）。日本航空母舰的木制飞行甲板沿纵向铺设，而不像美国航空母舰那样横向铺设。

烟囱（Funnel）：烟囱在右舷翼侧，并且有一个大型的出风口。烟雾喷出时会向出风口喷水以增加烟雾重量，从而保证烟雾不向上卷起覆盖飞行甲板而影响飞行作战。

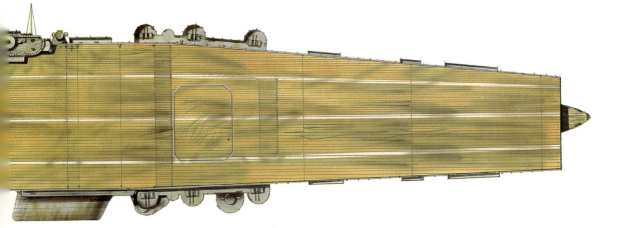

美国的评价

1945年8月之后，美国官员有机会检查日本的舰船。他们得出的结论是，日本航空母舰和主力战舰所用的"舰本"式锅炉比盟军舰船的差很多。日本的锅炉是1914年技术水平的三汽鼓设计，缺少西方国家海军所有的细节改进，释热率仅为1940年出现巴布科克和威尔科特斯锅炉的一半。"舰本"式锅炉每小时最多消耗7.25公吨（7吨）燃油，产生的蒸汽压力为30千克力/平方厘米（426磅力/平方英寸），温度为350摄氏度（662华氏度），而同期美制锅炉产生的蒸汽压力为40千克力/平方厘米（565磅力/平方英寸），温度为450摄氏度（842华氏度）。另一方面，技术本部式齿轮减速蒸汽轮机的效率至少与美国和英国产品相当。它们可输出29828千瓦（40000轴马力）的功率，与美国的"埃塞克斯"级航空母舰相差无几。

Nagumo）的机动部队在美日正式宣战之前突袭美军珍珠港行动的旗舰。该舰队共有30艘舰船，其中6艘航空母舰是其核心力量。

12月7日，"赤城"号出动了两批飞机，第一批包括15架俯冲轰炸机、12架鱼雷轰炸机和10架战斗机；第二批包括8架俯冲轰炸机和9架战斗机。日军航空母舰在这次进攻中损失了29架飞机，美军除了损失5艘战列舰和大量其他战舰受损，还在多处机场同时遭受攻击，共损失239架飞机。"赤城"号的鱼雷轰炸机主要负责击沉美军的"俄克拉荷马"号（Oklahoma）和"西弗吉尼亚"号（West Virginia）战列舰。这支部队也展示出日本海军令人震惊的航空力量。

1942年1月，"赤城"号和其他航空母舰在新几内亚的腊包尔发起海对地进攻，支援部队登陆，随后又于2月19日在澳大利亚的达尔文发起进攻。"赤城"号还参加了4月5日和9日对科伦坡和亭可马里的空袭。"赤城"号在6月4日开始的中途岛战役中再次充当南云忠一的旗舰。原计划发起一次突袭，但实际上美国已经得到了"赤城"号的情报，美军派出"企业"号、"大黄蜂"号和"约克城"号航空母舰对阵日军的"赤城"号、"加贺"号、"苍龙"号和"飞龙"号航空母舰。

"大黄蜂"号出动的15架鱼雷轰炸机进攻完全失败了，但它们迫使日军战斗机降至水面高度，从而使得他们的航空母舰很容易受到来自"企业"号和"约克城"号的俯冲轰炸机来自高空的攻击。一系列的直接命中使得日军的3艘航空母舰完全丧失作战能力。

"赤城"号被命中2次，还有一次命中直接卡死了舵机，使其原地旋转无法操控。南云忠一将旗舰更换为轻巡洋舰"长良"号，从13时50分开始，幸存的船员——超过270人死亡——开始逃离着火的舰体。第二天02时，曾经的舰长——舰队司令南云忠一下令驱逐舰发射鱼雷击沉了"赤城"号。

1927

美国海军
"列克星敦"号（USS Lexington）

作为战列巡洋舰开工的"列克星敦"号后来被改建为航空母舰，并在20世纪30年代为美国海军积累了大量海上飞行的经验。1942年，"列克星敦"号在珊瑚海海战中扮演了关键角色，但最终遭受重创而沉没。

1921—1922年《华盛顿海军条约》签订后，2艘在建的战列巡洋舰在1922年2月8日暂时停工，但在同年7月又开始将它们改装成航空母舰。"列克星敦"号最初的名字是"宪法"号，它于1921年1月8日在马萨诸塞州昆西的富尔河造船厂铺设龙骨，1925年10月3日下水，1927年12月14日开始服役，代号为CV-2。CV-1是"兰利"号——从"朱庇特"号运煤船改装而来的12192公吨（12000吨）级舰船，于1922年开始服役，但"列克星敦"号和"萨拉托加"号（CV-3）更大一些，实际上是美国海军的第一支航空母舰舰队。"萨拉托加"号于1925年4月7日下水，"列克星敦"号紧跟着在10月3日下水，并于1927年12月14日开始服役。当时它们取代了英国的"鹰"号而成为世界上最大的航空母舰。

大型烟囱

作为航空母舰，"列克星敦"号最与众不同的外观特征就是巨大的烟囱，这也成为其主要的上层建筑，支撑着观察和信号平台以及机关炮台。上层建筑本身是一个高高的塔状结构，顶部是一个宽阔的平台，搭载着通信设备以及后来的雷达设备，此外还有一座单杆桅，其上有信

▼ "列克星敦"号开始服役时是世界上最大的航空母舰，它为美国海军航空母舰创立的模式一直延续到21世纪。

舰艏（Bow）："列克星敦"级航空母舰采用了球鼻艏，主要是为了减小水流阻力，并且给支撑前部飞行甲板的前甲板区域更好的支撑。

机库甲板（Hangar Deck）：机库甲板是封闭的，1942年5月8日，汽油蒸汽在密闭空间里的爆炸导致了无法控制的火灾，这也是导致该舰损失的一个重要因素。

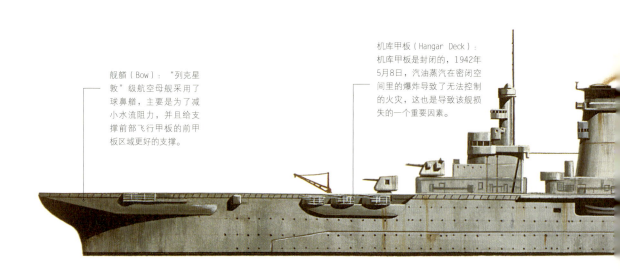

弹射器（Catapult）：1936年之前，"列克星敦"号在右舷舰艏安装一部飞轮储能的F Mk II弹射器，用于弹射水上飞机。

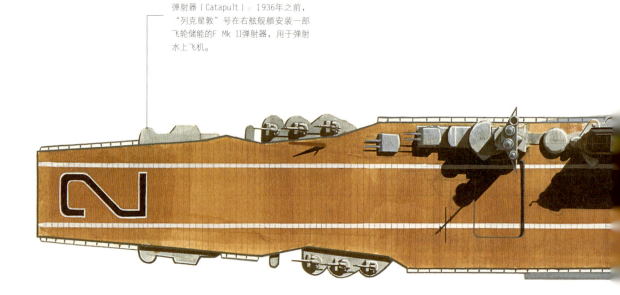

烟囱（Funnel）："列克星敦"号巨大的烟囱与上层建筑分隔布置，这也成为其独一无二的很容易识别的外形特征。1937—1938年的改造中在烟囱帽下方建造了一个管道，1941年10月又在烟囱的顶部边缘位置安装了一部CXAM的格栅状天线。

武器（Armaments）：最初的武器包括安装在4座双联炮塔中的8门203毫米（8英寸）舰炮，12门127毫米（5英寸）高平两用炮和48门28毫米（1.1英寸）高射炮。如果8英寸舰炮（跨过甲板）向左舷射击，炮口暴风可能损坏飞行甲板。8英寸舰炮的俯仰角为-5°至+41°。

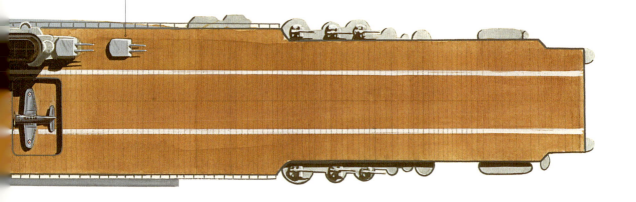

号旗升降索和天线。由于最初是按照战列巡洋舰设计的，"列克星敦"号比由商船改装成的航空母舰装备更多的装甲，其装甲厚度从127毫米（5英寸）到178毫米（7英寸）不等，主甲板装甲厚度为76毫米（3英寸），转向装置周围的装甲厚度从76毫米（3英寸）到110毫米（4.5英寸）不等。飞行甲板长268.2米（880英尺），宽27.4米（90英尺）。一个新的重要改进是在舰艉安装了横向拦阻着舰系统，并在前部安装了一部横向布置的飞轮储能弹射器。中心线上的2台升降机负责为双层机库提供升降。此外还安装了可折叠的起重机，用于装卸货物和起降水上飞机。

机械装置采用的是"兰利"号首次尝试的蒸汽轮机电驱。共计16个"亚罗"水管式锅炉为涡轮机提供蒸汽，涡轮机反过来为8台电动机提供动力，每两台电动机共同驱动一根传动轴，该舰最大速度超过33节（61.1千米/时；37.9英里/时）。这套系统的一个特征是可让舰船后退速度几乎与前进速度差不多。最初的武器配置包括4座203毫米（8英寸）双联装炮塔，上层建筑和烟囱前方和后方各安装两对，这种配置导致右舷重量大幅增加，整体设计方案中对此作了相应补偿，此外还有12门127毫米（5英寸）单装高平两用炮。强大的舰炮火力表明当时的人们依然认为航空母舰需要巡洋舰级别的火力自保。

1942年3月至4月在珍珠港进行一次战时改装之后，"列克星敦"号拆除了203毫米炮和4门127毫米炮。203毫米炮计划由双联127毫米高平两用炮取代，但直至"列克星敦"号沉没也没

性能规格

尺寸：长270.66米（888英尺）；宽32.12
　　　米（105英尺5英寸）；吃水10.15米
　　　（33英尺4英寸）
排水量：标准38284公吨（37681吨），满
　　　载43744公吨（43055吨）
推进装置：16座水管式锅炉，蒸汽轮机发电
　　　驱动，4根传动轴，功率134226
　　　千瓦（180000轴马力）
速度：33.25节（61.5千米/时，38英里/时）
续航能力：可以15节（27.7千米/时，17.2
　　　英里/时）的速度航行10500海里
　　　（19456千米，12075英里）
武器：8门203毫米（8英寸）火炮，12门
　　　127毫米（5英寸）火炮
载机量：63架
舰员：2791人

有真正安装。"列克星敦"号在战沉时安装有6座4联装28毫米高射炮以及30门20毫米厄利康高射炮，这也反映出航空母舰面临的主要威胁来自空中而不是海面。1941年10月的改装中，"列克星敦"号成为第一批装备第一款适于海上使用的雷达——RCA CXAM-1的舰船之一。"列克星敦"号的载机量达到78架。1941—1942年期间，"列克星敦"号的舰载机联队中包括F2A-1和F4F-3战斗机，SBD侦察轰炸机和TBD-1鱼雷轰炸机。

　　分配到加利福尼亚圣佩德罗的太平洋舰队后，"列克星敦"号和"萨拉加托"号接受了改装以满足通过巴拿马运河船闸的要求。它们在1929年1月首次参加演习，"列克星敦"号搭载了寇蒂斯

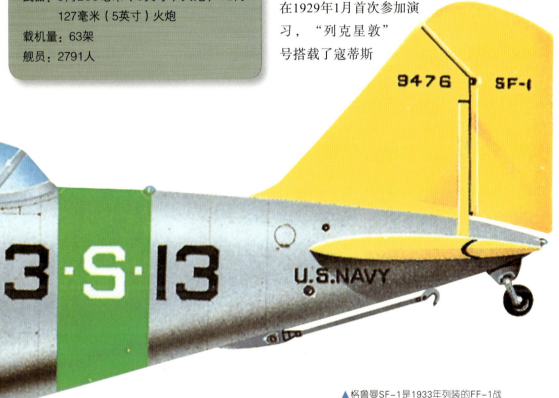

▲格鲁曼SF-1是1933年列装的FF-1战斗机的双座侦察机版本。它也是第一款安装可伸缩起落架的舰载飞机。

1930年，夏威夷，"列克星敦"号和其他美国战舰在一起。自1908年起，珍珠港就成为美军的海军基地，但在20世纪30年代得以大幅扩展。

F6C战斗机和马丁T3M鱼雷轰炸机。1929年12月，"列克星敦"号的涡轮电力机械装置被用于为华盛顿塔科马港市提供电力，当时这座城市的发电站瘫痪了。1935年，"列克星敦"号在皮吉特海峡海军基地进行了一次改装，舰艏和舰艉安装了两处舷台以安装额外的防空炮，1936—1937年期间又进一步作了改进，前部的飞行甲板被加宽了。

太平洋战争

　　20世纪30年代晚期，"列克星敦"号来回在太平洋和大西洋之间服役，但在1941年之后返回太平洋，珍珠港事件爆发时，它正在运送飞机支援威克岛的卫戍部队。日军发起突袭时，太平洋舰队的3艘航空母舰都在其他地方，从而使得日军旨在一举彻底摧毁美军在太平洋的舰载航空力量的企图彻底破产。"列克星敦"号派出飞机搜索日军舰队，但没有找到。1942年1月，"列克星敦"号成为第11特混舰队的旗舰，被部署到珊瑚海以阻止日军向澳大利亚北海岸的推进，2月20日，"列克星敦"号的舰载机击落了由18架三菱G4M"贝蒂"轰炸机组成的日军空袭机群中的17架。

　　4月下旬返回珍珠港后，"列克星敦"号与"约克城"号（CV-5）一起于5月1日重返珊瑚海战场，两舰舰载机在5月7日击沉了护航航空母舰"祥凤"号（Shoho）。第二天爆发了首次航母舰队的战斗，双方都派出了大量飞机，第一次海战中，双方相距大约322千米（200英里），彼此都没有看到对方。日军部队包括重型航空母舰"祥鹤"号（Shokaku）和"瑞鹤"号（Zuikaku）。从"列克星敦"号起飞的1架飞机命中了"祥鹤"号，但美军舰船本身也受到重创。"列克星敦"号左舷靠近舰艏的位置被2枚航空鱼雷和3颗炸弹命中，随后舰体起火。最初，火势似乎被控制住了，但破裂的燃料箱中泄露的燃油蒸汽又引燃了火灾，最终在12时47分引发爆炸，导致后续一系列爆炸。"列克星敦"号向左舷大幅倾斜，其舰长在17时下令放弃舰船。该舰共计216人死亡，2770人幸存，存留下来的飞机被转移到"约克城"号。"列克星敦"号被美国驱逐舰"菲尔普斯"号发射的2枚鱼雷命中后很快就沉没了。其姊妹舰"萨拉托加"号在第二次世界大战中幸存下来，并在1946年的比基尼环礁原子弹测试中被用作靶舰。

拦阻着舰系统

　　"列克星敦"号是第一艘安装实用的横向拦阻着舰索系统的航空母舰，从而可让更重的、速度更快的飞机着舰。最初Mark I型系统结合了纵向缆绳和横向缆绳，目的是防止飞机冲出船舷。1931年8月，这套系统被液压动力的纯横向阻拦索系统所取代，新系统的制动力更强，弹性也更大。1934年又作了进一步改进，1936年的改进包括在飞行甲板前端安装一套4缆绳拦阻着舰系统，以防舰艉着舰装置受损时飞机无法使用。

1928

"加贺"号（Kaga）

"加贺"号是日本偷袭珍珠港的航空母舰之一，但其最初的设计定位是战列舰。偷袭珍珠港之后，"加贺"号继续参与了太平洋上的其他行动，直至1941年在中途岛战役中被击沉。

1922年的《华盛顿海军条约》导致很多大型战舰停止建造，有些被改建成航空母舰。"天城"号和"赤城"号2艘战列巡洋舰被选中对标美国"萨拉加托"号和"列克星敦"号，接受改建。尚在船厂建造中的"天城"号的船体在1923年9月1日的关东大地震中被毁坏。改装成航空母舰的计划换到了新型的土佐级战列舰"加贺"号，后者于1920年7月19日在神户的川崎船厂开工，1922年下水。

改造工作于1923年在横须贺海军船厂开始，1928年3月31日完工，共耗资5300万日元。"加贺"号的尺寸和速度使其非常适合编入日本的第一支航母舰队。

"加贺"号在原始的配置中拥有3个飞行甲板，全部安装在船体之上，从而使得整个船体看起来非常高耸。一个小型的上层建筑安装在右舷，但在建造早期就被拆除了以保证舰船完全的平顶结构从而不影响顶层飞行甲板，顶层甲板长171.2米（56英尺8英寸），主要用于飞机着舰。飞行甲板和机库翼侧没有装甲。"加贺"号的武器装备非常强大，包括10门203毫米（8英寸）火炮和16门120毫米（4.7英寸）火炮，这套巡洋舰级别的武器装备与同时期对标的2艘美国航空母舰火力相当。

1934—1935年，"加贺"号对水线以上部分进行了重建。"加贺"号加长了船体，仅有一层的飞行甲板尺寸调整为250米×32.6米（812英尺×106英尺），一层很薄的钢质底板上铺了一

层纵向的木板，排水量大约增加了8128公吨（8000吨）。安装了第三个飞机升降机，锅炉的出口位置换成了一个朝向右舷的烟囱，烟囱向外向下倾斜以保证飞行甲板的简洁。底部飞行甲板被拆除，从而使得机库得以扩大，载机量因此增加到90架。"加贺"号没有安装弹射器，实际上20世纪20年代和30年代建造的日本航空母舰都没有弹射器。"加贺"号保留了所有的10门203毫米（8英寸）舰炮，但最初安装在双联炮塔中的4门火炮被转移到了飞行甲板下方的炮郭之中，与另外6门部署在一起。

珍珠港和中途岛

"加贺"号是第1航空舰队的6艘航空母舰之一，该舰队在1941年12月7日对珍珠港的美国舰队发动了突袭。随着日本军队在太平洋岛屿上的扩张，"加贺"号为荷属东印度群岛和新几内亚的行动提供空中支援和运送补给。"加贺"号也是南云忠一中将指挥中途岛战役时舰队的4艘航空母舰之一。1942年6月4日10时22分，"加贺"号被美国海军"企业"号航空母舰的俯冲轰炸机攻击，至少4枚炮弹命中"加贺"号，其中包括3枚225千克（500磅）炸弹和1枚450千克（1000磅）炸弹。2枚炸弹击穿上部机库，引起爆炸和火灾。

◀20世纪30年代早期"加贺"号的俯瞰图，当时还没有安装全长的飞行甲板。

▼轮廓图展示了1934年经过现代化改造后的"加贺"号，下层飞行甲板已经被拆除。小型化的舰岛也是在此次改装中增加的，主要被用作指挥塔。

舰炮（Guns）：200毫米（7.9英寸）火炮的位置非常低，位于主甲板下方，实战中基本只能在没有任何风浪的条件下开火。

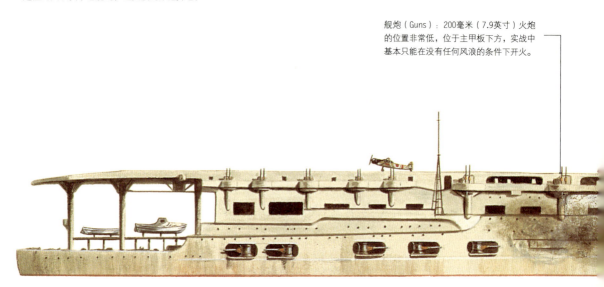

阻拦索（Arrester Wires）：日本的航空母舰可安装6根阻拦索，但实际上只安装了3根，飞行员着舰时的最佳状态是勾住第二根阻拦索，能做到这一点的飞行员可以获得5日元的奖励。

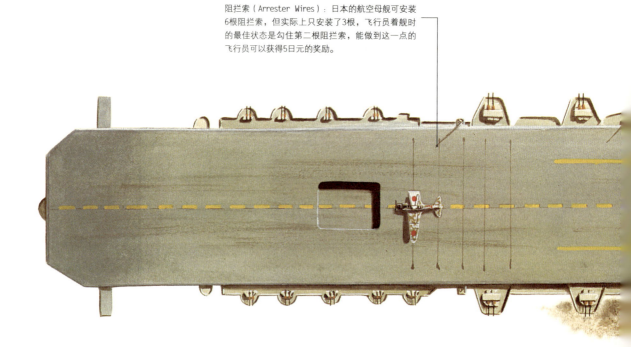

烟囱（Funnels）：日本的航空母舰设计者对飞行甲板上的烟雾和热气湍流非常关注。在他们最终采用英国和美国人的做法之前，日本航空母舰的烟囱都是图中所示的向外倾斜式烟囱。

上飞行甲板（Upper Flight Deck）：该舰在建成时没有任何高于飞行甲板的上层建筑。

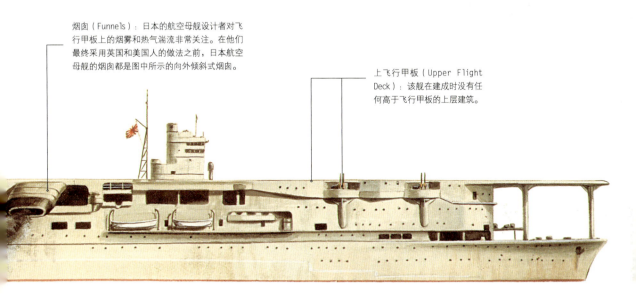

中轴线（Centreline）：中轴线内嵌照明灯以便于夜间着舰。1943年之前，日军的夜间飞行效率都高于美军。

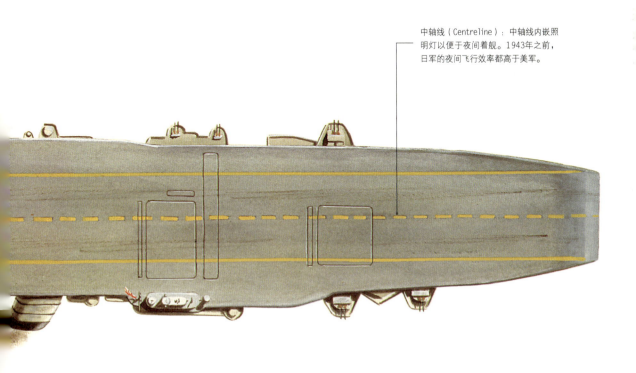

着舰策略

日本航空母舰的舰载行动非常精细。一套反光镜和灯光系统专用于飞机着舰导航，虽然不如战后的光电导航装备先进。蒸汽阀打开后可检测风向，信号旗系统可用于飞机调度。飞机起飞间隔可降低至20秒。为了有效指挥飞机着舰，舰船会吊起一个装有大量指示灯的黑色锚球以测算风速，瞭望台通过红色的旗子发出危险警告，或摆出黑色的H旗形告知飞行员他的尾钩没有放下来。通常，甲板后部都涂有红白条带以帮助飞行员着舰，一些航母还画有白色的圆圈以标记最后方的停机索。

▶ 1937年演习中的"加贺"号。拥挤的飞行甲板上停放着中岛A2N飞机、爱知D1A飞机和三菱B2M飞机。

性能规格

尺寸：长247.5米（812英尺）；宽32.6米（107英尺）；
吃水9.45米（31英尺）

排水量：标准38811公吨（38200吨）；满载43222公吨
（42541吨）

推进装置：8个"舰本"式锅炉，4台"舰本"式齿轮减速蒸
汽轮机，4根传动轴，功率95002千瓦（127400
轴马力）

速度：28节（52千米/时；32英里/时）

续航能力：可以16节（29.6千米/时；18.4英里/时）的速
度航行10000海里（18500千米；11500英里）

武器：10门203毫米（8英寸）舰炮，16门127毫米（5英
寸）高平两用炮，22门25毫米防空炮

载机量：90架

舰员：1708人

"加贺"号上的火势失去控制一定程度上是当时日本航空母舰设计方案造成的。按照计划，为了消灭封闭机库里的火灾，损管队应该放下厚重的防火帘以隔离机库的不同区域。然而，机库内多个区域同时发生火灾导致无法放下防火帘。此外，舰船上用于救火的唯一总水管在爆炸中损坏了，同时航空汽油管道破裂后大量燃油泄漏出来。最后，当时机库还存有准备给飞机装载的弹药；封闭的空间没有出口直接通向外部，船员无法抛弃这些重磅炸弹和鱼雷。到17时，幸存的船员被疏散，仍在燃烧的船体在19时25分被护航的驱逐舰"漱风"号发射的鱼雷击中后沉没。共计811人死亡。

"赤城"号和"苍龙"号航空母舰在美军的同一场空袭中被击沉。"加贺"号残骸于1999年9月在5916米（17000英尺）深的海底被发现。

英国皇家海军
"光荣"号（HMS Glorious）

作为"暴怒"号和"勇敢"号的姊妹舰，"光荣"号是历史上唯一一艘被敌军水面舰艇，而非潜艇或飞机击沉的航空母舰。"光荣"号被"沙恩霍斯特"号击沉一事至今仍是令人津津乐道的话题。

　　"光荣"号于1915年5月1日在贝尔法斯特港的哈兰德与沃尔夫造船厂铺设龙骨，1916年4月20日下水，并作为一艘轻型战列巡洋舰于1916年10月14日首次开始服役。作为轻型战列巡洋舰，"光荣"号参与了1917年11月17日赫里戈兰海湾的遭遇战。"勇敢"级轻型战列巡洋舰的设计存在明显缺陷，因此在英国皇家海军战后的编制中失去了一席之地。"光荣"号和"勇敢"号都改装成了航空母舰；"光荣"号于1924年至1930年期间在罗赛斯和德文波特的皇家海军船厂进行了改装，最终于1930年2月24日在德文波特皇家海军船厂完工。主甲板上的所有结构都拆除了，干舷升高了9.7米（32英尺）以增加两层167.6米（550英尺）长的机库甲板。

　　该舰上机库甲板最初与前甲板上方的起飞甲板相通，从而使得航母可以同时执行起飞和降落作业。主飞行甲板上布置有上层建筑，带有很高的烟囱和单杆桅。舰体前部前后各安装了一个飞机升降机。舰船装备18座"亚罗"水管式锅炉和4台齿轮减速蒸汽轮机，战列巡洋舰形态下最高速度可达到32节（59.2千米/时；36.8英里/时）；改装成航空母舰之后，排水量增加了大约6096公吨（6000吨），最高速度略降至30节（55.5千米/时；34.5英里/时）。装甲对于大型战舰而言相对轻薄，吃水线装甲带厚度为51～76毫米（2～3英寸），主甲板为19～25毫米（0.75～1

英寸），前后装甲隔壁为51～76毫米（2～3英寸）。与"勇敢"号一样，"光荣"号可以搭载4个飞机中队，总数多达48架。此外，该舰还装备了16座120毫米（4.7英寸）单装高平两用炮塔，主要用于自卫。

1930年替换地中海舰队的"勇敢"号之后，"光荣"号一直在地中海服役到1939年，9月3日战争正式爆发时，该舰正在亚历山大港。10月，"光荣"号作为"猎杀舰队"的一员前往印度洋，主要负责追歼德军"斯佩伯爵"号（Graf Spee）重巡洋舰，但没有成功。1940年1月回到地中海后，"光荣"号在马耳他海军船厂进行了一次改装，改装完成后，随着德国入侵挪威又立即被部署到本土舰队。4月23日，"光荣"号搭载着格罗斯特"角斗士"双翼机和布莱克本B-24"贼鸥"战斗轰炸机离开了斯卡帕湾，当时出征的海军部队还包括"皇家方舟"号航空母舰，2艘巡洋舰和6艘驱逐舰，为纳尔维克的登陆行动提供海上支援和空中掩护。在随后至6月8日期间的一系列往返行动中，"光荣"号在苏格兰和挪威之间来回作战。

5月18日，"光荣"号与"狂怒"号、"皇家方舟"号齐聚挪威北海岸，这也是皇家海军首次在一场作战行动中同时出动3艘航空母舰。"光荣"号派出"角斗士"和"海飓风"战斗机，从英军占据的沿岸基地起飞作战。到6月初时，虽然英军试图占领挪威北部，但以失败告终，6月3日至8日之间英军撤出了25000人的部队。已经部署至岸上机场的战机在没有使用着舰钩和阻拦索的情况下又重新回到航空母舰上。

挪威灾难

6月8日02时53分，"光荣"号携载着皇家空军的20架"角斗士"和"飓风"战斗机，外加海军航空兵第802和第803中队的10架战斗机和5架鱼雷轰炸机离开了纳尔维克。"光荣"号要求独自进入斯卡帕湾，仅带2艘驱逐舰"阿卡斯塔"号（Acasta）和"热心"号（Ardent）

▲格罗斯特"海斗士"战斗机是性能可靠但已经过时的"角斗士"战斗机的海军衍生机型从1938年开始服役。该飞机在1940—1942年的马耳他防御战中重拾荣耀。

性能规格

尺寸：长239.8米（786英尺9英寸）；宽27.6米（90英尺6英寸）；吃水8.5米（27英尺9英寸）

排水量：标准25370公吨（24970吨）；满载27859公吨（27419吨）

推进装置：18座"亚罗"锅炉；4台齿轮减速蒸汽轮机，4根传动轴；功率67113千瓦（90000轴马力）

速度：30节（55.5千米/时；34.5英里/时）

续航：可以20节（37千米/时；23英里/时）的速度航行6000海里（11000千米；6900英里）

武器装备：16门120毫米（4.7英寸）高平两用炮

载机量：48架

舰员：1283人

护航，这一要求获得了批准。由战列巡洋舰"沙恩霍斯特"号（Scharnhorst）和"格奈森瑙"号（Gneisenau），以及重巡洋舰"希佩尔"号（Hipper）组成的一支德军舰队早在6月4日就作为朱诺行动的一部分前去炮轰纳尔维克的英军阵地，6月8日16时，2艘战列巡洋舰发现了"光荣"号并对其发起了攻击。这里是一片极其危险的海域，"光荣"号没有空中掩护飞机，也没有准备好起飞的飞机，识别敌方舰船也非常困难。尽管驱逐

▼右舷舰艉视角下的"光荣"号。与"鹰"号相比，"光荣"号体现出了英国航空母舰上层建筑的持续改进。

起重机（Cranes）：安装在舰艉的起重机可以把水上飞机提升到下机库位置。

出入口（Access Points）：指挥塔前部和尾部留有出入口舱门。气闸和潜水隔间位于舰艉正下方。

舰尽一切努力布下烟幕，并利用火炮和鱼雷攻击主力战舰，但这也无法挽救"光荣"号，该舰随即被"沙恩霍斯特"号的第3轮齐射命中，随后接连中弹。2艘护航驱逐舰都被击沉，18时10分，"光荣"号被"沙恩霍斯特"号的280毫米（11英寸）火炮命中而沉没。共计1474名皇家海军官兵和59名皇家空军官兵阵亡。

长期以来，官方给出的允许"光荣"号独立行动的理由是燃料短缺。直到1999年，深入研究"光荣"号的研究人员才揭露真正原因：其舰长盖伊·多利·休斯上校申请上级批准单独返航，因为他急于返回斯卡帕湾参加该舰航空指挥官的军事审判，后者由于拒绝发动舰载的"剑鱼"鱼雷轰炸机进攻含糊不清的岸上目标而在斯卡帕湾被抓捕。这是一项完全不适合他们的任务。舰长和空军军官之间还存在其他分歧。"光荣"号航空母舰独自前往斯卡帕湾的真正原因仍然是一个谜，可能因为斯卡帕湾是最近的加油点，也可能因为本土舰队总司令希望亲自出席军法审判（被指控的军官最终无罪释放了），亦或是因为"光荣"号的舰长提出了这样的要求。

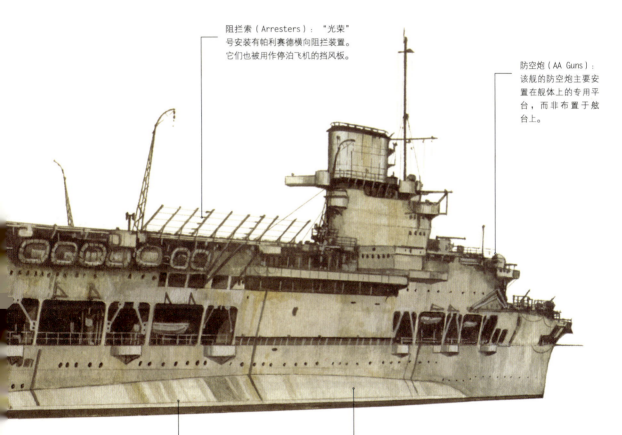

阻拦索（Arresters）："光荣"号安装有帕利赛德横向阻拦装置。它们也被用作停泊飞机的挡风板。

防空炮（AA Guns）：该舰的防空炮主要安置在舰体上的专用平台，而非布置于舷台上。

燃料箱（Fuel Tanks）："光荣"号的燃料箱可装载3505公吨（3450吨）燃油。当燃油只剩三分之一时，舰长会下令加油。

防雷凸出部（Torpedo Bulge）："光荣"号安装有防雷凸出部，但该舰的装甲防护无法承受280毫米（11英寸）炮弹的攻击。

燃料限制

在作战状态，特别是在风浪大的水域需要频繁达到最大功率，"光荣"号的18座锅炉每天可消耗610公吨（600吨）至711公吨（700吨）燃料，这为航母在海上的作战时间设定了严格的限制，除非让一艘油轮伴随，但这在战斗状态下也存在巨大的问题，如油轮的最大速度可能还不到航母的三分之二。因此，"光荣"号必须每五六天就从挪威海返回斯卡帕湾一次，其间都需要护航力量保护。所有主要的海军基地都储存有上百万加仑的燃料，要求舰队的油轮定期向基地运送燃料。

▶ "光荣"号舰桥上方延伸出的细长平台是该舰重要的外观特征。该平台可以被向左旋回至飞行甲板上方，可能是被作为飞行指挥所。

1937

"飞龙"号（Hiryu）

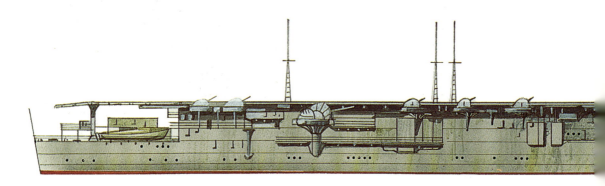

20世纪30年代后期，日本帝国海军加速建设航空母舰力量，"苍龙"号和"飞龙"号分别于1937年和1939年作为快速航空母舰加入舰队。两者最终都成为中途岛战役的"牺牲品"。

　　"飞龙"号和"苍龙"号是姊妹舰，两者通常都被称为"苍龙"级，但"飞龙"号在细节上与更早建成的"苍龙"号有较大的差别，实际上可以单独成为一个级别。"苍龙"意为"苍蓝之龙"，该舰于1934年11月20日在吴市海军兵工厂铺设龙骨，1935年12月23日下水，1937年1月29日开始服役。虽然在设计之初定位是航空母舰，"苍龙"号仍采用了常规的舰艏，飞行甲板的前部延伸至艏柱上方；舰艉也是常规构造。

　　"飞龙"号整体上比"苍龙"号略大一些，于横须贺海军船厂建造。"飞龙"号于1936年7月8日开建，1937年11月16日下水，1939年7月5日开始服役。更早期航母的经验以及"第4舰队事故"（见第56页）导致"飞龙"号在设计上有很多改变，包括采用更强健的船体结构和更高的舰艏楼甲板。"飞龙"号的舰岛位于中部，而"苍龙"号的位于前部。虽然吨位更小，但和除"赤城"号之外的所有航母不同的是，"飞龙"号的舰岛位于左舷。2艘舰船的锅炉进风口都水平设置于舰体右侧。8座"舰本"式锅炉为4台齿轮减速蒸汽轮机提供动力，最高速度可达到34.3节（63.5千米/时；39.4英里/时）。

　　"飞龙"号拥有更好的保护装甲：89～150毫米（3.5～5.9英寸）厚的装甲带，而"苍龙"号仅为46毫米（1.8英寸）。两者的水平装甲厚度均为30毫米（1.2英寸），轮机舱和弹药库的顶部装甲厚度增加至50毫米（2英寸），两舰都安装了6座127毫米（5英寸）双联装高平两用炮，船体两侧各3座。"苍龙"号还在双联炮塔中安装了28门25毫米防空炮，而"飞龙"号拥有7座3联炮塔和4座双联炮塔。"飞龙"号的载机量为73架，而"苍龙"号为63架（外加8架拆卸状态的飞机），两者都可以组合搭载D3A"瓦尔"俯冲轰炸机、B5N"凯特"鱼雷轰炸机和A6M"零"式战斗机。"苍龙"号是第一艘搭载横须贺D4Y1"彗星"俯冲轰炸机及其侦察机型号D4Y1-C的航空母舰。

　　"飞龙"号第一次参与军事行动是1940年6月支援日军入侵法属中南半岛。在太平洋战争中，"飞龙"号和"苍龙"号隶属第一航空舰队第二航母战队共同参与了大量行动，从偷

性能规格（"飞龙"号）

尺寸：长227.4米（746英尺1英寸）；宽22.3米（73英尺2英寸）；吃水7.9米（26英尺）

排水量：标准17577公吨（17300吨）；满载22403公吨（20250吨）

推进装置：8座"舰本"式锅炉，4台齿轮减速蒸汽轮机，4根传动轴，功率114000千瓦（153000轴马力）

速度：34.3节（63.5千米/时；39.5英里/时）

续航能力：可以18节（33.33千米/时；20.7英里/时）的速度航行10330海里（19130千米；11890英里）

武器装备：12门127毫米（5英寸）高平两用炮，31门25毫米防空炮

载机量：73架

舰员：1100人

▼ "苍龙"号在整体尺寸上比"飞龙"号略小一些，但两者主要的区别在于舰岛的位置。"苍龙"号的舰岛位于右舷。

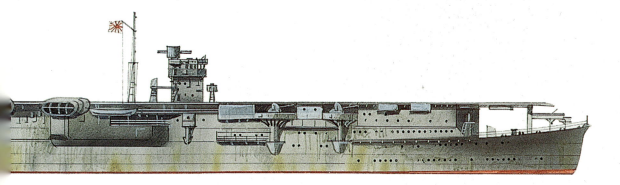

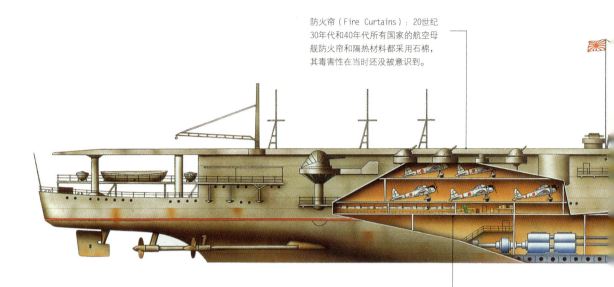

防火帘（Fire Curtains）：20世纪
30年代和40年代所有国家的航空母
舰防火帘和隔热材料都采用石棉，
其毒害性在当时还没被意识到。

机库（Hangars）："飞龙"号和"苍龙"号都保
留了更早期航母采用的两层全封闭机库设计方案。
底部机库的高度限制了它们可携带飞机的类型。

"日之丸"（Rising Sun）："飞龙"号的
飞行甲板上绘有一个"日之丸"，讽刺的
是，这成为了美国俯冲轰炸机的"靶心"。

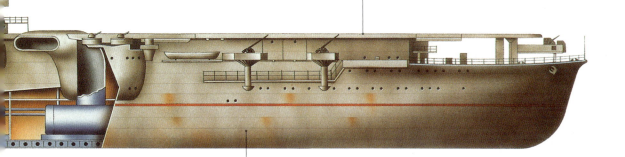

舰宽（Beam）："飞龙"号的全宽比"苍
龙"号宽1.2米（4英尺），从而提高了20%
的内部空间和更大的稳定性。

▲ 2艘舰船都有相似的塔式舰岛，但位置不同，"飞
龙"号的舰岛加高了一层甲板。两舰的桅杆都设置于
飞行甲板上，但设计有所区别。

▲ 1架隶属于"飞龙"号航空队的三菱A6M2"零"
式战斗机，1941年12月7日，该机从航母上起飞参加
了对珍珠港的空袭。航程性能卓越的A6M因为其定型
时间为日本天皇纪年2600年，因而得到了"零战"的
绰号。盟国对其的代号为"齐克"（Zeke）。

第四舰队事故

1935年9月，日军多艘海军舰艇在本州岛和千岛群岛之间海域展开作战演习。由第一和第二舰队组成的"蓝方"舰队与第四舰队组成的"红方"舰队进行一次对抗演习。9月26日，"红方"舰队得到警报，一股台风正向它们靠近。由于没有时间躲避，所有舰船将速度降低至10节（18.5千米/时；11.5英里/时），对船上的物品做好保护措施后，准备穿过台风。台风速度达到145千米/时（90英里/时），掀起的风浪高达15～18米（45～60英尺），很多舰船遭受严重的结构性损伤，其中包括"凤翔"号（Hosho）和"龙骧"号（Ryujo）航空母舰。当时舰船的船体设计和建造技术（包括电焊技术）无法承受这种极端环境。此后日军进行了全面的重新评估，后续所有新舰船的设计都进行了修改，包括"飞龙"号和"苍龙"号。虽然这次事故导致日军航母建造计划大大延迟，但也意味着到1941年时日本帝国海军的舰船在适航性方面比6年前有了大幅提高。

▶1939年4月，"飞龙"号在海上试航中加速。"飞龙"号和"苍龙"号高速性能都相当优异，速度可达到34节（39英里/时；63千米/时），甚至可以更快。

袭珍珠港到中途岛战役。从珍珠港返回后，它们的飞机立即投入威克岛行动，当时美国的海军陆战队正在那里抵抗日军的进攻。1942年2月19日，"飞龙"号派出飞机轰炸了澳大利亚的达尔文，并在成功的"印度洋突袭"（1942年3月31日至4月10日）期间在锡兰（斯里兰卡）沿岸参与击沉了"竞技神"号航空母舰、"康沃尔"号和"多塞特郡"号重巡洋舰。

中途岛战役

　　"飞龙"号和"苍龙"号都加入了海军中将南云忠一的第1航空母舰部队——"机动部队"，并于1942年5月27日出发前往，作为一次重大战略行动的先锋部队。日军选择通过夺占仅有少量美军守卫的中途岛引出美国的航空母舰，然后再由山本的主力战列舰队发动突袭以消灭它们。日军的大致计划因行动计划被截获，且海军通信密码被美军破译而泄露，美军随即派出"约克城"号、"企业"号和"大黄蜂"号航空母舰布下陷阱静待日军。

　　6月4日早上，日军航空母舰发现自己遭受舰载俯冲轰炸机和高空B17轰炸机的密集轰炸。最初，配合良好的日军防空力量击退了来自"约克城"号的攻击，但在大约10时22分左右，随着日军战斗空中巡逻的减弱，它们突然遭到"企业"号和"约克城"号舰载机的同时袭击，几分钟之内，"苍龙"号、"赤城"号和"加贺"号全部丧失战斗能力。"苍龙"号上幸存的船员被疏散后，在19时13分被其护航驱逐舰"矶风"号击沉，其舰长拒绝离开，与"苍龙"号一起沉入海底。"苍龙"号共计损失718名船员。"飞龙"号——海军少将山口多闻的第二航空母舰战队的旗舰当时位于其他航空母舰北侧，因而成为空袭中唯一幸存的航空母舰。

　　山口多闻分别在10时50分和13时30分发起两次进攻。第一轮俯冲轰炸机尾随了正在返回"约克城"号的美军飞机，当时"约克城"号正在寻找"飞龙"号。日军18架飞机中的6架穿过了美军的防线，并有三次直接命中。第二轮进攻是鱼雷轰炸机，共有2次直接命中。"飞龙"号在"企业"号和"约克城"号舰载机的轮番攻击下饱经苦战，在17时被4枚450千克（1000磅）炸弹命中。舰体前部已经降落的飞机和前升降机都被炸飞，甚至砸向舰岛。虽然从头到尾都在燃烧，"飞龙"号仍在继续向空中射击，但因损伤太过严重而无法挽救了，6月5日3时15分，弃船的命令下达。护航驱逐舰"卷云"号发射的鱼雷没有立即击沉"飞龙"号。山口多闻和"飞龙"号舰长加来止男（Tomeo Kaku）选择留在船上，"飞龙"号最终于9时12分沉没。

1937

美国海军
"约克城"号（USS Yorktown）

美国海军第一艘专门建造的大型航空母舰"约克城"号在太平洋战争中参与了激烈的战斗。"约克城"号在中途岛战役中遭受严重损伤，最终在弃舰后被己方鱼雷击沉。

"突击者"号（1931）是美国海军第一艘专门作为航空母舰设计建造的舰艇，其满载时排水量为15838公吨（15589吨），虽然排水量比"列克星敦"号和"萨拉托加"号小，但载机量与后者相差不大——86架比91架。"突击者"号的经验让海军委员会深信航空母舰的尺寸、功率和速度都可以更大一些，还应当设置纵贯船体内部和水密隔舱的防鱼雷结构以及舰体装甲。更便于指挥和控制的舰岛结构也被认为是必要的。"约克城"号（CV-5）是第一艘受益于这些结论的舰船，但它在设计时受到了1922年《华盛顿海军条约》的限制，排水量仅为25400公吨（25000吨），载机量仅为72架。"约克城"号于1934年5月31日在纽波特纽斯造船及干船坞公司开建，1936年4月4日下水，1937年9月30日开始服役。

从"突击者"号到CVL-49"怀特"号（1947年）期间的所有美国航母，机库甲板都是主甲板，为船体提供结构支撑。"约克城"号的甲板没有装甲。机库右舷的5个出口和左舷的6个出口可以通过升降卷帘门关闭。舰体布局为了航空运作而进行了专门优化，3个横向防水隔壁和部分纵向防水隔壁保护发动机舱，燃料舱和弹药库。舱壁采用了特殊制造的钢材。4号甲板是敷设有38毫米（1.5英寸）厚装甲板，是全舰仅有的水平装甲甲板。舰上还设置有3座高速飞机升降

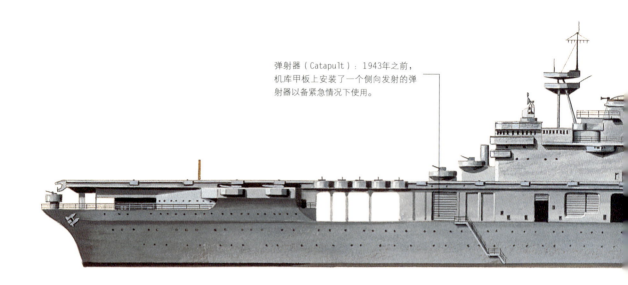

弹射器（Catapult）：1943年之前，
机库甲板上安装了一个侧向发射的弹
射器以备紧急情况下使用。

防撞护栏（Crash Harriers）：
前部升降机的前端和舰岛的前
端装有防撞护栏。

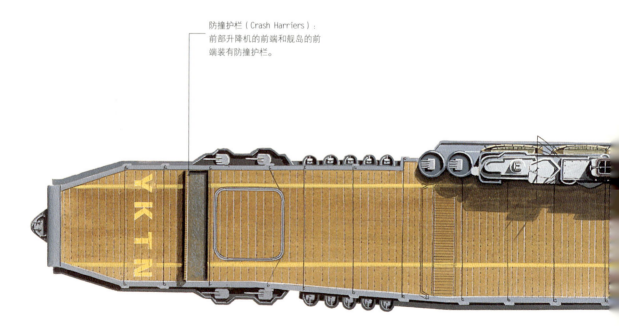

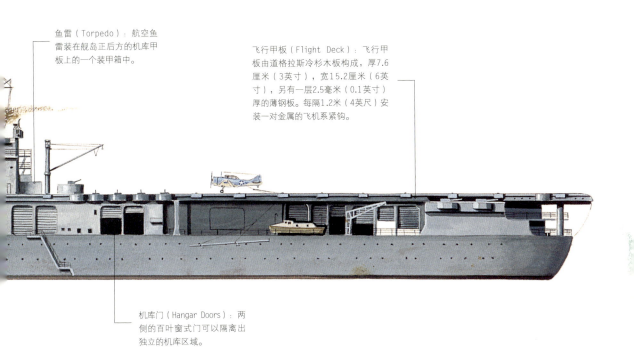

鱼雷（Torpedo）：航空鱼雷装在舰岛正后方的机库甲板上的一个装甲箱中。

飞行甲板（Flight Deck）：飞行甲板由道格拉斯冷杉木板构成，厚7.6厘米（3英寸），宽15.2厘米（6英寸），另有一层2.5毫米（0.1英寸）厚的薄钢板。每隔1.2米（4英尺）安装一对金属的飞机系紧钩。

机库门（Hangar Doors）：两侧的百叶窗式门可以隔离出独立的机库区域。

阻拦索（Arrester Wires）：飞行甲板前后都装有阻拦索。

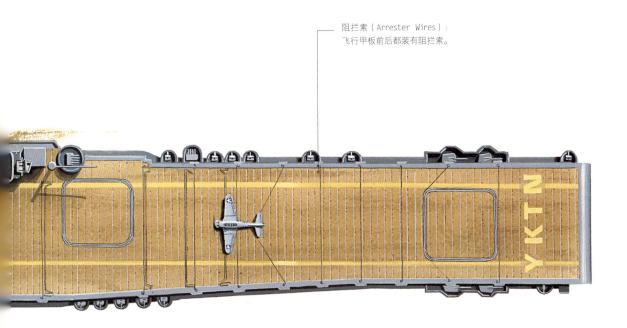

▲1942年之前的"约克城"号的左视图和俯视图。随着航空母舰数量的增加，美军需要舰船指定识别号码以方便新来的飞行员识别。

性能规格（服役后）

尺寸：长251.4米（824英尺9英寸）；宽33.4米
（109英尺6英寸）；吃水7.9米（25英尺11
英寸）

排水量：标准20100公吨（19800吨）；满载
25900公吨（25500吨）

推进装置：9座B&W锅炉，4台"帕森斯"蒸汽轮
机；功率89000千瓦（120000轴马力）

速度：32.5节（60.2千米/时；37.4英里/时）

续航能力：可以15节（27.7千米/时；17.2英里/
时）的速度航行12500海里（23200千
米；14400英里）

武器装备：8门127毫米（5英寸）L38高平两用炮，
4门28毫米（1.1英寸）L75机关炮，24
挺12.7毫米（0.50英寸）口径机枪

载机量：90架

舰员：2217人

机。飞行甲板上布置有两部弹射器，舰
艏和舰艉都装有飞机阻拦索。

9座锅炉分别安装在3个独立的舱
室中，设计保证即使外侧的6座锅炉失
效，内侧的3座仍然能提供动力。锅炉
为三汽鼓增压型，额定压强为28千克力
/平方厘米（400磅力/平方英寸），蒸汽
从前部的6座锅炉传输至后部的3座，后
者装有过热器，可将温度提高至315摄
氏度（599华氏度）。4台蒸汽轮机通过
单级减速齿轮驱动传动轴。舰上的主电
站可产生4000千瓦的功率，紧急备用的
发电机可输出400千瓦的功率。4号甲板
下方额外安装了82毫米（3.25英寸）厚
的装甲以保护燃料舱和弹药库，发动机
舱装有70毫米（2.75英寸）厚的装甲，
再加上横舱壁两端的102毫米（4英寸）

厚装甲，构成一个"装甲盒"。

1938年1月至3月，在加勒比海经过传统的适应性巡航后，"约克城"号、"企业"号和其他舰船一起在美国东海岸沿岸开展了密集的训练和"解决问题"的演习。这些演习对于航空母舰和其他战舰的整合非常重要而且意义重大，当时很多经验丰富的海军军官仍没有意识到海/空特混舰队的威力。1939年4月，"约克城"号在圣地亚哥加入太平洋舰队。1941年4月20日，该舰离开珍珠港，取道巴拿马前往大西洋，从那时起到当年12月期间，"约克城"号在战列舰、巡洋舰和驱逐舰编队的护卫下在大西洋活动，保卫美国海岸和美国航运船舶的安全。

珊瑚海海战

珍珠港偷袭之后，"约克城"号立即奉命前往太平洋，12月30日到达圣地亚哥，并被指定为海军少将弗兰克·J.弗莱彻的第17特混舰队的旗舰。它的第一次任务是将海军陆战队送往萨摩亚，然后与"企业"号（第8特混舰队）一起执行后续的任务：对吉尔伯特和马绍尔群岛上的日军阵地发起空中打击，阻止日本入侵部队在太平洋岛屿间的蔓延。"约克城"号参与的第一

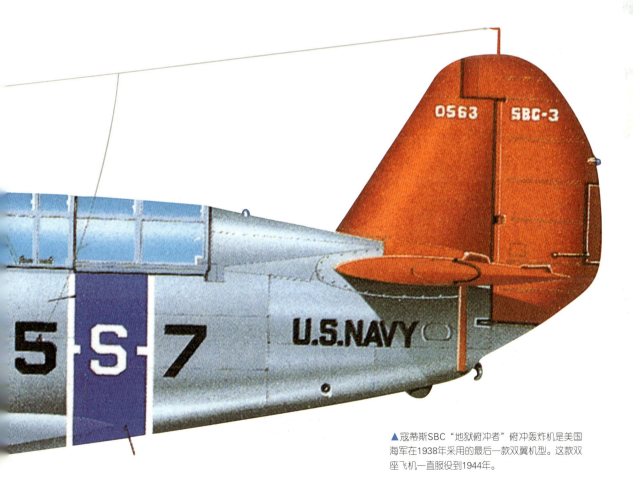

▲寇蒂斯SBC"地狱俯冲者"俯冲轰炸机是美国海军在1938年采用的最后一款双翼机型。这款双座飞机一直服役到1944年。

次大型行动是1942年5月4日至8日的珊瑚海海战，目的是阻止日军占领新几内亚的莫尔兹比港和南所罗门群岛的图拉吉岛。当时美国海军和舰载机部队都积累了丰富的经验，他们在第一次航母间作战中表现优异。

"列克星敦"号被击沉，"约克城"号也遭受严重损伤，一枚250千克（551磅）炸弹击穿飞行甲板和另外两层甲板，随后爆炸。雷达和制冷系统都瘫痪了，一系列水密舱壁被摧毁。近失弹的爆炸导致船体外部的焊接缝裂开，进而导致海水进入燃料舱。日本人认为"约克城"号已经被击沉了。回到珍珠港后，"约克城"号于5月27日进入干船坞，预计要进行2周的修理，但由于战况极为紧急，海军上将切斯特·尼米兹下令修理时间缩短至2天，因为尼米兹此时只有2艘可用的航母——"大黄蜂"号和"企业"号。经过匆忙而简单的修理后，"约克城"号又回到第17特混舰队作为弗莱彻的旗舰，与第16特混舰队一道截击正来势汹汹向中途岛扑来的日军舰队。

▼1942年6月，中途岛战役期间，浓重的烟柱从"约克城"号的中弹位置升起。

起飞弹射装置

"约克城"号是美国第一艘使用液压弹射装置的航空母舰，液压油在高压下进入带活塞的油缸之中。活塞与一个可释放的梭子相连，后者系在飞机上。美国海军使用的第一个弹射器利用压缩空气为飞机加速，其他实验性系统还曾使用过火药和无烟发射药。一种解决方案是电力驱动的飞轮装置，"列克星敦"号和"萨拉托加"号都曾装备过，但都在1931年拆除了。在全甲板航母上安装弹射器最初并不被认为是必要的，因为当时使用的飞机重量较轻，仅需很低的速度就可起飞。随着飞机变得越来越重，载荷也越来越大，弹射器成为航空母舰一件重要的装备，H型液压弹射器于1934年研究成功，并在使用过程中不断改进，直到20世纪50年代蒸汽弹射器的出现才停止使用。

日本海军上将山本五十六和他的参谋计划故意发起进攻，以诱使所剩无几的美国航母力量前来守卫中途岛，进而消灭它们。美军无线电情报部门截获了日军的秘电，并针对日军的计划做好了相应准备。6月4日，"约克城"号派出侦察飞机以确认日军舰队的方位，但必须等待其他航空母舰到来之后才能开始作战。由于特混舰队之间相距遥远，美军航空母舰之间的配合最初一度出现混乱。最初美军鱼雷轰炸机发起的进攻由于损失惨重而终止，随后"企业"号和"约克城"号的SBD"无畏"俯冲轰炸机同时到达日军航空母舰的位置。俯冲轰炸机的猛攻对日军造成巨大的损失，"赤城"号、"加贺"号和"苍龙"号都因中弹起火而沉没。仅剩"飞龙"号还能发起反击，其俯冲轰炸机对"约克城"号发起两次攻击，导致后者一度失去动力一个小时，速度锐减至20节（37千米/时；23英里/时）。

"飞龙"号的第二轮鱼雷轰炸机进攻两次命中"约克城"号的左舷，导致其再次完全丧失动力。在倾翻的过程中，弃船的命令下达了，但"约克城"号一直漂浮在海上，一支抢修队伍上舰试图挽救，"哈曼"号驱逐舰在它旁边为其提供动力。6月6日15时36分，日军潜艇I-168绕过驱逐舰并向"约克城"号发射了多枚鱼雷。"哈曼"号被命中，旋即沉没，"约克城"号又被2枚鱼雷命中，该舰因此被迫被彻底放弃。6月7日7时，"约克城"号严重向左舷倾斜，最终倾覆沉没。"约克城"号的损失对盟军的海军力量造成严重的打击，但中途岛战役取得了决定性的胜利，也成为太平洋战争的转折点。

1998年5月，"约克城"号的船体被找到——直立在太平洋水下4800米（3英里）深的海床上。

1938

美国海军
"企业"号（USS Enterprise）

该舰是美国海军第七艘叫作"企业"号的舰船，"大E"参加了第二次世界大战中太平洋战场的所有重大战役并表现突出，且承受了敌军炸弹与自杀飞机的打击却依然幸存。凭借着第二次世界大战中最多的战伤与最多的战役之星，该舰无疑是第二次世界大战中美国战功最为卓越的航空母舰。

"企业"号（CV-6）与"约克城"号是同级舰，均在纽波特纽斯造船及船坞公司建造。"企业"号于1934年7月16日开建，1936年10月3日下水，1938年5月12日开始服役。"约克城"级与"突击者"号（CV-4，1934年）一样，从设计之初就定位于航空母舰，因此它也可以搭载更多飞机，作战也更高效。"企业"号的载机量与"列克星敦"号相同，但排水量只有前者的一半。"约克城"级沿用了早期舰船的结构，飞行甲板建在主船体上方，前甲板和尾部甲板都是开放式的，虽然比"突击者"号大一些，但仍然受到《华盛顿海军条约》的限制。截至此时，安装在右舷的舰岛已经成为美国航空母舰的独特标志，舰岛上同时布置有航海舰桥和飞行指挥塔，此外还有桅杆、通信天线和一个大型烟囱。"企业"号安装了3部升降机，飞行甲板上安装有2具弹射器，机库甲板上安装1具弹射器。水线处敷设了50～102毫米（2～4英寸）厚的装甲带，横隔舱和转向装置周围装备了102毫米（4英寸）厚的防护装甲。锅炉舱内布置有9台巴布科克和威尔科特斯锅炉，通过4台"帕森斯"齿轮减速蒸汽轮机为4根传动轴提供动力，舰船最大速度可达到32.5节（60.2千米/时；37.4英里/时）。该速度已经成为美国海军航空母舰的基本要求，一方面是为了达到最大的起飞和着舰效率，另一方面也是为了依靠高速度躲避潜艇的突袭。

图中展示的是安装RCA-CXAM雷
达之后的"企业"号。甲板上没有
飞机表明它刚完成一次飞机摆渡任
务，时间可能是1941年下半年。

"企业"号最初装备8门127毫米（5英寸）单装高平两用炮，4座28毫米（1.1英寸）四联装高射炮和24挺12.7毫米（0.50英寸）口径机枪。1941年早期加装了雷达（RCA CXAM-1型）。该舰的理论载机量为96架，包括18架战斗机、36架鱼雷轰炸机、37架俯冲轰炸机和5架通用飞机，后者可用于侦察与布雷。

"企业"号的第一次巡航是里约热内卢的试航。从1939年4月起，"企业"号被分配至太平洋舰队，母港圣地亚哥，此后在圣地亚哥和珍珠港的新海军基地之间来回巡航。1941年12月，"企业"号向关岛和威克岛摆渡飞机，日本突袭珍珠港时该舰在距离珍珠港241千米（150英里）的位置。从该舰起飞，返回福特岛机场的飞机被误认为是日军发起的又一轮空袭，其中4架被误击而被击落。虽然对日军偷袭舰队的追击没有成功，但"企业"号的飞机在12月10日击沉了日本的潜艇I-70号，从而开启了该舰的胜利之路。

在1942年的战斗中，美国海军航空母舰的角色从飞机渡船演进为侦察和护航舰船，到最终证明自身作为主力作战舰艇的价值，参与了一系列重要战役，包括珊瑚海海战，中途岛战役，东所罗门群岛战役，圣克鲁兹战役和瓜岛战役。在中途岛战役中，"企业"号是海军少将雷蒙德·A.斯普鲁恩斯的第16特混舰队的旗舰。在8月24日至25日的东所罗门群岛战役中，"企业"号被3枚炸弹击中而严重受损，此外还遭遇了不少近失弹，共计74名船员阵亡。在10月26日的圣克鲁兹战役中，"企业"号两次被炸弹击中，共计44名船员阵亡，但该舰仍能战斗，并接收了"大黄蜂"号航母的大量飞机，后者在这场战斗中沉没。截至10月26日，"企业"号共计被日军炸弹命中6次，船员损失超过300人。在"萨拉托加"号12月5日返回服役之前，"企业"号一直是太平洋上唯一在役的航空母舰。1943年5月至7月，主要的修理在珍珠港完成，此后又

甲板牵引车（Deck Tractors）：甲板牵引车或拖车用于加快装载鱼雷和炸弹。美国航母在飞行甲板上完成武器的装载，而日军舰载机是在机库中装载完成后再放出飞机。

返回布雷默顿海军基地进行改装。改装中加装了防鱼雷凸出部，防空炮台以及127毫米（5英寸）和40毫米（1.5英寸）火炮的雷达控制装置。飞行甲板长度增加了5.5米（18英尺），宽度增加了1.5米（4英尺11英寸）。

舰队行动

　　1943年11月6日返回珍珠港后，"企业"号成为强大的航母舰队中的一员，这支舰队包含14艘强大的航空母舰，其中包括6艘全新的航空母舰，它们都经历过一年密集作战的历练，盟军逐渐扭转了1942年日本入侵的成功态势。"企业"号后来在马歇尔群岛、夸贾林环礁、特鲁克岛、马朱罗环礁和新几内亚沿岸多次参与部队登陆支援行动，在陆地和海上进行了艰苦卓绝的战

性能规格（1943年10月）

尺寸：长251.4米（824英尺9英寸）；宽34.9米（114英尺5英寸）；吃水7.9米（25英尺11英寸）

排水量：标准21336公吨（21000吨）；满载32573公吨（32060吨）

推进装置：9部巴布科克和威尔科特斯锅炉，4台"帕森斯"齿轮减速蒸汽轮机，4根传动轴；功率89484千瓦（120000轴马力）

速度：32.5节（60.2千米/时；37.4英里/时）

续航能力：可以15节（27.7千米/时；17.2英里/时）的速度航行12000海里（23200千米；14400英里）

武器装备：8门127毫米（5英寸）L38高平两用炮，8门双联和6门4联40毫米博福斯火炮，50门20毫米厄利康高射炮

载机量：90架

舰员：2217人

舰岛（Island）：除了航海舰桥和飞行员住舱外，舰岛内还布置有一套舰队司令套房，以及舰长的小休息室。

▼轮廓图展示了1941年之后"企业"号的形态，CXAM-1雷达安装在三脚架桅上。

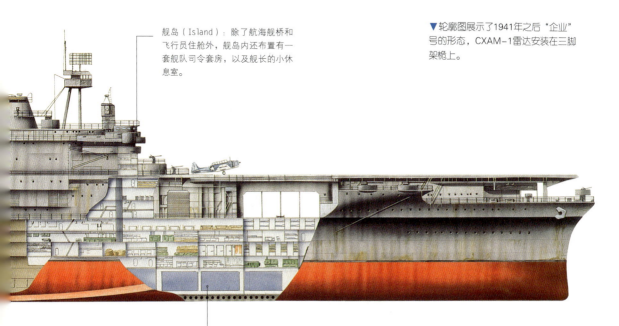

淡水舱（Fresh Water Tanks）：淡水储存在舰体底部。

命名规范

1942年之前，美国海军的舰载机大队都以舰船名字命名，"企业"舰载机大队也是如此，其搭载中队的番号直接使用了母舰的舷号：舰载战斗机中队为VF-6，俯冲轰炸机中队为VB-6，鱼雷机中队为VT-6，侦察机中队为VS-6。然而，在战争期间，飞机频繁地更换和迁移，有时还会回到陆地基地；航母沉没后，幸存的飞机必须找到新的"归宿"。一套新的命名法则逐渐形成了，即舰载机大队独立使用的番号。最初，新命名中还是带有一个某艘航母的舷号，但后来美军意识到这样会给日军追踪航母行踪的线索。随后美国人开始使用随机数字。在战争末期，"企业"号先后搭载了第10和第20航空大队，以及第90夜间航空大队。

斗。1944年2月，"企业"号在特鲁克岛发动了第一次夜间攻击，当时舰载的轰炸机在雷达的指引下发起进攻，这也使得该舰成为美军第一艘具备24小时持续进行作战能力的航空母舰，该舰的舰名也被改为CV（N）以代表具备夜间作战能力。1944年年中，美军已经逼近日本的内层国防圈，"企业"号于1944年6月19日至20日在菲律宾海参与了最后一次航母作战。在激烈的战斗中，3艘日军航空母舰——"祥鹤"号、"飞鹰"号和"大凤"号被美军飞机和潜艇击沉，共计426架日军飞机被摧毁。此战确立了美军在太平洋的制空权，但从10月开始日本发起了自杀式攻击，虽然成功率仅为7%左右，依然成为了新的重大威胁，迫使美军加强防空力量。"企业"号的足迹从西太平洋到中国沿岸，再到硫磺岛，乌利西环礁，甚至更靠近日本本土的位置，从2月10日开始，"企业"号对日本本土岛屿发起了常规突袭。如此靠近日本本土使得美国舰船很容易受到陆基飞机的空袭，其中也包括密集的自杀式攻击。

在乌利西环礁和冲绳县之间巡航时，由于被炸弹击中，"企业"号又被护航舰船发射的炮

▲ 道格拉斯TBD "蹂躏者" 鱼雷轰炸机于1937年开始服役。其机翼安装了液压折叠机构。该飞机参与了1942年的战斗，随后就被更现代化的飞机取代了。

弹造成的误伤不得不于3月20日返回乌利西环礁进行修理；随后"企业"号又在4月11日和5月13日两次遭到自杀式攻击。前部升降机损毁后，"企业"号繁忙而卓越的作战生涯走向终结，该舰奉命前往普吉特海湾进行修理。

"企业"号是1945—1946年下半年"魔毯"行动中使用的舰船之一，其机库增加了上千个临时的铺位，共计出航4次将美军士兵从珍珠港和欧洲带本土，随后该舰转为预备役，最终在1947年2月17日退役。1952年10月，"企业"号被重新定名为攻击型航空母舰CVA-6，1953年8月8日又将舷号改为反潜航空母舰CVS-6。1956年，各界曾尝试保留"企业"号，但没有成功，该舰最终在1958年被拆解。

"企业"号的作战成绩包括摧毁911架飞机，击沉71艘舰船，击伤的舰船数量高达192艘。该舰也是美国战舰中获得战斗荣誉最多的舰船，共计获得20颗战役之星。

1938

英国皇家海军
"皇家方舟"号（HMS Ark Royal）

"皇家方舟"号航空母舰是第三艘叫作"皇家方舟"的舰船，该舰在第二次世界大战早期参与了大西洋、挪威海以及地中海的大部分行动。

　　英军的新型航空母舰设计工作于1931年启动，"皇家方舟"号在服役时体现了英国皇家海军过去20年来航母设计和使用的所有经验。它是第一艘将机库和飞行甲板作为船体结构一部分的航空母舰，而不是像过去那样是在船体上搭建。"皇家方舟"号于1935年9月16日在英格兰别根海特的卡梅尔-莱尔德船厂铺设龙骨，1937年4月13日下水，1938年12月16日开始服役，总造价为3215000英镑。全长度的飞行甲板上排布着舰岛、指挥塔和烟囱。为了节省重量，船体是部分焊接的，并且没有采用重型装甲。这艘"皇家方舟"号是英国皇家海军最后一艘没有采用装甲化飞行甲板的航空母舰。其船体的装甲防护包括89毫米（3.5英寸）厚的侧舷装甲带，动力舱和弹药库上方的保护装甲厚度为114毫米（4.5英寸）。6座三鼓锅炉安装在独立的3个发动机舱中，通过由3台"帕森斯"齿轮减速蒸汽轮机为3根传动轴提供动力。

　　自卫火力方面，"皇家方舟"号在双联炮塔中装备了16门114毫米（4.5英寸）高平两用炮，在4联炮塔中装备了32门40毫米（2磅）"砰砰"防空炮，外加8挺12.7毫米（0.50英寸）口径高射机枪。两层机库甲板内共安装了3部升降机，还有2台起重机用于从海面上起吊水上飞机。"皇家方舟"号还采用了新的阻拦索布局，也首次在航母上安装了防撞护栏。虽然原始的设计方案中载机量为72架，最终完工时载机量仅为60架，由于到1941年时，飞机变得越来越大、越来越重，载机量最终减少到54架（"光辉"号航空母舰载机量仅为36架）。"皇家方舟"号主要搭载布莱克本"贼鸥"战斗轰炸机该机既可作为战斗机，又可作为俯冲轰炸机，可以携带227千克（500磅）载荷，布莱克本"大鹏"（Rocs）飞机——也是双用途飞机，作为战斗机时更加有效，以及费尔雷"剑鱼"鱼雷轰炸机/侦察机——可挂载731千克（1610磅）、口径457毫米（18英寸）的鱼雷或681千克（1500磅）的炸弹。

本土舰队服役

　　"皇家方舟"号隶属于本土舰队，第二次世界大战爆发后立即投入了战斗。1939年9月14日，"皇家方舟"号在罗科尔沿岸差点被德军IXA型潜艇U-39号发射的鱼雷命中：所幸潜艇被护航的驱逐舰击沉了。12天之后，"皇家方舟"号的舰载机在北海击落了一艘德国船身式水上

▼ 前视图，一架费尔雷"剑鱼"鱼雷轰炸机停在舰艏。

▼虽然从右舷来看体型巨大，但从俯视图看来，很显然"皇家方舟"号的舰岛只占据了很小的空间：仅比烟囱稍宽。

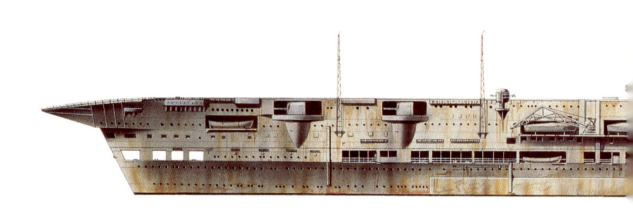

飞行甲板（Flight Deck）："皇家方舟"号的
飞行甲板位于吃水线上方20米（66英尺）。其
长度比龙骨长出36米（118英尺）。

瞭望台（Look-out Post）：在雷达还没出现的时代，舰艇会在演习和战斗中向瞭望台派遣观察员。

桅杆（Mast）：飞行甲板中央矗立着一根铰链式伸缩天线杆，其中安装着导航灯。

折叠翼（Folding Wings）：几乎从诞生之初，海军舰载机就采用折叠翼以便于起降以及最佳化利用机库空间。第一架采用折叠翼的海军飞机是1913年出现的英国肖特"福德尔"水上飞机。

性能规格

尺寸：长208米（682英尺）；宽28.9米（94英尺10英寸）；吃水8.73米（27英尺10英寸）

排水量：标准22352公吨（22000吨）；满载28163公吨（27720吨）

推进装置：6座锅炉，3台"帕森斯"齿轮减速蒸汽轮机；功率76807千瓦（103000轴马力）

速度：31节（57千米/时；36英里/时）

续航能力：可以20节（37千米/时；23英里/时）的速度航行7600海里（14100千米；8700英里）

武器装备：16门114毫米（4.5英寸）高平两用炮，32门2磅40毫米（1.57英寸）机关炮，12.7毫米（0.50英寸）防空机枪

载机量：60架

舰员：1580人

飞机。随后，"皇家方舟"号与"声望"号一起前往南大西洋，追击德军袖珍型战列舰"斯佩伯爵"号，1940年2月之前它一直以塞拉利昂的弗里敦为基地。在地中海短暂停留后，"皇家方舟"号在4月份参与了挪威北部的登陆支援行动，随后又返回地中海跟随H舰队参与了"弩炮"行动，即7月3日在凯比尔港对维希法国舰队的进攻行动。

7月4日，已经受损的战列巡洋舰"敦刻尔克"号被"皇家方舟"号的飞机摧毁。意大利在1940年6月10日宣战后，"皇家方舟"号对意大利机场发起进攻，以此保护英国的补给线。"皇家

▼1938年6月，左舷视角下的原始状态下的"皇家方舟"号。

方舟"号一直处于转移状态，1940年9月，它支援自由法国部队占领达喀尔，10月返回利物浦进行维修，11月又返回地中海。1941年早期，"皇家方舟"号向马耳他运送急需的战斗机，然后又被部署到大西洋搜索"沙恩霍斯特"号和"格奈森瑙"号战列舰。5月，搜索目标变为"俾斯麦"号。"剑鱼"飞机在狂风暴雨中起飞和降落，有时飞行甲板纵摇甚至会达到15米（50英尺）或更多。5月26日和27日，"俾斯麦"号一直处于"皇家方舟"号的监视之下，该舰的舵机也被"皇家方舟"号舰载机投放的鱼雷摧毁。

"俾斯麦"号沉没后，"皇家方舟"号返回地中海，参与了守卫马耳他的行动。1941年11月13日15时41分，"皇家方舟"号与"马来亚"号战列舰，"暴怒"号航空母舰以及6艘驱逐舰列队航行，潜艇一直跟随着它们，"皇家方舟"号于是派出"剑鱼"侦察机，但就在发射过程中其右舷中部舰岛正下方吃水线以下5米（16英尺5英寸）的位置被VIIC型潜艇U-81号发射的鱼雷命中，当时它位于直布罗陀以东大约48千米（30英里）的位置。

大部分船员都被疏散到护航船只上，"皇家方舟"号则由直布罗陀的2艘拖船拖曳。损管队伍连夜奋战以保证舰船浮在水面，但到6月14日4时30分，他们不得不放弃"皇家方舟"号，此刻该舰已经严重倾斜了，最终在6时24分舰艉朝下垂直沉入海底。德国在宣传中曾多次声称击沉了神出鬼没的"皇家方舟"号，但这一次是真的。鱼雷攻击仅造成一名舰员死亡。2002年秋季，"皇家方舟"号的残骸被一艘"福金"（Hugin）3000型自主式水下潜航器（AUV）发现。

"皇家方舟"号也成为了后继的"光辉"级航空母舰的模板，其防御鱼雷的失败导致新航母设计迅速进行了调整，包括控制系统的改进，还有备用的柴油发电机以在机械故障的时候提供电力。

舰载航空兵

英国皇家空军（以前的英国皇家飞行军团）在1918年4月1日成立后，海军航空兵也被合并在内，带来了55000名海军航空兵部队在役士兵和大约2500架飞机，但几乎都是小型的水上飞机。英军本计划皇家海军提供航空母舰，皇家空军提供飞机、飞行员和维修人员。但这是最不幸的决定。皇家海军在海军航空力量中曾是先驱者，但现在发现他们沦为一支运输部队，在飞机的设计和规划方面几乎没有话语权，而飞机又是海军战略至关重要的武器。尽管通过两支独立的军种管理海军航空力量带来的问题越来越明显，直到1937年舰载航空兵才再次成为皇家海军的一部分。

1940

美国海军"黄蜂"号（USS Wasp）

"黄蜂"号是1922年《华盛顿海军条约》限制下的最后一艘"条约航空母舰"，也是美国加入第二次世界大战之前最后一艘投入服役的航空母舰，它也是该级别的唯一一艘。

"黄蜂"号本计划用于替代美国海军第一艘航空母舰"兰利"号（CV-7），也是第七艘叫作"黄蜂"的战舰，该舰于1936年4月1日在马萨诸塞州昆西的伯利恒钢铁公司霍河造船厂铺设龙骨，1939年4月4日下水，1940年4月25日开始服役。1940年10月，经过一系列测试和训练后，"黄蜂"号加入舰队。"黄蜂"号的尺寸和性能受到1922年《华盛顿海军条约》的限制，美国

阻拦索（Arrester Wires）："黄蜂"号艉舰艏都装有阻拦索以便于飞机在前后两端着舰。

配平（Offset）："黄蜂"号左右并不对称，该舰舰体向左略微膨出以平衡右侧的舰岛和烟囱的结构的重量。

是该条约的发起者之一，因此条约对美国自身也有效，但对德国和日本的限制更为严格。"黄蜂"号的排水量仅为"企业"号的四分之三，总造价为2000万美元。

　　为了减重必须在作战性能和生存性方面作出取舍，这导致在生存性方面作出了一定的让步。舰体舯部装有102毫米（4英寸）厚的装甲带，飞行甲板下方的主甲板铺有一层38毫米（1.5英寸）厚的钢板。事实证明这种防护是不够的。"黄蜂"号的动力装置也不如"企业"号。6座锅炉可产生39.7千克力/平方厘米（565磅力/平方英寸）的压强，通过2根传动轴为2台"帕森斯"蒸汽轮机提供动力。减重措施的确有效降低了航母的排水量，但代价是损失了大约3节的速度，不过最大速度依然能达到可观的29.5节（54.6千米/时；33.9英里/时）。该舰的整体设计非常传统，前部飞行甲板建在开放的舰艏甲板上方，后甲板上方的布局也与此相似。飞行甲板的总长度为225.9米（741英尺3英寸）。巨大的烟囱矗立在两根桅杆之间的舰岛顶部。

　　"黄蜂"号是第一艘在甲板边缘安装

性能规格

尺寸：长210米（688英尺）；宽24.6米（80英尺9英寸）；吃水6.1米（20英尺）

排水量：标准14900公吨（14700吨）；满载19423公吨（19116吨）

推进装置：6座锅炉，2台蒸汽轮机，2根传动轴；功率52000千瓦（70000轴马力）

速度：29.5节（54.6千米/时；33.9英里/时）

续航能力：可以15节（27.7千米/时；17.2英里/时）的速度航行12000海里（22000千米；14000英里）

武器装备：8门127毫米（5英寸）L38高平两用炮，4座4联装28毫米（1.1英寸）L75防空炮，24挺12.7毫米（0.50英寸）重机枪

载机量：大于70架

乘员：2167人

▼ "黄蜂"号的轮廓图，该舰也延续了在飞行甲板上设置舰岛的布局。

甲板升降机（Deck Elevator）：最初在甲板的边缘安装了试验的升降机，人们很快就认识到了这种布局有利于飞行甲板和机库运作。

海上伪装（Marine Camouflage）："黄蜂"号采用暗灰的伪装图案，1941年之后它在桅杆上安装了CXAM-1雷达。

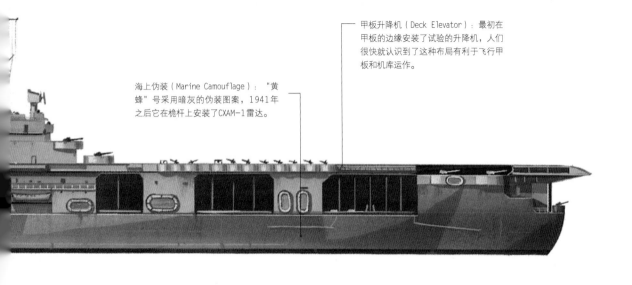

升降机的航空母舰，一部位于舰岛左侧边缘，另外2部位于舰体内部，事实证明这是非常实用的创新。飞行甲板和机库甲板上各安装了2部液压弹射器。防御能力方面，"黄蜂"号装备8门127毫米（5英寸）L38高平两用炮，外加4座4联装28毫米（1.1英寸）L75防空炮和24挺12.7毫米（0.5英寸）机枪。1942年1月，大部分机枪被20毫米（0.787英寸）防空炮取代。1941年3月，"黄蜂"号成为美国海军第一艘装备CXAM-1对空搜索雷达的舰船。虽然被划分为"轻型"航空母舰，"黄蜂"号的载机量超过70架。相比而言，同时代的英国航空母舰尺寸大很多，但载机量却少很多。

大西洋巡逻

　　1940年10月，"黄蜂"号被分配至第3航母分队，并参与了陆军航空队战斗机的飞行测试，验证了航空母舰也可以使用陆基飞机。1941年7月28日，"黄蜂"号搭载着33架陆军飞机前往冰岛，然后返回诺福克进行更多的航母测试和其他飞行训练。从9月6日开始，"黄蜂"号开启巡逻以"宣示美国在大西洋的存在"。与其他美国战舰一起，"黄蜂"号为英国商船护航，范围

▼1942年6月，太平洋某处，俯视下的"黄蜂"号。一个月之前，甲板上还停满了英国皇家空军的"喷火"战斗机。

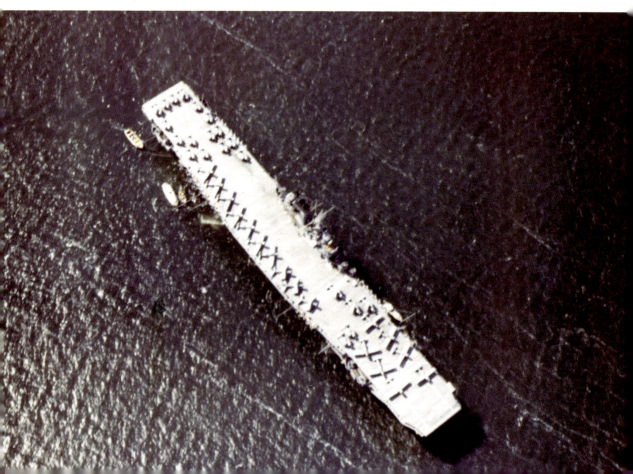

一度到达大西洋中部。当日本于1941年12月7日偷袭珍珠港时，"黄蜂"号在百慕大的格拉西湾，但该舰没有立即被派往太平洋，因为加勒比海需要一支强大的海军力量，那里的某些岛屿是法国的殖民地，停泊有已经向德国投降的法国维希政府的军舰。

与法国的紧张关系解除后，"黄蜂"号前往弗吉尼亚州朴茨茅斯的诺福克海军船厂进行全面检修，并一直持续到1942年1月14日。又进行一些沿岸巡逻之后，"黄蜂"号于3月26日与第39特混舰队一起被部署到英国，充当处于困境的英国皇家海军的增援力量。在斯卡帕湾和格拉斯哥停下后，"黄蜂"号承担的第一个任务就是向地中海的英国殖民地马耳他运输47架"喷火"战斗机，护航力量为英国皇家海军的W舰队和2艘美军驱逐舰。这次任务非常成功，不过很多"喷火"战斗机后来被德军炸弹炸毁在了地面上。"黄蜂"号还搭载了VF-71战斗机中队的12架格鲁曼F4F"野猫"战斗机，作为其自身的战斗空中巡逻力量。1942年5月3日，"黄蜂"号在英国"鹰"号航空母舰的陪伴下第二次向马耳他运送了"喷火"战斗机。

"列克星敦"号和"约克城"号损失后，美国海军在太平洋的航母力量遭到严重削弱，"黄蜂"号于1942年6月被派往太平洋，并在圣地亚哥搭载了F4F"野猫"战斗机，SBD-3"无畏"俯冲轰炸机和TBF"复仇者"鱼雷轰炸机。"黄蜂"号在8月7日至8日支援了海军陆战队在瓜达尔卡纳尔岛的登陆行动，主要提供战斗空中巡逻和打击敌方基地。9月15日，"黄蜂"号与"大黄蜂"号一起再次为海军陆战队提供空中掩护，14时44分，"黄蜂"号被日本潜艇I-19号发射的95型"长矛"鱼雷多次命中，前部弹药舱和燃料舱区域附近的装甲板被击穿。火势迅速蔓延至失控状态，一系列爆炸导致护卫舰船无法靠近。15时20分，弃舰的命令下达，最终完全被烧毁的船体被"兰士登"号发射的鱼雷击沉。此次共计损失45架飞机，但26架正在空中飞行的飞机有25架被"大黄蜂"号接收，另有193名船员阵亡。为了纪念出自同一造船厂的"黄蜂"号，正在建造的"埃塞克斯"级航空母舰CV-18"奥里斯卡尼"号更名为"黄蜂"号。

鱼雷攻击

机载鱼雷是航空母舰重要的武器。航空母舰可以派出飞机应对敌方舰船，但航母本身也容易受到敌方飞机和潜艇发射的鱼雷攻击。第二次世界大战期间最致命也是最令人胆寒的鱼雷是日本的93型"长矛"鱼雷，及其小型版本533毫米（21英寸）的95型鱼雷，两者分别由驱逐舰和潜艇发射。93型射程为10千米（6.2英里），速度为45节（83千米/时；52英里/时），雷头重达490千克（1080磅）。95型的射程和速度与93型相同，但雷头重量为404千克（893磅），"黄蜂"号正是被95型鱼雷瘫痪的。美国的鱼雷轰炸机装备Mk 13航空鱼雷，其直径为569毫米（22.4英寸），雷头重量为272千克（600磅），战争早期这种鱼雷可靠性较差，仅有30%的鱼雷未发生故障。到1944年时，经过多次改进，该型鱼雷的性能已经大幅提高了。

1942年，"黄蜂"号向马耳他运输"喷火"战斗机，它共执行过2次此类高风险任务。

1941

装备弹射器的商船（CAM）和商船航空母舰（MAC）

装备弹射器的商船（CAM）和商船航空母舰（MAC）作为商船队护航船，在大西洋之战中发挥了重要作用。这是一场海上、水下和空中的三维战争。

　　除了偶尔出现的德军水面舰艇袭击，如"沙恩霍斯特"号和"格奈森瑙"号，以及独行的海上破交船，盟国海军实际掌握着大西洋海面的控制权。然而，水下的情况却不是这样，德军潜艇从法国西部的基地出发，可以进入大洋深处，它们像"狼群"一样聚集袭击护航船队。在这场高度协同的战役中，船队的位置、轨迹以及护航舰船等信息都会被传递到德军潜艇部队总部，再通过恩尼格码密码机系统传到每艘潜艇。该体系的关键就是福克-沃尔夫FW2000"秃鹫"侦察机——航程达到2000海里（3700千米；2300英里）的4发动机飞机。潜艇的基地位于法国西部和挪威，它们能跨过宽阔的海洋，带回护航队位置和方向信息。

　　"秃鹫"侦察机虽然配有武器，但在面对来自空中的攻击时依然极为脆弱，而在1941年，皇家海军没有航空母舰可用于大西洋巡逻。因此，作为权宜之计，装备弹射器的商船应运而生。舰船已有可用的：只需要在船首安装一套系统用于弹射战斗机，且载机的速度、武器和机动性能够击落FW 200飞机或容克Ju 88，以及亨克尔He 111轰炸机，后者经常从挪威的基地起飞，袭击开往苏联的护航运输船队。

　　显然，这只是一个临时解决方案，而护航航空母舰已经在改装或建造之中。由于盟军无论如何都不可能要求飞行员像战争后期的日本人那样发动"神风"式的自杀攻击，而这就要求飞行员具有高超的技能和巨大的勇气，从一艘无法着陆的舰船上弹射出去——如果距离友军海岸不远的话他可能找到着陆地点，但更多情况下飞行员不得不在海面上迫降，然后寄希望于被护航的舰船救起。被选中用于弹射的飞机是"飓风"Mk 1A战斗机，其中50架为了便于弹射还加固了机身。另外，加拿大还建造了50架用于此目的的"海飓风"战斗机。

> ## 性能规格（MAC油轮/MV散货船）
>
> 尺寸：长142米（465英尺）；宽18米（59英尺）；吃水8.4米（27英尺6英寸）
>
> 排水量：标准8145公吨（8017吨）；满载16256公吨（16000吨）
>
> 推进装置：柴油发动机，单传动轴；功率2610千瓦（3500轴马力）
>
> 速度：13节（24千米/时；15英里/时）
>
> 续航能力：10000海里（18520千米；11510英里）
>
> 武器装备：1门102毫米（4英寸）舰炮；8门20毫米（0.787英寸）防空炮
>
> 载机量：3架
>
> 舰员：100人

商船航空母舰

共计35艘商船在船艏安装了弹射器，以及无烟火药提供动力的火箭弹射滑车。官方没有将这些商船列入皇家海军战舰，它们悬挂红色的商船旗，并且不由海军军官指挥。飞行员来自皇家空军以及一支1941年5月5日组建的特殊部队——海上航运战斗机部队（MSFU）。5艘海军舰船也作了类似的改造，即战斗机弹射船（FCS），舰载机为舰队航空兵费尔雷"管鼻鹱"战斗机。CAM舰船携载2架"飓风"战斗机和2名飞行员。

1941年5月27日，CAM舰船"米歇尔.E"号开始向西参与护航行动：这是一次不幸的开始，6月2日该船被IXB型潜艇U-108发射的鱼雷击沉。截至当年7月，共计16艘舰船参与行动，1941年8月2日首次取得战果，皇家海军后备役军官、海军上尉R. W. H. 埃弗雷特驾驶飞机从FCS"马普林"号上起飞，击落了1架FW200后在海上迫降，最终被1艘驱逐舰营救。1941年11月1日，从CAM舰船"泡沫帝国"号（Empire Foam）起飞的1架"飓风"战斗机追逐1架"秃鹫"侦察机，但没能击落后者。"秃鹫"侦察机2台发动机失灵，但仍然成功返回。

进入冬季后CAM舰船的行动不得不暂停，它们在1942年3月又重新开启了行动。截至1943年早期，护航航空母舰已经开始部署，CAM舰船行动完全结束。海上航运战斗机部队于6月8日解散，但一些CAM舰船仍然在海上活动，1943年7月28日，从"达尔文帝国"号（Empire Darwin）和"泰德帝国"号（Empire Tide）上起飞的"飓风"战斗机击落了2架"秃鹫"侦察机。在所有CAM舰船行动中，共计12艘CAM舰船被击沉，8架飞机被击落，同时击落了8架德军飞机。CAM舰船最大的重要性是增强护航船员的信心，并让英国公众相信他们正在采取措施应对潜艇的威胁。

商船航空母舰（MAC）是CAM舰船的进一步发展。MAC船改装后外观酷似航空母舰，但

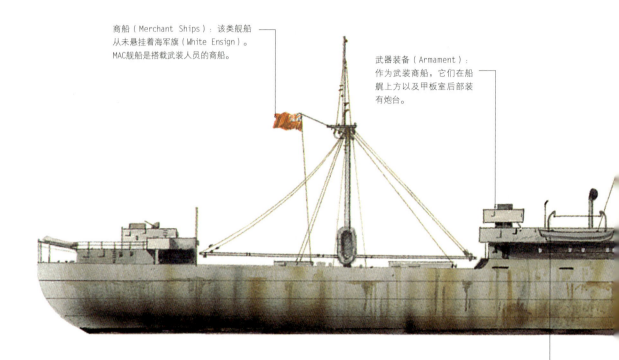

商船（Merchant Ships）：该类舰船从未悬挂着海军旗（White Ensign）。MAC舰船是搭载武装人员的商船。

武器装备（Armament）：作为武装商船，它们在船舷上方以及甲板室后部装有炮台。

▲典型的CAM船。部分CAM船在船名前带有"帝国"前缀，但不是所有"帝国"船只都装备了弹射器。

预制舰岛（Prefabricated Island）：与其他航空母舰结构一样，舰岛也是预制构件。

▼"拉帕纳"型油轮的轮廓图，该型油轮后来被改装为MAC船。图中白色的海军旗是不正确的：它们被认定为商船。舰岛和其他形似航母的改装部分都是由预制件搭建成的。

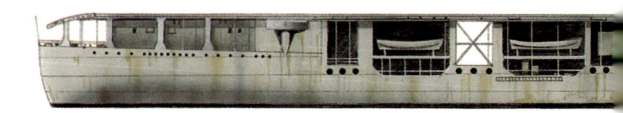

"海飓风"战斗机（Sea Hurricane）：通过弹射器发射的"海飓风"战斗机也被昵称为"Hurricat"（"飓风猫"）和"Catafighter"（从航空母舰上弹射起飞的战斗机）。

弹射起飞（Catapult Launch）：火箭弹射器长22.8米（75英尺），位于舰船前甲板左舷位置，并延伸至前桅。

乘员（Personnel）：CAM舰船的乘员比普通商船多，因此携带额外的救生艇——卡利充气式救生筏。

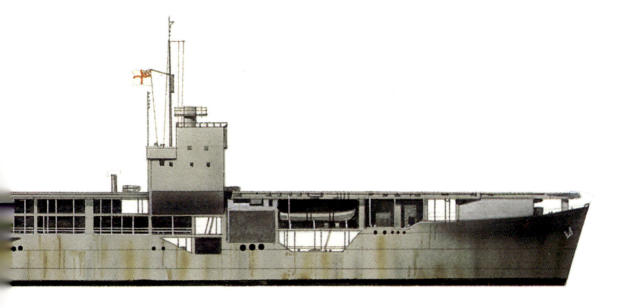

油轮改装

　　海军部最初不愿将油轮用作MAC舰船，但油轮设计中的适用性最终打消了人们对火灾隐患的担忧。与散货船不同，油轮MAC舰船的飞行甲板下方没有机库，而是在平坦的顶部携载3架飞机。其中一个油箱用于储存飞机所用的航空汽油。有些舰船还装备了海上加油设备，通常是通过舰船尾部完成加油。由于MAC船没有弹射器，它们实际中使用火箭辅助起飞装置（RATOG）以帮助"剑鱼"反潜机起飞，后者通常携带2枚113.5千克（250磅）的深水炸弹和4个海上浮标，一般都安装在主起落架支架后方。

▶1943年7月13日，苏格兰格陵诺克，刚完工的"帝国马克安德鲁"号——由散粮船改装而来的商船航空母舰。

内部结构却保持了散货船或油轮的运货能力，因此它们既能充当货船，也能起飞和回收弹射机。19艘"帝国"型MAC船搭载有"剑鱼"Mark I和Mark II型鱼雷轰炸机，其双翼结构使得起飞速度远低于"海飓风"战斗机：MAC舰船上没有安装弹射器。连续的飞行甲板最小尺寸为120米（390英尺）×19米（62英尺），船上还装有两根阻拦索和一部阻拦网，指挥塔尽可能最小化，位置在船舯右舷，此外还有一根单桅杆。MAC舰船可以携带4架飞机，有些还安装了升降机用于将飞机从机库运送到飞行甲板。

与CAM舰船一样，MAC舰船也悬挂商船旗，船员也佩戴商船队徽章。MAC船都是内燃机船，因而不用安装烟囱，进而拥有畅通无阻的平坦甲板。所有的19艘MAC舰船都经过了改装，相比CAM舰船而言给予了更多的保护措施。它们的武器装备不多，但一般都与海军的驱逐舰和轻型巡洋舰一起行动，而后者都有防空和反潜防御能力。除了护航职责，它们也被用于运输飞机，如1944年诺曼底登陆行动之前它们跨过大西洋运送飞机，油轮MAC也被用于为其他舰船补充燃料。

MAC船起飞的飞机架次达到4000多次，但唯一造成的潜艇损失是自由法国的布雷潜艇"珍珠"号——1944年7月8日该艇被"帝国马克凯朗"号放飞的"剑鱼"击沉。曾有报道称MAC舰船护航的船队没有损失一艘舰船，但事实并不是这样。然而，毫无疑问的是，MAC舰船的存在对德军潜艇和飞机起到了有效的遏制作用。所有的19艘MAC舰船都在战争中存活下来，并在1945年和1946年重新改装回正常的商船。

MAC舰船的名字前也冠以了"帝国"，且有9艘不是新建的船只，而是荷兰皇家壳牌公司的油轮改装而来的，这些舰船都被称为"拉帕纳"级。有2艘是在荷兰注册的，并被认为是荷兰的第一艘航空母舰。

1941

英国皇家海军
"大胆"号（HMS Audacity）

将1940年3月在大西洋俘获的德国商船"汉诺威"号改装成英国第一艘护航航空母舰是一个大胆的行为。其作为战舰的简短服役生涯证明了这种舰船的价值。

"汉诺威"号是1939年新建的商船，于当年3月在不莱梅港的伏尔锵船厂下水，它是北德意志-劳埃德航运公司的冷藏货物班轮，主要在南美洲和德国之间活动。德国与英国开战时，"汉诺威"号在大西洋西侧，当时它首次开往荷属安的列斯群岛的库拉索岛。1940年3月8日，与另外2艘运货蒸汽机船一起跨过大西洋返回时，它们被英国皇家海军的轻型巡洋舰"达尼丁"号和加拿大驱逐舰"阿西尼博因"号拦截，英国对德国港口封锁的最远边界被打破。

该船船员试图让船只自沉，同时还点燃了甲板舱，但来自"达尼丁"号的登船搜查人员成功挽救了这艘舰船——充满危险，需要巨大的努力、勇气和主动性——"达尼丁"号将其拖回牙买加的金斯顿，然后将其更名为"辛巴德"号。由于损伤不重，该船得以自行返回英国，然后又更名为"帝国大胆"号，同时首次尝试将其改装为武装远洋登陆船。随着逐渐意识到护航航空母舰的价值和必要性，1941年1月13日，改装计划发生变化，转而在诺森伯兰郡的布莱斯造船和干船坞公司改装成护航航空母舰。

"大胆帝国"号是内燃机船这一事实是做出这个选择的关键因素。它装备一台MAN 7缸柴油发动机，废气通过呈90°角的管道排出，而不需要烟囱。其14.5节（26.8千米/时；16.6英里/

时）的速度远远超过护航任务的需要：大多数护航舰船仅以10节（18.5千米/时；11.5英里/时）或更低的速度航行。火灾损坏的上层建筑被拆除了，外加桅杆、起重机以及甲板上方的所有部件都拆除了，相反，采用了138米（453英尺）长的木制飞行甲板，并安装了3个阻拦索。

"平顶"

"大胆"号是完全"平顶"的舰船，没有舰岛，飞行甲板上只有一个开放的指挥舵。"大胆"号没有机库甲板，飞机的停泊和加油都在开放的飞行甲板上。为了保证舰船稳定，底部装载了3048公吨（3000吨）的压舱物。舰船上没有装甲，自卫火力包括1门102毫米（4英寸）火炮，1门6磅和4门2磅防空炮，以及4门20毫米（0.787英寸）防空炮。"大胆"号安装了79B式空中预警雷达，从而监测敌方飞机和跟踪己方飞机的范围达到120千米（75英里）。改装完成于1941年6月20日，再次投入服役时更名为"帝国大胆"号，但"帝国"两字在7月31日被取消了，因为它不是当时正在研制的新型"帝国"级商船航空母舰。与后者不同的是，官方认定"大胆"号是战舰，船上配有海军指挥官和士兵。

1941年7月10日，"大胆"号进行了第一次甲板着舰。1941年9月13日，"大胆"号带着舰载航空兵第802中队的6架飞机（有报道是8架——最大载机量）被分配至西部反潜司令部，并在直布罗陀和英国之间履行护航任务。"大胆"号的舰载机击落了5架福克—沃尔夫FW-200"秃鹫"远程侦察机，并在12月17日辅助击沉了IXC型潜艇U-131号。

1941年12月，HG 76护航队开始了直布罗陀至英国的航线。HG 76共包括32艘商船，12艘护航舰船，外加"大胆"号。德军在西班牙阿尔赫西拉斯基地的潜艇持续关注直布罗陀的动态，

▼ "弓箭手"号是美国以CM-3式货船为基础改造成的，交付英国的2艘航空母舰之一，它们被称为"长岛"级，并被定位为辅助航空母舰（AVG）。1941年11月17日进入英国皇家海军服役后，它表现出与"大胆"号和"攻击者"号（下一页底部）不同的改装风格。与"大胆"号不同的是，它安装了一个升降机，并且能携带15架飞机。

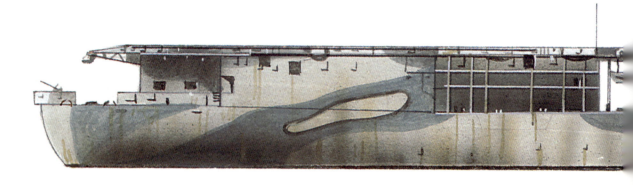

并向潜艇指挥部发送信号，护航队在12月14日出发后，很快就遭到德国空中力量和潜艇部队的攻击，这场追逐战持续了6天。靠近葡萄牙海岸时，6艘潜艇形成包围，护航舰船击沉了3艘潜艇。12月21日，"大胆"号舰载的"欧洲燕"战斗机驱赶了2架"秃鹫"侦察机。当天晚上，"大胆"号在距离船队一定位置处——飞机发射和着舰必须留出的距离——夜间21时37分时被VIIC型潜艇U-751号发射的4枚鱼雷中的1枚击中，其转向装置瘫痪，船速迅速降低，潜艇又在21时45分发射2枚鱼雷击中了舰体前部。

　　"大胆"号舰艏沉入水中，舰艉上升至垂直位置，飞机也从甲板上滑入水中。22时10分，"大胆"号大部分舰体已经沉入水里，共计73名船员阵亡。尽管很多方面的设计都是权宜之计，在其短暂的作战生涯中，"大胆"号雄辩地证明了护航航空母舰承担侦察、防御和进攻任务的价

性能规格

尺寸：长142.4米（467英尺3英寸）；宽17.15米（56英尺3英寸）；吃水8.4米（27英尺6英寸）

排水量：标准10230公吨（10068吨）；满载12192公吨（12000吨）

推进装置：7缸MAN柴油发动机，单传动轴；功率3900千瓦（5200轴马力）

速度：15节（28千米/时；17英里/时）

续航能力：未知

武器装备：1门102毫米（4英寸）舰炮，4门2磅防空炮，4门20毫米（0.787英寸）防空炮

载机量：6架

乘员：480人

值。商船损失评估证明，如果能与轻型巡洋舰和驱逐舰密切协同，护航航空母舰可以将船队早期的预警区域扩大若干英里，并且对敌方潜艇和飞机造成巨大的威慑。

货物（Cargo）：甲板上的费尔雷"剑鱼"战斗机。"大胆"号是英国第一艘搭载格鲁曼"无足鸟"Ⅱ型战斗机的航空母舰。英国人将F4F"野猫"战斗机更名为"欧洲燕"，但从1944年3月开始，皇家海军又开始使用"野猫"这个名字。

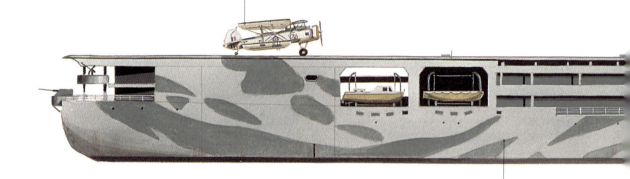

压舱物（Ballast）：与CAM舰船和MAC舰船不同，"大胆"号不运载货物，因而需要3048公吨（3000吨）的压舱物以保持稳定。

甲板结构（Deck Construction）：与标准的英国皇家海军航空母舰不同，为了加快建造进度，节省钢材以及降低顶部重量，"大胆"号飞行甲板的表面采用木制材料。作战时，其表面会涂刷伪装图案。

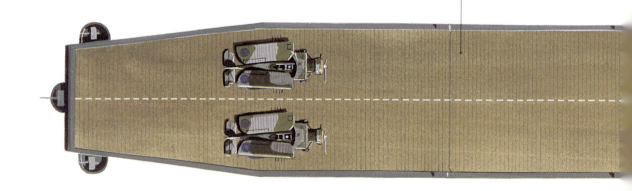

桅杆（Mast）：桅杆安装在右舷。

▼ "大胆"号航空母舰的轮廓图和俯视图。护航航空母舰的设计方案又回归到20年前的"平顶"概念。

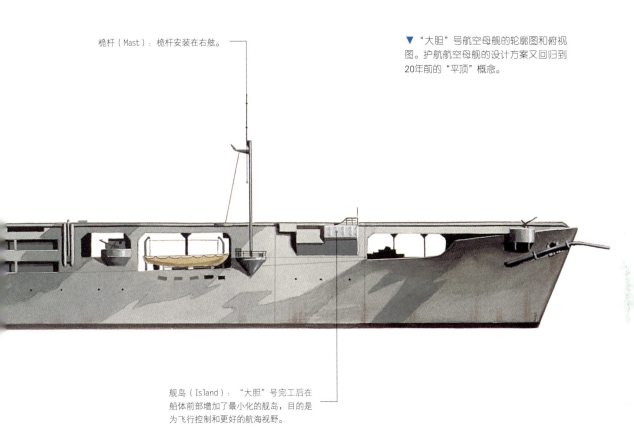

舰岛（Island）："大胆"号完工后在船体前部增加了最小化的舰岛，目的是为飞行控制和更好的航海视野。

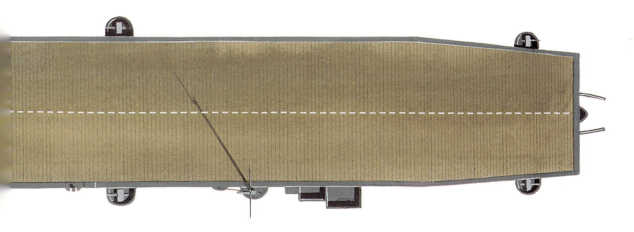

运输、护航和攻击型航空母舰

1942年8月至1943年6月期间，美国建造了18艘专用的护航航空母舰，进入美国海军服役的舰船被称为"博格"级（CVE），进入英国皇家海军服役的被称为"攻击者"级。英国皇家海军通过英美《租借法案》共获得8艘。这些舰船以货船船体（海事委员会C-3型）为基础，安装了机库甲板和升降机以胜任航空母舰角色，共能搭载24架飞机。1943年至1944年期间又建造了24艘，其中23艘被移交给英国皇家海军，即所谓的"埃米尔"级或"统治者"级。战争期间，它们参与了各种各样的任务，被称之为运输、护航和攻击型航空母舰。进入英国舰队之前所有舰船都进行了改装，因此皇家海军的船员对美国战舰船员舱极其满意，双层铺和舱室取代了寝居甲板和吊床。

▼ "奈拉纳"号是英国以商船船体为基础改造的3艘护航航空母舰中的第一艘。它于1943年11月26日开始服役，载机量达到20架，主要在北极圈和大西洋履行护航任务。1946年至1948年期间，它被租给荷兰皇家海军，并改名为"卡雷尔·多尔曼"号。1948年之后，它又改造回正常的商船，并改名为"波尔特·维克托"号。

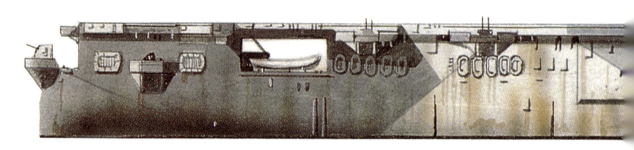

▼1942年9月26日开始服役的"博格"号（CVE-9）是"博格"级护航航空母舰的首舰，同型舰在英国皇家海军中被称为"攻击者"级。

1941

"祥鹤"号（Shokaku）

大型航空母舰"祥鹤"号和"瑞鹤"号（Zuikaku）是日本太平洋作战计划的关键元素。它们拥有远程续航能力，载机量高达84架，因此被日本帝国海军视为取胜的关键。

1941年12月，酝酿已久的太平洋战争爆发时，"祥鹤"号和"瑞鹤"号仍是新锐力量。"祥鹤"号于1937年12月12日在横须贺海军船厂铺设龙骨，1939年6月1日下水，1941年8月8日服役。与此同时，"瑞鹤"号在神户的川崎船厂开工建造，1941年9月25日开始服役。两舰计划与"大和"级重型战列舰协同作战。

在设计的最后阶段，"祥鹤"号舰岛的位置从左舷换到右舷。两舰没有设置烟囱：两个废气出口都安装在右舷，并以直角通往下方。该级舰采用封闭的两层机库，中轴线上安装3台飞机升降机。它们本应是日本第一批装备弹射器的航空母舰，虽然设置好了底座，但弹射器始终没有装上。船上安装了9根4型阻拦索，前部3根，后部6根，并且均由电动机驱动，而3条阻拦网则由气动液压装置驱动。

"祥鹤"号和"瑞鹤"号均拥有良好的保护装甲以确保战时

的生存能力，弹药舱外部敷设165毫米（6.5英寸）厚的装甲，动力舱顶部装备46毫米（1.8英寸）厚的装甲。下层机库甲板也配备装甲，杜克勒低锰结构钢上方铺一层66毫米（2.6英寸）厚的装甲。船体下部拥有4道纵隔舱壁，可防御200千克（440磅）TNT装药的鱼雷攻击。弹药舱的防御能力可抵抗从3050米（10000英尺）高度投放的800千克（1760磅）炸弹的攻击。动力系统由8台"舰本"乙型锅炉构成，为4台齿轮减速蒸汽轮机提供动力，最大速度可达到34.5节（63.8千米/时；39.7英里/时）。主操舵装置和辅助操舵装置都是液压驱动的，但也能电力驱动；前部和尾部的起锚机也都是电力驱动的。

主要的防御装备是16门127毫米（5英寸）98式高平两用炮，安装在船体翼侧的双联炮塔之中，此外还有36门25毫米96式防空炮。2舰都在建造过程中安装了声呐监听设备，包括91式4型被动水听器和97式水听器，这在某种程度上弥补了没有雷达的不足。2舰的载机量均为72架，备用空间还能再搭载12架部分拆解的飞机。

第5航空战队

1941年10月7日，"祥鹤"号和"瑞鹤"号组成第5航空战队，作为南云忠一海军中将的第一航空舰队的一部分对珍珠港发起突袭，两者参与了2轮袭击行动。1942年1月，"祥鹤"号和"瑞鹤"号参与了占领腊包尔的行动，当年春季在太平洋和印度洋参与了大量行动，包括突袭亭可马里行动，并击沉了2艘英国巡洋舰和"竞技神"号航空母舰（4月9日）。2舰还为日军登陆新几内亚行动提供了支援。5月7日至8日，两舰参与了激烈的珊瑚海海战，7日晚上发动了极其危险的夜间进攻，但没有成功，还损失了7架飞机（其中6架日军飞机

▲ 图中这架99式11型（爱知D3A1）"瓦尔"俯冲轰炸机在其机身下携带1枚113千克（250磅）炸弹，机翼下携带2枚60千克（132磅）炸弹。

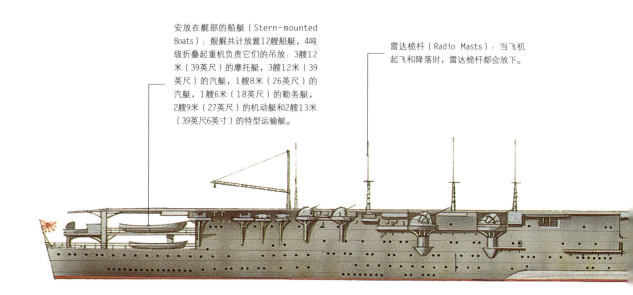

安放在舰部的船艇（Stern-mounted Boats）：舰艉共计放置12艘船艇，4吨级折叠起重机负责它们的吊放：3艘12米（39英尺）的摩托艇，3艘12米（39英尺）的汽艇，1艘8米（26英尺）的汽艇，1艘6米（18英尺）的勤务艇，2艘9米（27英尺）的机动艇和2艘13米（39英尺6英寸）的特型运输艇。

雷达桅杆（Radio Masts）：当飞机起飞和降落时，雷达桅杆都会放下。

性能规格

尺寸：长257.5米（844英尺10英寸）；宽29米（95英尺2英寸）；吃水9.3米（30英尺7英寸）

排水量：标准26086公吨（25675吨）；满载32619公吨（32105吨）

推进系统：8座锅炉，4台"舰本"式齿轮减速蒸汽轮机，4根传动轴；功率120000千瓦（160000轴马力）

速度：34.5节（64千米/时；39.7英里/时）

续航能力：可以18节（33.3千米/时；20.7英里/时）的速度航行9700海里（18000千米；11200英里）

武器装备：8门89式127毫米（5英寸）L40双联高平两用炮；12座96式25毫米3联装防空炮

载机量：84架

舰员：1660人

错将美国航空母舰"约克城"号误认为是"祥鹤"号或"瑞鹤"号而几乎在其上着舰）。8日早上，"祥鹤"号被2枚454千克（1000磅）炸弹击中，被迫脱离战斗并返回特鲁克基地，返回途中避开了8艘美军潜艇，很多进攻美国航空母舰"列克星敦"号和"约克城"号的舰载机都返回到了其姊妹舰"瑞鹤"号上。"祥鹤"号返回吴市进行休整，"瑞鹤"号继续巡逻，并支援阿留申群岛沿岸的行动，因此两者都没有参与6月初的中途岛战役。

　　1942年8月15日，"瑞鹤"号和"祥鹤"号再次一起行动，"祥鹤"号作为海军上将南云忠一的第1航空战队的旗舰参与了登陆瓜达尔卡纳尔岛行动。8月24日，在东所罗门群岛战役中，日军的这2艘大型航空母舰与美军的"企业"号和"萨拉加托"号爆发战斗。10月26日至27日，在圣克鲁兹战役中，"瑞鹤"号和"祥鹤"号与美军的"大黄蜂"号和"企业"号发生激烈交战，"祥鹤"号因着火而不得不退出战斗，但其动力系统没有受损。"瑞鹤"号再一次留在战场上，并接收了大量从"祥鹤"号起飞的飞机。

　　1942年中期，"祥鹤"号在舰岛上安装了21式对空预警雷达（电探），位于24式射击指挥

▼ "祥鹤"号和"瑞鹤"号长而低的轮廓并不是有意降低雷达信号强度，但实际上确实起到了这样的作用。但在昼间战斗中，它们是非常显眼的目标。

飞机阻风板（Aircraft Windbreak）：
舰岛正前方装有阻风板，飞机在飞行甲板上时就会放下。

火炮俯仰角（Gun Elevation）：
127毫米（5英寸）火炮俯仰角为-8°至+90°。

球鼻艏（Forefoot）：舰艏下方安装了球鼻艏，既可以增加舰艏浮力，也能降低航行阻力。

▼1942年5月8日，"祥鹤"号进行一次急转弯以躲避来自美国航空母舰"约克城"号俯冲轰炸机的袭击。"祥鹤"号的前部已经起火。

油汽爆炸

日本航空母舰的航空燃料舱不是独立建造的，也没有充满水的保护空间，燃料舱作为船体的一部分更容易遭受震荡和产生泄露。中途岛战役中"加贺"号损毁后，"瑞鹤"号和"祥鹤"号对燃料舱增加了混凝土保护措施，但这对防止油汽泄露几乎没有作用。历史学家指出，"祥鹤"号、"大鹰"号和"飞鹰"号都曾被鱼雷击中后因油汽泄露而引发爆炸。日本在婆罗洲沿岸的打拉根港口抽取原油，但油轮的不足限制了可精炼的数量，航空母舰使用的都是未经精炼的原油，因此也产生了更多的易燃蒸汽。

▶ "瑞鹤"号，拍摄于1941年。

仪上方，外部由球形防弹护板保护。"瑞鹤"号将射击控制器拆除以换上更大型的21式天线。1944年又在飞行甲板左舷后部安装了第二座21式天线，两舰都在主桅杆上安装了13式对空搜索雷达，此外还加装了更多的防空炮和120毫米（4.7英寸）火箭发射器。1943年2月早期，"瑞鹤"号与"隼鹰"号和"瑞凤"号一起支援了瓜达尔卡纳尔岛撤离行动，从5月25日开始，"瑞鹤"号再次与"祥鹤"号一起在日本本土和特鲁克环礁之间巡逻，后者正是联合舰队在太平洋中部的基地。1944年2月13日，"瑞鹤"号和"祥鹤"号抵达新加坡，日军准备将那里作为发动进攻的重要基地。此后"祥鹤"号一直留在那里，而"瑞鹤"号则返回吴市，然后继续执行飞机运输的任务。

1944年6月18日至20日期间，"祥鹤"号、"瑞鹤"号和"大凤"号组成第一航空战队参与了菲律宾海海战。19日11时22分美军潜艇"棘鳍"号向"祥鹤"号发射6发鱼雷，其中至少3发，可能是4发击中了该舰，当时船上的飞机正在补充燃料。抢险队尽最大的努力控制住了火势，但美军空中轰炸没有停止，14时08分，1枚炸弹给"祥鹤"号带来了最后一击。随着舰船的倾斜，大量聚集到一起准备逃生的船员落入燃烧中的升降机底部：全舰1263人死亡，仅有570人幸存。14时32分，"大凤"号由于油汽爆燃引发的巨大爆炸而完全丧失作战能力。"瑞鹤"号是唯一存留下来的航空母舰，该舰收容的舰载机数量已经达到了可容纳的最大限度，但出动

的374架飞机随着2艘航空母舰的沉没而损失了244架：巨大的损失导致日军海军航空兵再也没有恢复元气。战斗仍在继续，"瑞鹤"号遭到来自美军"大黄蜂"号、"约克城"号和"贝劳伍德"号的舰载机的密集攻击。1枚113千克（250磅）炸弹的直接命中导致1号机库着火，但火势被控制住了，"瑞鹤"号也继续战斗。此后"瑞鹤"号在吴市干船坞进行了18天的维修，包括增强防空装备，调整主桅杆以及其他必要的修理。

截至1944年10月20日，"瑞鹤"号仍然搭载有65架舰载机，10月24日，"瑞鹤"号作为小泽治三郎舰队司令的旗舰在莱特海湾战役中发起日本航空母舰力量的最后一次进攻，当时还有3艘轻型巡洋舰"瑞凤"号、"千岁"号和"千代田"号，外加72架舰载机。第二天早上，"瑞鹤"号被美国海军第38特混舰队的舰载机的攻击，3枚113千克（250磅）命中该舰，1枚鱼雷击中左舷，舰船依靠两根传动轴以23节（42.5千米/时；26.4英里/时）的速度继续前进。尽管拥有大量防空火炮，但该舰无法躲避连续的进攻，13时15分至13时25分之间的10分钟内又被另外6枚鱼雷命中。13时58分，"瑞鹤"号行将沉没，于是下达了弃舰命令。作为最后一艘曾参加过偷袭珍珠港的日军航空母舰，"瑞鹤"号在14时14分完全沉没，共计743名舰员阵亡，另外862人被护航舰船救起。

英国皇家海军
"不屈"号（HMS Indomitable）

匆忙建造但装备精良的"不屈"号航空母舰是该级别航母中的第四艘，它在第二次世界大战期间拥有杰出的表现，并一直服役到20世纪50年代。

　　"不屈"号于1937年11月10日在坎布里亚巴洛造船厂安放龙骨，1940年3月29日下水，1941年10月10日开始服役。其设计历史要追溯到1936年的"光辉"号计划，而"光辉"号真是该级的首舰。"光辉"号于1939年4月5日下水，1940年5月25日服役，它体现了英国皇家海军最新的设计理念：航空母舰应该是装甲严密保护的舰船，可以承受巨大损伤而继续作战，作为主要武器的飞机也应该受到保护。由此带来的结果就是把机库建成巨大的装甲"盒子"。"光辉"号还安装了有效的防火系统，其中包括2套石棉防火帘、通风风机和海水自动喷洒系统。

　　与前一艘航母"皇家方舟"号相比，"光辉"号的作战能力和生存能力有所改善，但最大载机量大幅削减至36架。1938年，随后的"怨仇"级航空母舰对战术技术要求和设计特性进行了彻底检查，"不屈"号——该级别的第四艘，也是最后一艘——及时做出了调整，其载机量增加到48架。"不屈"号也采用了为下一代航空母舰而设计的飞机升降机和弹射器。通过增设第二处机库，"不屈"号的进攻能力得到增强，其位置在舰船尾部，长度为63.4米（208英尺），大约为主机库的一半。装甲化的飞行甲板升高了4米（14英尺）以容纳第二个机库，机库翼侧的装甲厚度从111毫米（4.1英寸）减小到38毫米（1.5英寸），以维持稳定性，防止舰船顶部过重。即使如此，"不屈"号在满载时排水量依然达到30206公吨（29730吨），与之相比的"光辉"号仅为29058公吨（28600吨）。"不屈"号比"光辉"号长3米（15英尺），沿用了该级别航空母舰的全高度舰艏，飞行甲板延伸至其上方，并带有标志性的向下弯折的边缘，此外，它也采用了细而高的舰岛以及独立的椭圆形截面烟囱。

第二次世界大战期间，该舰的加固型单脚桅经历了多次改进，因为不断有新型通信和传感设备安装在其上。6座锅炉驱动3台帕森斯齿轮减速蒸汽轮机，带动3跟传动轴。自卫火力包括16门114毫米（4.5英寸）火炮，48门2磅和10门20毫米机关炮。最初舰载机包括22架"海飓风"战斗机，12架"欧洲燕"战斗机和16架"大青花鱼"鱼雷机，1943年，舰载机变为40架超级马林"海火"战斗机和15架"大青花鱼"鱼雷机。

在东亚服役

"不屈"号投入使用后第一次航行就是前往牙买加，然后再前往新加坡与Z部队的"威尔士亲王"号和"反击"号汇合，共同守卫这座岛屿城市，但11月3日"不屈"号刚起航就触礁了，凭借自己的动力恢复航行后，它不得不转而向北，前往弗吉尼亚的诺福克进行修整。这一耽搁导致它没能及时到达马来半岛，12月10日"威尔士亲王"号和"反击"号被空袭击沉。人们通常认为"不屈"号的舰载机数量不足以改变最终的结果。次年1月抵达东部水域后，"不屈"号在没有搭载飞机的情况下向苏丹港转移，并在那里接收了第258（F）和第252（F）中队的50架"飓风"战斗机以守卫新加坡，但这座城市最终还是于1942年1月落入日本人手中。1942年1月，与位于亭可马里的英国舰队一起，"不屈"号继续在锡兰、新加坡和爪哇岛之间运输"飓风"战斗机。

5月5日至8日，"不屈"号与"光辉"号一起袭击了维希法国位于马达加斯加迭戈苏亚雷斯的港口——潜在的日军潜艇基地。1942年夏季，"不屈"号返回欧洲水域，加入护航队支援"基座"行动——守卫马耳他的补给线。在此期间，"不屈"号被3枚500千克（1100磅）炸弹击中，飞行甲板严重受损，随后再次返回美国进行修理。1943年2月返回英国后，"不屈"号装上了218B型和79型对空预警雷达，然后被部署到本土舰队，7月，它再次被派往地中海，与H舰队一起参与护航保护行动，并参与了支援盟军在西西里岛的登陆。7月16日，"不屈"号被意大利轰

性能规格

尺寸：长230米（754英尺7英寸）；宽29.2米（95英尺10英寸）；吃水8.8米

排水量：标准23368公吨（23000吨）；满载30206公吨（29730吨）

推进装置：6座锅炉，帕森斯齿轮减速蒸汽轮机，3根传动轴；功率83000千瓦（111000轴马力）

速度：30.5节（56千米/时；35英里/时）

续航能力：可以14节（25.9千米/时；16.1英里/时）的速度航行11000海里（20000千米；13000英里）

武器装备：16门114毫米（4.5英寸）火炮，48门2磅和10门20毫米防空炮

载机量：48架

乘员：1600人

起重机改装（Crane Refit）：战
后，起重机换到了飞行甲板上，
安装在前部飞机升降机旁边。

机库重新设计（Hangar Reappraisal）：
底部机库4.3米（14英尺）的高度不足以
容纳后来的F4U "海盗" 等机型。1945年
之后考虑了将2个机库合二为一，但最终
没有采纳。

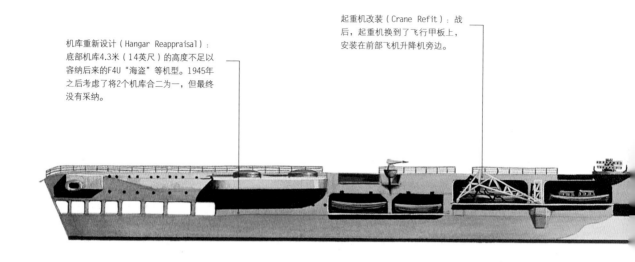

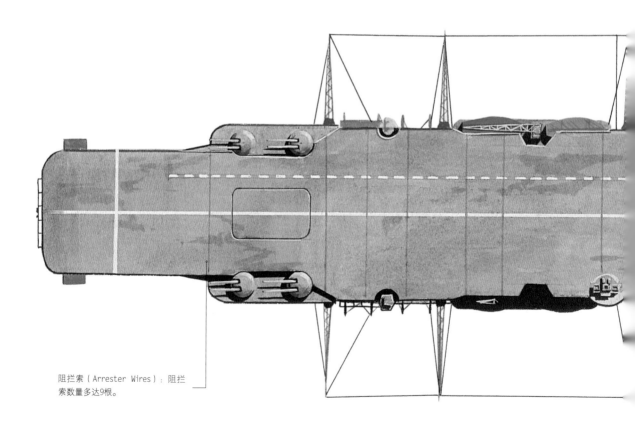

阻拦索（Arrester Wires）：阻拦
索数量多达9根。

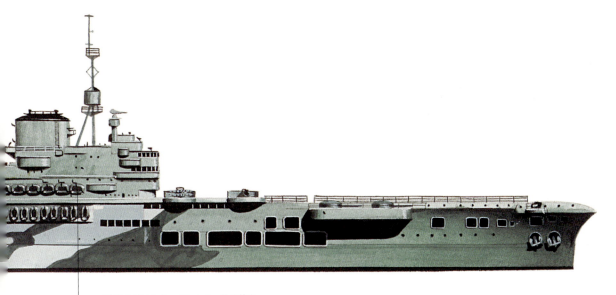

卡利救生筏（Carley Floats）：除了救生
艇外，"不屈"号还携带了很多卡利救生
筏，因为在作战环境下，它可能还需要救
援其他舰船的幸存者。

弹射器（Catapult）：英国对
弹射器的官方用语是"加速
器"（Accelerator）。"不
屈"号在舰艏左舷安装了一
部H-III型液压弹射器。

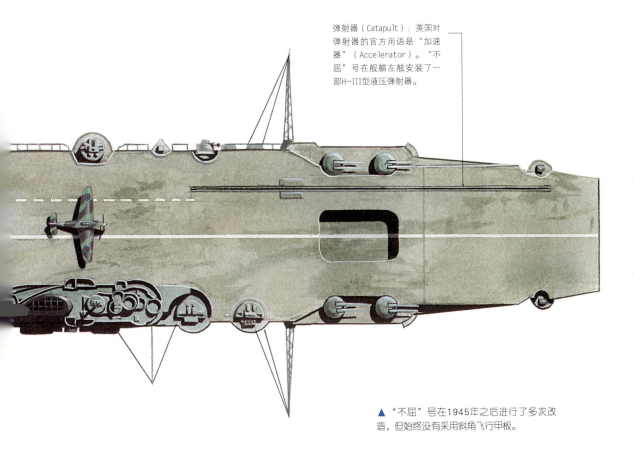

▲　"不屈"号在1945年之后进行了多次改
造，但始终没有采用斜角飞行甲板。

1944年5月6日，"不屈"号由2艘拖船拖曳进入罗赛斯海军船厂。该舰此时已经开始搭载美制格鲁曼TBF"复仇者"鱼雷轰炸机。

攻击能力

实际上，"不屈"号是"光辉"级和"怨仇"级航母之间的过渡型号。"怨仇"级（1944年至1955年期间服役）尺寸和速度更大，拥有两层机库，并且机库侧面装有51毫米（2英寸）厚的装甲。同时"怨仇"级发动机功率更大，装备8座锅炉和4根传动轴，速度可达32.5节（60.2千米/时；37.4英里/时）。更重要的是，它的载机量达到81架，攻击能力显著增强。

炸机的航空鱼雷误中，而不得不再次返回美国的诺福克海军船厂进行维修，此次维修该舰又增装了美制SM1和SG雷达。

1944年5月返回皇家海军后，"不屈"号换装搭载F6F战斗机（第1839中队和第1844中队）：这也是第一批在英国海军航空部队服役的"地狱猫"战斗机。1944年7月，"不屈"号再次加入亭可马里的英国远东舰队（BEF），并在太平洋的苏门答腊岛和台湾岛沿岸一直服役到1945年。1945年2月至8月，"不屈"号在美国海军指挥下，与第113特混舰队一起作战，后来又和第57特混舰队一起支援了冲绳岛登陆行动。4月1日，一轮自杀式攻击导致"不屈"号舰岛遭受严重损毁，14名舰员阵亡，但高效的损管队伍在一个小时之内就清理完毕了飞行甲板，使得该舰可以继续作战。1945年5月是"不屈"号多灾多难的一个月，5月4日和9日两次遭受自杀式攻击，5月20日与"奎利姆"号驱逐舰发生碰撞，但该舰一直坚持作战到6月，然后前往悉尼修理，8月30日返回舰队并参与了解放中国香港的行动。

1945年12月10日，"不屈"号返回英国。1946年，该舰转入预备役，但在1950年至1953年的半岛战争期间，"不屈"号又重新开始服役，并进行了大量现代化改造，采用了全新的舰艏和舰艉结构。1953年2月3日，由于航空燃料泄露，扩散出的油汽发生爆炸，导致9人死亡。这次爆炸是由于安全保护措施不到位而引起的，当时通风设备关闭了，电机产生的电弧火花引燃了油汽。"不屈"号在1955年退出海军在役舰船名单，同年10月彻底报废。

美国海军
"桑加蒙"号（USS Sangamon）

"桑加蒙"号是该级护航航空母舰的首舰，护航航空母舰在美国海军夺取太平洋的制海权的过程中扮演了至关重要的支援角色。

　　"桑加蒙"号在美国海军中有过两段服役历程，最初是舰队油轮，其次才成为海军的第一艘护航航空母舰。"桑加蒙"号于1939年3月13日在新泽西州卡尼的联邦造船和干船坞公司开建，当时是标准石油公司"埃索·特伦顿"级油船队的一员，同年11月4日"桑加蒙"号下水。海军于1940年10月22日购买了"桑加蒙"号，舰号AO28，并在1941年4月12日更名为"桑加蒙"号。1941年12月，美军开始寻找适合快速改造成航空母舰的舰船或船体，油轮和散货船被认为是最合适的选择。1942年2月14日，"桑加蒙"号被选中并获得舰号AVG-26，随后在纽波特纽斯开始改造，8月25日以辅助航空母舰的角色投入服役，舰号前缀也更改为ACV。在其服役的5个月内，"桑加蒙"号的外观发生了彻底的改变，油轮那标准的、被舰桥一分为二的前后井形甲板外观彻底消失不见，机库甲板上方新建了一条几乎全长度的飞行甲板，右舷前方增加了2个飞机升降机和一个小型舰岛。该舰最初只安装了一座弹射器，1944年增加了第二座。另外采用相似的T-3型舰体的3艘姊妹舰也进行了改装，因此共有4艘同级舰。

　　坚固的舰体内部结构，以及舰船的长度和稳定性是它们被选中的重要因素，事实证明它们的改装非常成功。与其他辅助航空母舰不同，153米（502英尺）的飞行甲板使得它们可以搭载格鲁曼F6F"野猫"战斗机，与英国的商船改装航母不同，它们不是内燃机船，而是依靠蒸汽轮机提供动力，较低的烟囱安装在舰艉发动机舱上方，分别位于左舷和右舷。除了弹药舱周围的某些位置，"桑加蒙"级没有装备装甲，因为弹药舱里装载着687公吨（676吨）弹药。最初，"桑加蒙"级只装备了有限的防空装备，因为它们总是会有驱逐舰或其他武装舰船护航。

最终，"桑加蒙"号在单装炮塔中安装了2门127毫米（5英寸）火炮，4座双联40毫米防空炮以及12门20毫米防空炮。巨大的油箱容量被保留下来，从而给予了它们非同寻常的续航能力，同时，如果有需要，它们也具备给特混舰队的其他舰船补充燃料的能力。"桑加蒙"级装备了SG搜索雷达，载机量达到36架，典型的舰载机配置包括18架格鲁曼"野猫"战斗机，以及12到18架TBF"复仇者"战斗机。"桑加蒙"号还在某些行动中搭载了SBD-3"无畏式"俯冲轰炸机："桑加蒙"级是唯一搭载俯冲轰炸机的护航航空母舰。在彻底检修过程中，"桑加蒙"号的外观有些许改动。其最后一次改装是在华盛顿的布雷默顿，当时该舰加装了战斗机引导雷达，从而成为第一艘具备夜间空中作战能力的护航航空母舰。

第34特混舰队

"桑加蒙"号第一次部署是1942年10月跟随第34特混舰队进入地中海，支援北非登陆的"火炬"行动，该舰搭载着VC26混合中队完成了战斗防空（CAP），对地支援和反潜任务。从1943年2月中旬开始，"桑加蒙"号与太平洋舰队的第22航母作战中队一起执行护航和登陆支援的任务。1943年7月15日，"桑加蒙"号舰号改为CVE-26；9月，它前往马雷岛进行彻底检修，包括安装新的飞行甲板升降机和战斗情报中心，此后跟随VC27一起回到作战区域。1944年1月25日，1架舰载机在着舰时没能钩住阻拦索，并冲出紧急阻拦网，该舰因此发生了严重的火灾，最终导致7人死亡。"桑加蒙"号进行了紧急修复，然后继续在夸贾林环礁和埃尼威托克岛作

战到2月24日，随后返回到珍珠港进行了两周的维修。

尽管速度上存在不足，"桑加蒙"号还是在3月至10月期间与第53和第52特混舰队一起参与了进攻塞班岛和关岛的战役，以及菲律宾海战役。10月，"桑加蒙"号被分配至第77特混舰队，该部队由18艘护航航空母舰组成，共分为3个特混大队，"桑加蒙"号成为海军少将托马斯·L.斯普拉格的旗舰。在莱特海湾战役中，"桑加蒙"号的舰载机加入到该舰一直承担攻击，而非护航任务，并服役到1945年。1945年5月4日夜间，日本神风特攻队的1架飞机撞向"桑加蒙"号，造成严重损伤并引起火灾，共计造成86人伤亡。同样遭受严重损伤的还有"哈德逊"号驱逐舰，当时它在附近支援"桑加蒙"号。"桑加蒙"号的飞行甲板边缘破损，导致部分舰桥被毁，舰员们试图把1架起火的飞机推入海中，但该机直接落到了舰艉，导致储存在那里的深水炸弹发生爆炸。"桑加蒙"号奉命回到弗吉尼亚州诺福克的母港进行修理。由于修理完成时战争已经结束，"桑加蒙"号成为了海军多余的舰船。1945年11月1日，"桑加蒙"号从海军舰船在役名单中除名。恢复成商船后，该舰先后由不同的业主使用，直至1960年在日本大阪报废。

性能规格

尺寸：长169米（553英尺）；宽23米（75英尺）；吃水9.8米（32英尺）

排水量：标准11582公吨（11400吨）；满载24663公吨（24275吨）

推进装置：4座锅炉，2台蒸汽轮机，2根传动轴；功率10067千瓦（13500轴马力）

速度：18节（33千米/时；21英里/时）

续航能力：可以15节（27.7千米/时；17.5英里/时）的速度航行23920海里（43000千米；26783英里）

武器装备：2门127毫米（5英寸）L38高平2用炮，7门双联40毫米L56和21门单装20毫米L70防空炮

载机量：32架

舰员：1080人

▼ "桑加蒙"级航空母舰的左舷轮廓。另外3艘分别是"萨旺尼"号（Suwannee）、"桑蒂"号（Santee）和"希南戈"号（Chenango）。

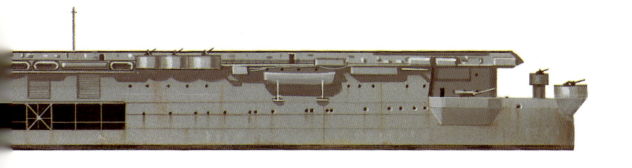

▼ "桑加蒙"号是4艘由"西马伦"级油轮改装的航空母舰的首舰。

加油泵（Refuelling
Pumps）：侧舷的焊缝
表明了主甲板的高度，
也有船员称之为燃料甲
板。"桑加蒙"号可以
在海上加油，加油泵就
安装在这个甲板上。

狭窄过道（Catwalks）：与大多数航空母舰
一样，飞行甲板四周布满了供船员使用的
"狭窄过道"，有一些朝向船外，并且有支
架支撑以保证有飞机起降时过道的安全。

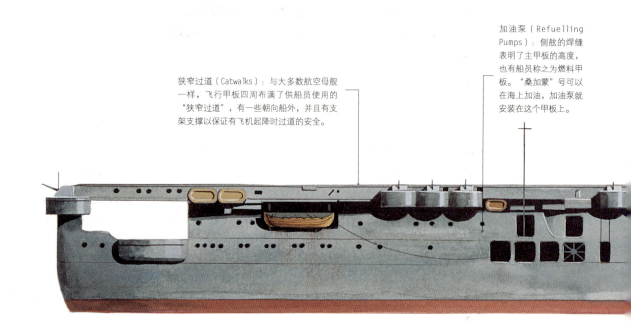

色系（Colour Scheme）：甲板
涂成了"红木"色，但后来采
用了伪装图案。

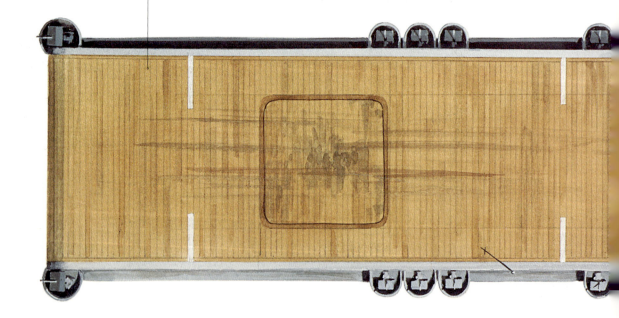

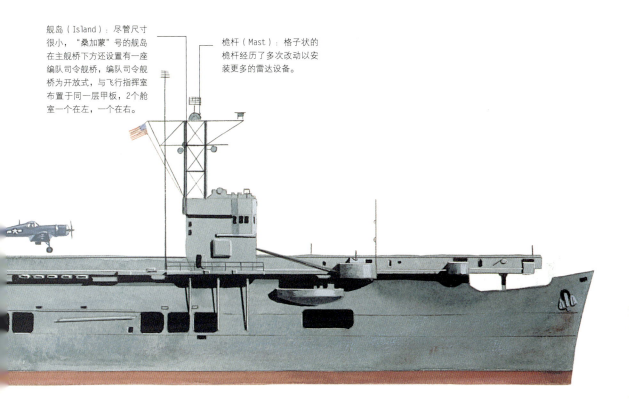

舰岛（Island）：尽管尺寸很小，"桑加蒙"号的舰岛在主舰桥下方还设置有一座编队司令舰桥，编队司令舰桥为开放式，与飞行指挥室布置于同一层甲板，2个舱室一个在左，一个在右。

桅杆（Mast）：格子状的桅杆经历了多次改动以安装更多的雷达设备。

飞行甲板（Flight Deck）：飞行甲板向左舷和右舷延伸至舰体之外，最宽处为12米（39英尺），宽度已经大于船体宽度。

　　航海历史学家认为"桑加蒙"级的性能与随后专门建造的CVL轻型航空母舰相当，也许在某些方面还超过后继者。由于最大速度仅为18节（33.3千米/时；20.7英里/时），该级舰无法跟上快速的特混舰队，但仍然具有完成很多职责的潜力。所获得的41颗战斗之星就是其战绩的有力证明。

▼第二次世界大战末期"桑加蒙"号的轮廓图。

莱特岛登陆

　　第二次世界大战期间，美国共建造了122艘护航航空母舰，其中超过40艘被移交给英国海军。它们通常被称为"吉普航空母舰"，大多数以商船船体为基础改造，在大西洋和太平洋的反潜战场中扮演了重要角色。它们也经常用于在大洋间运输飞机。但有些时候，它们也参与到激烈的战斗之中，如1944年10月，隶属于"塔菲3"特混编队的6艘护航航空母舰就成功抗击了日军战列舰和巡洋舰的猛烈进攻，守住了美国陆军部队在莱特岛的登陆场。

1942

"隼鹰"号航空母舰（Junyo）

"隼鹰"号最初是一艘客轮，后来改装成航空母舰，以增强日本本已非常强大的海军航空兵力量。"隼鹰"号是日本在第二次世界大战期间幸存下来的两艘航空母舰之一。

"隼鹰"号原是日本邮船株式会社的"橿原丸"号（Kashiwara Maru），于1939年3月20日在长崎的三菱重工造船厂开建。与其姊妹舰"飞鹰"号一样，"隼鹰"号也是一大批"影子舰队"舰船之一，它们都能快速改装成战舰。从最开始，该船船体的设计就是专为改装成航空母舰而考虑的。

与普通的客船不同，"隼鹰"号采用了双层船底，并为横向和纵向防水隔壁预留了安装位置，主甲板安装了25毫米（1英寸）厚的钢板，燃料舱进行了扩容，并采用蒸汽轮机作为动力。为了更快地改装航空母舰，1941年2月，军方购买了已经组装好的船体，6月26日舰船下水。"隼鹰"号于1942年5月3日开始服役，并被分配到第2航空战队。

"飞龙"号和"隼鹰"号是迄今为止舰岛最大的日本航空母舰，舰岛向外伸出以创造开阔的飞行甲板，并在日本航母中首次将烟囱嵌入上层建筑。动力采用4台三菱蒸汽锅炉，通过三菱蒸汽轮机提供动力，双轴传动。这不是标准的海军舰船配置：实际上这是1套混合系统，锅炉是为战舰设计的，蒸汽轮机源自最初的商船。虽然"隼鹰"号在试验中可达到26节（48.1千米/时；29.9英里/时）的速度，但这也比舰队航母慢很多。与其他日本航空母舰一样，该舰飞行甲板铺设有一层木板，安装2台升降机，2座机库各使用1台。装甲相对较薄，主甲板装甲厚20毫米（0.8英寸），发动机舱上方和弹药舱周围装备两层25毫米（1英寸）厚的钢板。

1944年3月，航空燃料舱周围增加了额外的混凝土保护层以防止燃油泄露和燃料蒸汽集聚，后者正是其他日本航空母舰造成人员伤亡的主要原因。舰体两侧均安装了3座双联的127毫米（5英寸）89式炮座，最初的自卫火力配置还包括8座3联装25毫米（1英寸）火炮。1943年夏季又增加了4座。随着美军空中袭击频率和强度的增加，"隼鹰"号又增加了武器装备。菲律宾海战役之后，"隼鹰"号共计装备79门25毫米火炮。战争后期，该舰还在舷台上安装了6座28管127毫米（5英寸）燃烧弹火箭发射器，飞行甲板后方的两侧各3个。"隼鹰"号可搭载48架准备就绪的飞机，外加5架拆卸状态的飞机：12架三菱"零"式A6M战斗机，18架爱知99式D3A轰炸机，18架中岛97式B5N攻击机，盟军情报机构分别将其称为"齐克""瓦尔"和"凯特"。

阿留申群岛行动

　　"隼鹰"号被划分为辅助航空母舰，而不是舰队航空母舰，不过从战争爆发之初该级舰就参与了进攻行动，并在多次行动中与"飞龙"号共同作战。"隼鹰"号第一次作战就是入侵和

▼1945年，"隼鹰"号停泊在日本南部的佐世保海军基地。

占领一系列太平洋岛屿行动，特别是1942年6月进攻位于西伯利亚和阿拉斯加之间的阿留申群岛的行动。从"隼鹰"号和轻型航空母舰"龙骧"号（1933年开始服役）上出动的舰载机袭击了位于荷兰港的美军基地，这是日本为数不多进攻美国领土的行动之一，也是围绕中途岛的整个战略中的一部分，是转移美军的注意力。在阿留申群岛行动中，"隼鹰"号共占领了两个岛屿，但另一方面此次行动也"成功"拓展了太平洋战场，将日本帝国海军的补给线拉向更远的地方。不过，这场佯动行动也使得"隼鹰"号和"龙骧"号免于在同时进行的中途岛战役中受损或摧毁。

中途岛战役之后，作为4艘仍然在役的大型航空母舰之一，尽管速度最慢，"隼鹰"号还是被重新划定为舰队航空母舰。根据作战经验，"隼鹰"号的舰载机配置改为21架A6M"零"式战斗机、12架D3A俯冲轰炸机和9架B5N鱼雷轰炸机。1942年7月下半旬，在吴市进行的一次快速修整中，"隼鹰"号在舰岛顶部安装了21式对空搜索雷达，外加2部94式高射指挥仪。

1942年10月中下旬，"隼鹰"号作为第2航空战队的一员参加了瓜达尔卡纳尔战役，10月22日，"飞鹰"号瘫痪后，"隼鹰"号成为海军少将角田觉治（Kakuji Kakuta）的旗舰，并在圣克鲁兹战役中出动舰载机向美军"企业"号航空母舰和"南达科塔"号战列舰发起进攻，参与击沉了"大黄蜂"号航空母舰。"隼鹰"号在11月12日至15日的第二次瓜达尔卡纳尔岛战役中扮演了支援角色，然后在整个1943年一直处于服役状态，完成了大量飞机运输和运兵任务，其中包括瓜达尔卡纳尔岛撤离行动（1月至2月）以及增援腊包尔行动（4月）。1943年2月至3月，"隼鹰"号为25毫米（1英寸）防空炮安装了2座95式射击指挥仪，并在左舷舰艉部升降机外侧安装了第二个21式对空搜索雷达。7月至8月，"隼鹰"号在吴市进行了一次修整，新增了另外4座96式3联装防空炮。1943年11月1日，"隼鹰"号在新加坡将舰载机重组为24架"零式"战斗机，18架D3A俯冲轰炸机和B5N鱼雷轰炸机。11月5日5时40分，"隼鹰"号被美国潜艇"比目鱼"号发射的6发鱼雷中的一发击中，导致转向装置失灵，随后由"利根"号巡洋舰拖曳至吴市

火箭的位置（Rocket Placement）：1944年9月，"隼鹰"号安装了6座28管127毫米（5英寸）火箭发射器，舰体两侧各3个，均位于舰艉安定翼上。这些火箭都发射装备定时引信的燃烧榴弹。

▲虽然是从客轮改装而来，但"隼鹰"号从一开始就专门为改装为航空母舰做了预先安排。

海军基地进行修理。

1944年2月，随着损失飞机的数量达到警戒水平，"隼鹰"号的舰载航空队被解散了，但在5月，作为一个大型战斗群的一部分，"隼鹰"号又搭载第652舰载航空队的飞机开往冲绳县，当时一起出发的包括第2和第3航空战队，超级战列舰"武藏"号也在其中。当月，"隼鹰"号装上了4座96式3联装25毫米防空炮，舰艉安装2座，舰岛前后方向各1座。与此同时，还增加了12门单装25毫米炮，其中一些是活动式的，可以临时安装到飞行甲板上的支座上。1944年6月，在菲律宾海战役中，日军损失244架飞机，美军仅损失22架。6月20日，"隼鹰"号多次被炸弹击中，飞行甲板和舰岛受损，烟囱完全损毁。

6月20日，被美军"贝劳伍德"号舰载机发射的鱼雷命中后，"飞鹰"号的燃料箱发生爆炸，随后舰船沉没。同时，与以前一样，日军迅速对"隼鹰"号进行了修理，重回服役后，防空火力又增加了1门3联装，2门双联装和18门单装96式25毫米防空炮。因为没有舰载机可用，该舰只能完全用于运输任务。1944年12月9日，在营救沉没的"武藏"号上的200名幸存者时，"隼鹰"号再次

性能规格

尺寸：长219.3米（719英尺7英寸）；宽26.7米（87英尺7英寸）；吃水8.15米（26英尺9英寸）

排水量：标准24526公吨（24140吨）；满载28753公吨（28300吨）

推进装置：6座三菱锅炉，三菱齿轮减速蒸汽轮机；功率41906千瓦（56250轴马力）

速度：26节（48千米/时；30英里/时）

续航能力：10000海里（18500千米；11500英里）

武器装备：6门双联装127毫米（5英寸）89式高平两用炮，8门三联装25毫米（1英寸）96式防空炮

载机量：53架

舰员：1224人

气体弥散（Gas Dispersion）："隼鹰"号的烟囱以25°角偏向右舷以便于热气从飞行甲板扩散。

桅杆的位置（Mast Positioning）：与其他航母不同的是，"隼鹰"号的主桅杆位于烟囱后方，虽然后来又在主桅杆正前方增加了一个小型桅杆。

雷达（Radar）：1944年9月安装了13式对空搜索雷达。

舰岛（Island）：舰岛几乎完全安装在舰体之外。

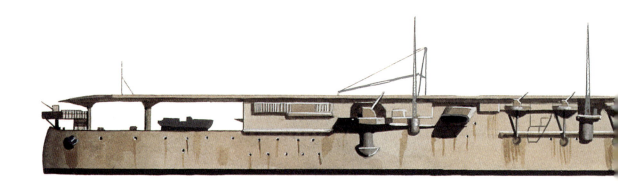

▲1940年投入使用的"瑞凤"号（Zuiho）是另一款预先规划的改造航母。该舰最初下水时是一艘潜艇母舰。由于排水量还不到"隼鹰"号的一半，它被划分为"轻型航空母舰"。1944年10月25日，"瑞凤"号在恩加诺角战役中被击沉。

被美国潜艇"扁鲨"号和"红鲑鱼"号发射的鱼雷击中，但该舰成功依靠自己的动力回到了佐世保海军基地。日军由于急缺航空母舰而希望修复"隼鹰"号，但由于已经没有可供航母发挥作用的战略环境，该舰的修复计划因并不划算而在1945年被否决。"隼鹰"号一直停在港口，涂上伪装图案，除了应对美军突袭时进行防空射击，基本处于静默状态。8月5日，"隼鹰"号拆掉了所有火炮。9月2日，该舰向美国海军投降。

　　1945年11月30日，"隼鹰"号从海军舰籍簿中除名，1946年至1947年期间在佐世保被拆解。

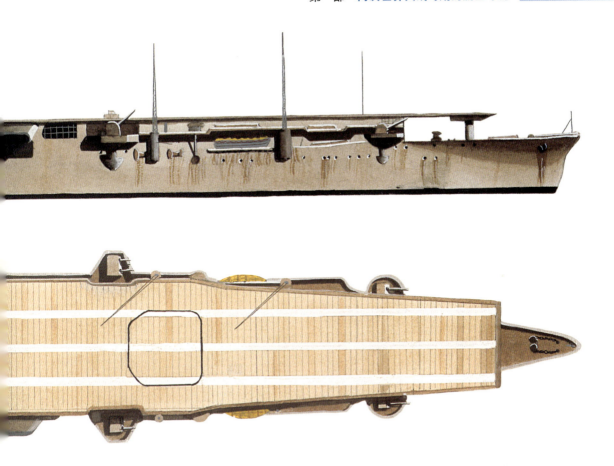

战后的命运

　　日本在第二次世界大战中幸存下来的大型航空母舰仅有"隼鹰"号和"云龙"级航空母舰"葛城"号（Katsuragi）（1944年10月15日开始服役），两者在日本投降时虽然受损却没有丧失战斗力。"葛城"号经过修理后在1945年至1946年期间成为一艘复员船，1946年下半年被拆解。另外2艘"云龙"级航空母舰"笠置"号（Kasagi）和"阿苏"号（Aso）已经分别于1944年10月和11月下水，但直至战争结束也没有正式服役。轻型航空母舰"凤翔"号（Hosho）（1922年开始服役，所有海军中第一艘专门建造的航空母舰）也在战争中幸存下来，除了在中途岛战役中承担过支援任务，该舰主要用于飞行员训练，最终于1946年报废。

1943

美国海军
"独立"号（USS Independence）

作为轻型航空母舰的先驱者，"独立"号与快速航空母舰战斗群一起作战，它也是第一艘可以夜间作战的航空母舰，该舰最终成为原子弹测试的靶舰。

　　1941年12月7日的偷袭珍珠港行动，以及旧日本帝国海军在太平洋显著的空中优势，导致美国海军给予航空母舰最高的建设优先权。富兰克林·D.罗斯福总统极富先见地提议将计划中的轻型巡洋舰（1940年7月1日订购的"克利夫兰"级）改装成航空母舰，但海军委员会没有通过，他们认为以巡洋舰船体为基础建造航空母舰存在严重的缺陷，特别是在作战环境下。但随着形势的改变，人们又更倾向于认为改装可以迅速完成，比起新建航空母舰可以更快投入战斗，使用轻型航空母舰也比没有航空母舰好。正在同一个造船厂建造的9艘"克利夫兰"级航空母舰都被指定改装成航空母舰。第一艘投入使用后，它们被命名为"独立"级，到1943年年底时，9艘航母都已经做好战斗准备。

　　该级别的第一艘——"阿姆斯特丹"号于1941年5月在新泽西州卡姆登的纽约造船公司开建，1942年8月22日下水时更名为"独立"号（CV-22），1943年1月14日在费城海军基地投入使用。"独立"号的结构和外观都与大型舰队航空母舰有很大差距。飞行甲板长186米（610英尺），舰艏处逐渐变窄。飞行甲板没有延伸至几乎成锥形的舰艏上方，但舰艏上安装了一门127毫米（5英寸）L38高平两用炮。从舰艏到舰艉的干舷是封闭的。右舷的小型舰岛后边缘上装有一根桅杆。"独立"号没有完整的烟囱，发动机舱的废气通过右舷的4个有呈90°拐角的烟囱排出。第三根烟囱前方装有第二根稍短一些的桅杆。中轴线上布置有2部升降机和一套H2-1液压弹射器。两舷水线位置设置有长长的防雷突出部，但该设计更多是为了保持稳定性，而非出于鱼雷防御的角度布置的。

　　"独立"号没有设置侧舷装甲，仅前部弹药舱布置有51毫米（2英寸）厚的装甲隔舱。装甲甲板厚51毫米（2英寸），前后装甲防水隔壁的装甲厚度从63毫米（2.5英寸）到127毫米（5英寸）不等。"克利夫兰"级在设计时首要考虑的是速度，因此在改装为航空母舰后，"独立"级非常适合与航母战斗群一道行动，而非进行护航和飞机运输。4台巴布科克和威尔科特斯锅炉产生44.6千克力/平方厘米（634磅力/平方英寸）的压强，为4台通用电气齿轮减速蒸汽轮机提供动力。由于独立级排水量更大，速度相对于巡洋舰而言略有降低，最大速度为31节（57.4千米/时；35.6英里/时）。

　　克里夫兰级计划装备127毫米L38副炮，"独立"号也是唯一照此装备的航空母舰，但在进入作战区之前将其换成了4联装的40毫米（1.5英寸）防空炮。作为航空母舰，"独立"号沿着飞行甲板安装了2座4联装和8座双联装的40毫米防空炮，以及16门单装20毫米防空。"独立"级航空母舰计划搭载30架飞机。"独立"号搭载的VC-22混合中队，最初装备的是格鲁曼F6F-3"地狱猫"战斗机和TBF-1"复仇者"鱼雷轰炸机，有时也搭载道格拉斯SBD"无畏"俯冲轰炸机，但SBD没有在战斗中使用过，因为"独立"号首要的任务定位于战斗机掩护和侦察。1944年典型的舰载机分配比例是24架战斗机和8架鱼雷轰炸机。在其最终的实际作战中，"独立"号搭载VF-27中队的F6F-3和VT-27中队的TBM飞机。

严重受损

　　1943年7月3日，"独立"号抵达旧金山，准备加入太平洋舰队。7月14日离开后，该舰被重新划定为轻型航空母舰CVL-22。从9月1日开始，"独立"号与"埃塞克斯"号、"约克城"号一起对马库斯岛发起密集突袭，随后又对威克岛发动相似进攻。此后，该舰一直在腊包尔，吉尔伯特群岛和塔拉瓦作战。11月20日，"独立"号在塔拉瓦环礁沿岸被日军三菱G4M"贝蒂"轰炸机密集攻击，1枚鱼雷击中右舷舰艉。海水涌入舰艉的发动机舱及其相邻舱室，舰岛失去对舰船的控

性能规格

尺寸：长190米（623英尺）；宽21.8米（71英尺6英寸）；吃水7.4米（24英尺4英寸）

排水量：标准10833公吨（10662吨）；满载14987公吨（14571吨）

推进装置：4座锅炉，GE蒸汽轮机，4根传动轴；功率75470千瓦（100000轴马力）

速度：31节（57千米/时；35.6英里/时）

续航能力：15节（27.7千米/时；17.2英里/时）的速度航行13000海里（24000千米；14963英里）

武器装备：24门40毫米和16门20毫米防空炮

载机量：34架

舰员：1569人

舰岛和桅杆（Bridge ＆ Mast）："独立"号采用专为护航航空母舰设计的盒状舰岛和框架式桅杆。

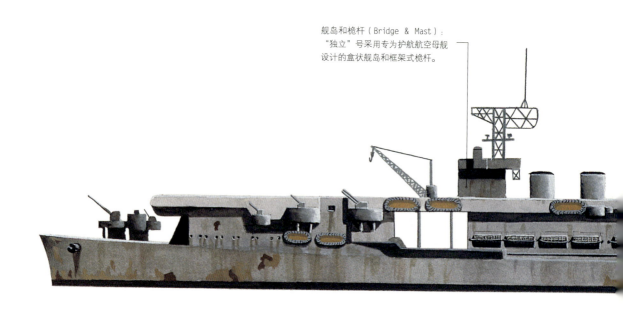

天线（Antennas）：截至1944年年中，桅杆上安装的天线包括顶部的YE无线电信标以及其下方的SG对海搜索雷达。

武器（Armament）：舰艏和舰艉均装有1门127毫米（5英寸）火炮。

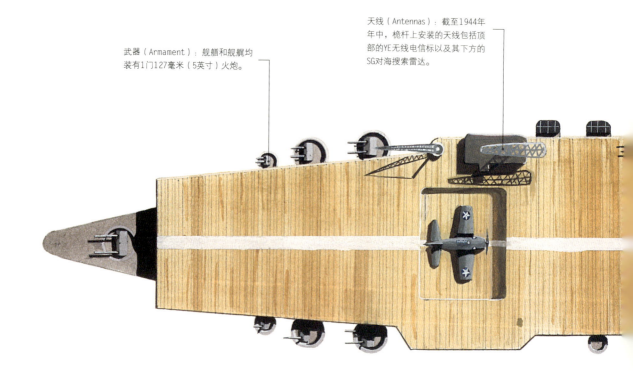

▼ "独立"级最初是按照巡洋舰设计的，因此它与美国其他航空母舰在外观上有很大不同。

烟囱（Funnels）：右舷翼侧的四个烟囱下方装有支架。

火炮炮座（Gun Mount）：该炮座在1943年11月20日被鱼雷命中而损毁了。

制。紧急抢修非常有效，该舰依靠自己的动力开往富纳富提环礁，并在那里接受专业的修理船"维斯塔尔"号开展紧急修复。1944年1月2日，"独立"号返回旧金山进行全面的修理。此次修理中又安装了第二个弹射器，7月3日，"独立"号返回珍珠港，开始夜间飞机起降训练。

　　8月29日，"独立"号加入第38特混舰队，为帕劳群岛登陆行动提供夜间侦察和空中掩护，随后又参与了占领冲绳岛行动。在空袭中国台湾、菲律宾群岛以及冲绳岛的行动中，"独立"号的战斗机既可在白天提供空中掩护，又能在夜间参与战斗。在从莱特湾海战开始的一系列行动中，"独立"号又频频出击，参与击沉了超级战列舰"武藏"号和4艘日军航空母舰，随后又对菲律宾群岛的日军基地发起进攻。1944年12月17日至18日夜间的暴风雨中，弹药舱里的一排炸弹从弹药架上掉落，然后开始在船内四处滚动。该舰舰员纷纷进入紧急状态，但炸弹最终没有造成进一步破坏。1945年1月，"独立"号在吕宋岛支援仁牙因登陆行动，随后返回珍珠港进行必要的修理。

下一次作战是从4月1日开始的冲绳岛登陆

行动，以及后续对日本本土发起的系列进攻，直至8月15日日本投降。

1945年9月22日，"独立"号途径塞班岛和关岛，回到旧金山的母港。1945年11月至1946年1月，"独立"号参与了将在役士兵和战犯运回美国的行动。后来，"独立"号被选为"十字路口"行动的靶舰——在比基尼环礁进行原子弹测试。该舰在两次爆炸中都幸存了下来。尽管受到极高的辐射，"独立"号还是首先被拖回夸贾林环礁，然后转移至珍珠港，最终回到旧金山。1951年1月29日，"独立"号载着一些核废料在太平洋——距离旧金山大约48千米（30英里）的法拉隆群岛附近沉没。

战后的再次服役

虽然是战时从轻型巡洋舰改装而成的航空母舰，一些"独立"级航母在战后也继续服役。"贝劳伍德"号（Belleau Wood）（CVL-24）于1947年1月编入预备役，1951年至1960年期间被转入法国海军，最终又回到美国。"蒙特利"号（Monterey）（CVL-26）在1950年至1956年期间充当一艘训练航空母舰，1959年至1970年期间成为一艘飞机运输舰船（AVT-2）。"兰利"号（Langley）（CVL-27）于1951年至1963年期间在法国海军服役，并更名为"拉斐特"号（Lafayette）。"卡伯特"号（Cabot）（CVL-28）在1965年至1967年期间进行了现代化改造，并在1967年至1989年期间进入西班牙海军服役。"巴丹"号（Bataan）（CVL-29）于1947年2月进入预备役，1950年至1954年期间再次作为反潜航空母舰重新服役。

◀这张"独立"号舰艉视角的照片拍摄于1943年4月30日，图中可看到该级别航空母舰与众不同的内倾舰体。

1943

美国海军
"普林斯顿"号（USS Princeton）

作为美国海军第四艘被称为"普林斯顿"号的舰船，该舰原定建造为轻型巡洋舰，但当时对航空母舰的需求使其改装成了"独立"级航空母舰。

▼ "普林斯顿"号沿用了"独立"号长而低的轮廓结构。

雷达（Radar）：截至1944年，"普林斯顿"号装上了SK雷达和SC-2雷达。

舰岛（Island）：由于相对狭窄的巡洋舰型舰体需要尽可能多的空间，小型舰岛几乎没有占据飞行甲板的空间。

1940年7月，美国海军订购了一艘轻型巡洋舰"塔拉哈西"号（Tallahassee），即未来的"普林斯顿"号。"塔拉哈西"号于1941年6月2日在新泽西州卡姆登的纽约造船公司安放龙骨。1942年2月6日，建造计划发生变化，当时舰体已经接近完工。1942年10月18日，"塔拉哈西"号以航空母舰的身份下水，1943年2月25日在费城海军船厂服役，并定名为"普林斯顿"号（CV-23）。1943年7月，"普林斯顿"号的型号前缀更改为CVL（轻型航空母舰）。

"普林斯顿"号的主要特征几乎与"独立"级相同。不过该级别的其他几艘（CVL-24至CVL-30）设置有83毫米（3.25英寸）~127毫米（5英寸）厚的装甲带，主甲板装甲厚51毫米（2英寸），但与"独立"号一样，"普林斯顿"号除了前部弹药舱，其他部位均没有装甲带。主机库甲板的装甲厚51毫米（2英寸），横隔舱壁防护装甲厚度为95毫米（3.75英寸）~127毫米（5英寸）。舰体中轴线上安装了2台升降机和1台液压弹射器。计划的载机量为30架，但"独立"级通常仅携载28架左右：12架战斗机、9架俯冲轰炸机和9架鱼雷轰炸机。

1942年，美国损失了4艘舰队航空母舰，太平洋上幸存的航空母舰仅剩"企业"号和"萨拉加托"号。"普林斯顿"号在大西洋东部经过试航和演习后被部署到太平洋，1943年8月9日，

性能规格

尺寸：长189.7米（622英尺6英寸）；宽21.8米（71英尺6英寸）；吃水7.9米（26英尺）

排水量：标准11176公吨（11000吨），满载13208公吨（13000吨）

推进装置：GE齿轮减速蒸汽轮机，2根传动轴；功率74570千瓦（100000轴马力）

速度：31.6节（58.5千米/时；36.4英里/时）

续航能力：可以15节（27.7千米/时；17.2英里/时）的速度航行12500海里（23125千米；14375英里）

武器装备：24门40毫米（1.5英寸）和22门20毫米防空炮

载机量：34架

舰员：1569人

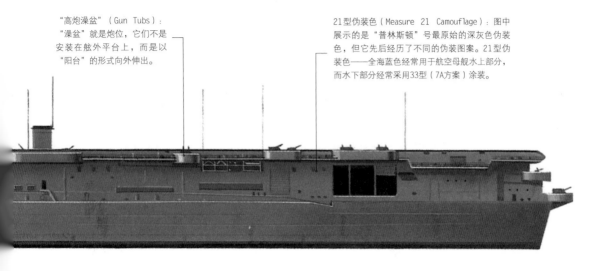

"高炮澡盆"（Gun Tubs）："澡盆"就是炮位，它们不是安装在舷外平台上，而是以"阳台"的形式向外伸出。

21型伪装色（Measure 21 Camouflage）：图中展示的是"普林斯顿"号最原始的深灰色伪装色，但它先后经历了不同的伪装图案。21型伪装色——全海蓝色经常用于航空母舰水上部分，而水下部分经常采用33型（7A方案）涂装。

即"独立"号抵达珍珠港4周之后到达珍珠港，并从当月25日开始投入战斗。1943年8月和9月，"普林斯顿"号作为第11.2特混大队的旗舰，与第11特混舰队一起参与了占领贝克岛行动。9月，它还与第15特混舰队一起突袭了马金群岛和塔拉瓦的日军阵地，11月1日至2日的布干维尔登陆行动中，"普林斯顿"号与"萨拉加托"号一起提供了空中掩护。1943年年底，"普林斯顿"号返回普吉特海湾基地进行彻底检修，随后它又返回太平洋中部，并加入第58快速航空母舰大队。

1944年的转移和战斗反映了阻拦日军进攻的艰难性和残酷性：一个岛屿一个岛屿向前推进，直至日本本土周围最核心的防线。1944年1月，"普林斯顿"号的舰载机支援了夸贾林环礁和马朱罗的两栖行动；2月，它在埃尼威托克岛，并再次回到夸贾林环礁。3月和4月，"普林斯顿"号在卡罗纳群岛、帕劳群岛、沃莱艾环礁以及雅浦岛作战，为新几内亚的霍兰迪亚行动提供空中掩护，进攻了日本位于特鲁克的基地。5月至6月，"普林斯顿"号参与了对马里亚纳群

岛的塞班岛的进攻行动，并突袭了关岛以及其他仍被日本占领的岛屿，参与了菲律宾海战役，其间其舰载机击落了30架日军飞机，防空火力击落了3架。返回基地进行简单的补给后，7月和8月期间，"普林斯顿"号返回马里亚纳群岛，然后又部署到菲律宾群岛，再返回向东支援帕劳群岛进攻行动，最后又返回菲律宾群岛突袭日军位于吕宋岛的机场。

快速航空母舰特混舰队

10月，美军开始准备对菲律宾群岛实施登陆，作为第38.3特混大队的一部分，"普林斯顿"号的舰载机持续对机场及地面设施发起袭击。日军进行了激烈的抵抗，并对集结在莱特海湾的舰队发起反击。10月24日9时38分，1架D4Y"朱迪"俯冲轰炸机成功突破防空火力，投下1枚250千克（551磅）的炸弹，击穿飞行甲板最终在主甲板上爆炸，虽然造成的损伤不大，但引起了火灾和爆炸。在附近舰船的帮助下，舰员们经过几个小时的努力成功控制并扑灭了火灾。

▲ 格鲁曼F6F"地狱猫"战斗机是F4F"野猫"战斗机的换代型号。F6F-3于1943年8月投入使用。"地狱猫"共计摧毁了5000多架敌军飞机，战绩超过其他所有盟军舰载战斗机。

防火水管的失压以及防火水幕和洒水装置的失效妨碍了救火。这种场景曾进行过反复的演习，但真正遇到时还是一片混乱，当时该舰还启动了II级救助措施，即疏散不参与抢救的人员。

在狂涌的海水中，"普林斯顿"号失去动力，漂流的航空母舰与向它靠近的"埃尔文"号（Irwin）驱逐舰和"伯明翰"号（Birmingham）巡洋舰相撞，导致两舰均被撞伤。15时24分，储存在C-101B鱼雷库内的400枚50千克（110磅）储存在C-101B鱼雷库内剧烈爆炸，120号肋骨的全部舰艉被炸得与主船体分离，120号肋骨至105号肋骨之间主甲板上方的所有设施全部被炸毁。现在不可能开展救援了，到16时，整个舰体的火势失去控制，舰船失去动力。船上所有的船员都被疏散了：1361人获救，108人死亡。在碰撞和爆炸中，"伯明翰"号严重受损，并造成233人死亡。"普林斯顿"号的舰体在大约17时50分由"里诺"号巡洋舰发射的2枚鱼雷引发前部弹药舱殉爆而沉没。

洒水系统失效

"普林斯顿"号损失的调查集中于1枚250千克（551磅）的炸弹如何导致整艘航空母舰瘫痪。根据记录，"普林斯顿"号拥有先进的消防管路系统以及充足的抽水能力。如果9时50分发生的火灾能被迅速控制，后续的爆炸就可以避免。但机库的洒水系统没有发挥作用，这也被认为是导致该舰损失的首要原因。洒水系统失效的原因无法确定，因为当时舰船的动力是正常的。储存鱼雷的区域也不应该用来储存高爆炸弹，这也是极具风险的做法，但有记录显示即使爆炸发生后，舰船仍然保持了平稳。

▶1944年10月24日，"伯明翰"号靠近着火的"普林斯顿"号，试图控制火势。

1943

美国海军
"列克星敦"号（USS Lexington）

1943年开始服役，曾4次被日军宣布击沉，这艘"埃塞克斯"级航空母舰服役生涯长达近50年，最终完好无损保存下来，成为美国海军的不朽象征。

　　"埃塞克斯"号（CV-9）是新一代舰队航空母舰的首舰，"列克星敦"号（CV-16）是该级别第二艘服役的舰船。该级舰的性能指标没有受到华盛顿条约的限制，但偷袭珍珠港事件后，其设计过程由于建造计划的加速而缩短了。最初，"埃塞克斯"号计划在1944年开始服役，但截至1944年年底时，已经有13艘该级别的舰船在役了。CV-16的船体——最初计划命名为"卡伯特"号——还在马萨诸塞州昆西的伯利恒钢铁公司建造时，1942年6月16日，"列克星敦"号（CV-2）在珊瑚海海战中沉没，为了纪念该舰，CV-16的舰名更改为"列克星敦"号。新一代"列克星敦"号于1941年7月15日开建，1942年9月26日下水，1943年2月17日在波士顿港开始服役。

　　"埃塞克斯"级以"约克城"号（CV-5）的设计为基础，但尽管建造过程非常紧迫，大量经验、想法和新技术都融入了"列克星敦"号的设计之中，设计方案最终在1940年2月20日确定（但采用新机型和新技术的可能性都考虑进去了，整个战争中一直在进行修改和改进）。"列克星敦"号按照"埃塞克斯"级的规格和标准建造，作为舰队航空母舰，载机量为90架。与其他航母一样，其动力装置包括8台M型巴布科克和威尔科特斯锅炉，工作压强为43.5千克力/平方厘米（619磅力/平方英寸），通过4台齿轮减速式蒸汽涡轮机为4根传动轴提供动力。船上安装有4台发电机，2台功率为1250千瓦，2台备用发电机功率为1000千瓦。

按照惯例，"列克星敦"号在美国东海岸，直至加勒比海的区域进行了训练和试航。返回波士顿进行简短的修整后，"列克星敦"号又开往太平洋，因为美国急需扭转局势，那里急需更多快速航空母舰。加入珍珠港的中太平洋部队（后来的第五舰队）后，9月至11月，"列克星敦"号参与了吉尔伯特群岛战区的行动，主要包括塔拉瓦、威克岛和马绍尔群岛登陆。

12月4日11时22分，"列克星敦"号被一架日军轰炸机发射的鱼雷击中，导致转向系统失灵。损管人员迅速扑灭了由此引起的火灾，随后该舰回到布雷默顿进行修理。自1944年2月开始，"列克星敦"号加入第58特混舰队，作为海军中将马克·米切尔的旗舰，并在马朱罗、新几内亚和特鲁克之间先后转战，突袭敌军阵地，支援盟军登陆，实施海上布雷和空中轰炸。

性能规格

尺寸：长250米（820英尺）；宽28米（93英尺）；吃水10.41米（34英尺2英寸）

排水量：标准27534公吨（27100吨）；满载36962公吨（36380吨）

推进装置：8座锅炉，4台西屋齿轮减速蒸汽轮机，4根传动轴；功率11000千瓦（150000轴马力）

速度：33节（61千米/时；38英里/时）

续航能力：可以15节（27.7千米/时；17.2英里/时）的速度航行15440海里（28564千米；17756英里）

武器装备：12门127毫米（5英寸）L38高平两用炮，4门双联，4门单装，8座4联40毫米（1.5英寸）L56防空炮，46门20毫米L78防空炮

载机量：110人

舰员：2600人

菲律宾海战役

6月19日至20日，"列克星敦"号参与了菲律宾海战役，其舰载机参加了"马里亚纳猎火鸡"，其间除了自杀式飞机，日军所有飞机几乎从天空中被一扫而空。随后该舰参与了整个夏季的战役，在同样规模宏大的莱特湾战役中，该舰舰载机参与击沉了"武藏"号战列舰、"千岁"号和"瑞凤"号轻型航空母舰，并在10月24日至25日击沉了舰队航空母舰"瑞鹤"号。10月25日，1架自杀式飞机撞上了飞行甲板靠近舰岛的位置，但没有阻止"列克星敦"号舰载机的起降。在乌利西环礁的基地进行修理后，"列克星敦"号于12月返回战斗。截至1945年2月，该舰已经成为靠近日本本土的美军舰队的组成部分。"列克星敦"号支援了海军陆战队在硫磺岛的登陆，随后被送往普吉特海湾的基地进行必须的彻底检修。

返回加入海军少将托马斯·F.斯普拉格的第38.1特混大队后，"列克星敦"号在太平洋战争的最后阶段对日本本土发起进攻，主要目标是机场、工厂以及位于吴市和横须贺的海军基地。8月15日日本投降的消息通过无线电传到船上时，从"列克星敦"号上起飞的一波轰炸机

图中展示的是1953年至1955年期间
经过大幅改建后的"列克星敦"号。

正在空中，然后它们将炸弹投到了大海中。"列克星敦"号的作战记录在美国航空母舰历史中是首屈一指的。它共计度过了21个月的作战时间，击落372架敌军飞机，另外还摧毁475架地面的飞机。其飞机共计摧毁304810公吨（300000吨）的敌方货船，另击伤609628公吨（600000吨）。其中有15架来袭敌机是由其舰载高射火炮击落的。

1945年12月3日，"列克星敦"号离开东京湾，与船上的美国在役士兵一起返回旧金山。随着海军力量削减至和平时期水平，"列克星敦"号于1947年4月23日退役，进入普吉特海湾的后备舰队。随着全球紧张局势的加剧，航空母舰成为后备部队中首先再次服役的舰船。"列克星敦"号被重新编号为攻击型航空母舰CVA-16，并且自1953年9月开始先后经历两次现代化改进项目SCB-27C和SCB-125。舰艉改造为全高度封闭式，舰岛重建为更具流线型，斜角飞行甲板上安装了蒸汽式弹射器，已有的飞行甲板也进行了加固以承受更重型喷气式飞机着陆时带来的冲

▼ "列克星敦"号的剖面图展示了其内部的复杂性和控制一艘"埃塞克斯"级航空母舰所需要的设备。

机库（Hangar Bays）：3座机库占据3600平方米（40000平方英尺）的空间。

舰体涂装（Paint Scheme）："列克星敦"号通常采用蓝色的伪装塞（33测度）以及图中所示的图案，由于日本人连续4次声称击沉该舰，它也因此获得"蓝色幽灵"的绰号。

轮机舱（Machine Rooms）：轮机舱按雁列式排布（交替排布）以获得最大的生存力。

击。升级改造于1955年8月完工，当月15日，"列克星敦"号再次开始服役，并开往圣地亚哥海军基地。随后它在太平洋的第7舰队中服役了6年时间，在半岛战争前后参与了东南亚条约组织（SEATO）的行动和武力展示。

1962年1月，在古巴导弹危机达到紧急关头时，"列克星敦"号被部署到墨西哥湾；从1962年12月开始，该舰在墨西哥湾开展飞行员训练，但直到1969年1月1日"列克星敦"号才正式认定为训练航空母舰（CVT-16），并以此角色一直服役到1991年，当时它已经成为最后一艘在役的"埃塞克斯"级航空母舰，同时也成为所有海军中服役时间最长的航空母舰。该级别的另外一艘在1980年8月成为美国第一艘搭载女性舰员的航空母舰。"列克星敦"号于1991年11月8日退役，并被保存在得克萨斯州科珀斯克里斯蒂的博物馆中。

雷达（Radars）："列克星敦"号装备SG雷达和Mk 4雷达。

舰岛（Island）：1945年时，"列克星敦"号采用了改建的舰岛。SK雷达布置在烟囱的右侧。

军械（Ordnance）：前部的弹药舱装载了635公吨（625.5吨）航空军械。

航空燃料（Aviation Fuel）：燃料舱可容纳5955000升（1500000加仑）舰用燃料，另加1747000升（440000加仑）航空燃料。

装备限制

　　除了"列克星敦"号，另外4艘更早期的航空母舰，以及同时期的飞机都被保存到了博物馆，其中3艘也是"埃塞克斯"级舰船，"约克城"号（CV-10）保存在南卡罗莱纳州的查尔斯顿，"无畏"号（CV-11）保存在纽约城，"大黄蜂"号（CV-12）保存在加利福尼亚州的阿拉梅达，"中途岛"号（CV-41）保存在加利福尼亚州的圣地亚哥。"约翰·F.肯尼迪"号（CV-67）——美国海军最后一艘常规动力航空母舰，2007年退役——也有可能成为博物馆的藏品。没有任何组织要求这样做，但罗德岛州的航空名人堂曾发起"约翰·F.肯尼迪"项目，希望为它找到一个永久的归宿。

◄1943年11月12日，航行中的"列克星敦"号。

1943

美国海军"无畏"号（USS Intrepid）

尽管是第二次世界大战期间受到攻击最多的航空母舰，"无畏"号在美国海军的服役时间超过30年，完成的任务从太平洋的战斗到航天器的打捞，并在如今成为保留下来的四艘"埃塞克斯"级航空母舰之一。

　　1940年7月10日，富兰克林·D.罗斯福总统签署了"两洋海军法案"（Two-Ocean Navy Act），确定了美国在大西洋和太平洋区域同时拥有强大海军的目标，同时批准建造3艘"埃塞克斯"级舰队航空母舰："约克城"号、"无畏"号和"大黄蜂"号。随着美国卷入战争的可能性越来越大，另外7艘舰队航空母舰的建造计划也在当月获得批准。CV-11于1941年12月1日在弗吉尼亚州的纽波特纽斯开建，几天之后，珍珠港遭遇偷袭，1943年4月26日下水时命名为"无畏"号，同年8月16日正式开始服役。其首任舰长是托马斯·拉米颂·斯普拉格（Thomas Lamison Sprague）——他后来成为一名航空母舰舰队司令。

　　"无畏"号的设计和外观延续了"埃塞克斯"级基本的特征。机库甲板同时为舰体提供结构强度。这样就可以减少重量，提升稳定性，增加机库空间，所需的内部支撑结构也更少。机库甲板装甲厚度为63毫米（2.5英寸），其下方的第四甲板装甲厚度为38毫米（1.5英寸）。机库甲板各处都安装了卷闸门，确保足够的通风和易燃蒸汽的扩散，同时允许飞机在起飞前进行充分的预热。船体内被防水隔壁分为若干水密隔舱，两侧的空舱可以吸收鱼雷和炸弹产生的水下冲击波。船体中部中心线上的升降机取消了以提高结构强度。侧舷装甲的厚度从63毫米（2.5英寸）到102毫米（4英寸）不等。

　　1943年12月3日，"无畏"号离开诺福克，途径旧金山开往珍珠港，随后从1943年1月29日开始在夸贾林环礁作战。2月17日夜间，"无畏"号右舷艉部吃水线以下4.5米（5英尺）的位置被1枚鱼雷击中。利用左舷发动机，借助当时的风向吹胀临时制成的风帆，"无畏"号成功地在24日到达珍珠港，然后继续开往旧金山海军船厂进行全面的修理。在菲律宾全岛沿岸的行动中，1944年11月25日，2架自杀式飞机撞向"无畏"号，导致65人死亡，但该舰继续参加战斗，引发的火灾也在2个小时之内扑灭了。此后又回到旧金山进行了修理。1945年4月16日，"无畏"号在冲绳岛沿岸再次被自杀式飞机撞击，此次的火灾也被扑灭了，但也需要再次返回基地修理。

在整场战争期间，随着多次返回船坞进行修理或改装，"无畏"号最初的武器装备也不断加强，舰岛下方增加了3座4联装40毫米（1.5英寸）炮座，左舷增加了3座，右舷艉部和舰艏各增加一座，另加装了21门20毫米（0.8英寸）机关炮。防空力量的加强是对自杀式袭击的应对措施。

后备角色

1947年3月22日，"无畏"号退役，随后在预备役舰队待了5年。SCB 27C重建计划于1952年4月9日在纽波特纽斯启动，目的是为"无畏"号装备当时的喷气式飞机和核武器，1952年10月，"无畏"号重新被划分为攻击型航空母舰（CVA-11）。1956年9月至1957年5月2日，"无畏"号又在纽约海军船厂进行了另一次现代化改造——SCB 125计划，其间加装了斜角飞行甲板。1962年3月31日，"无畏"号再次被划分为CVS 11，主要任务也变为反潜，这也反映出苏联在大西洋区域部署的潜艇的逐渐增加。1962年5月24日，"无畏"号找到并回收了"水星"计划中宇航员斯科特—卡彭特的太空舱，1965年3月23日再次回收了"双子座III"计划——美国首次载人太空行走任务的太空舱。此后，1965年3月至10月，"无畏"号进行了FRAM II延寿改造，完工后被部署到了越南。

越南战争期间，"无畏"号以攻击型航空母舰的身份参与过3次行动，每次都跟随不同的航母战斗群。1966年4月4日至11月21日，"无畏"号搭载VA-15和VAA 95中队（A-4飞机）以及VA-165和VA-176中队（A-1）。1967年5月11日至12月30日，"无畏"号搭载VSF-3、VA-15和VA-34中队（A-4），VA-145中队（A-1）以及VF-111 Det 11中队（F-8）；最终，1968年6月4日

性能规格

尺寸： 长250米（820英尺）；宽28米（93英尺）；吃水10.41米（34英尺2英寸）

排水量： 标准27534公吨（27100吨）；满载26962公吨（36380吨）

推进装置： 8座锅炉，4台西屋齿轮减速蒸汽轮机，4根传动轴；功率110000千瓦（150000轴马力）

速度： 33节（61千米/时；38英里/时）

续航能力： 可以15节（27.7千米/时；17.2英里/时）的速度航行15440海里

武器装备： 12门127毫米（5英寸）L38高平两用炮，4门双联，4门单装，8座4联40毫米（1.5英寸）L56防空炮，46门20毫米L78防空炮

载机量： 110架

舰员： 2600人

飞机（Aircraft）："无畏"号搭
载110架各型舰载机，其中包括
"地狱猫"战斗机和"地狱俯冲
者"轰炸机。

飞行甲板（Flight Deck）：飞行甲
板的面积为262.8米（862英尺2英
寸）×32.9米（107英尺11英寸）

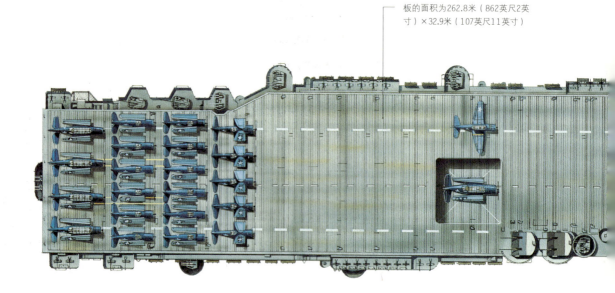

▲ "无畏"号——美国海军中第四艘同名舰船，由于参
与过众多战斗，经常被称为"战斗的大I"。

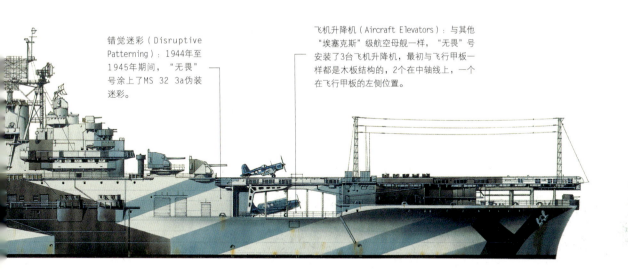

错觉迷彩（Disruptive Patterning）：1944年至1945年期间，"无畏"号涂上了MS 32 3a伪装迷彩。

飞机升降机（Aircraft Elevators）：与其他"埃塞克斯"级航空母舰一样，"无畏"号安装了3台飞机升降机，最初与飞行甲板一样都是木板结构的，2个在中轴线上，一个在飞行甲板的左侧位置。

弹射器（Catapult）："无畏"号安装了一部H-4A弹射器。到1945年时，"无畏"号在船首安装了2部H-4B弹射器。

无线电天线（Radio Antennas）："无畏"号完工时共安装了4根格子桅，无线电天线安装在其上，在飞行作战期间，这些天线可以水平向外伸出。其他大多数航空母舰也都采用了相似布局。

　　至1969年2月8日，"无畏"号搭载VF-142和VF-143中队（F-4），VA-27和VA-97中队（A-7）以及VA-196中队（A-6）。

　　1974年3月15日，"无畏"号退役进入预备役态，1981年4月27日，它被交付给纽约城海空博物馆。"无畏"号在曼哈顿西区86号码头度过了24个年头，2006年，由于24年淤泥的积累，它被转移进干船坞进行全面的恢复，总耗资大约5500万美元。

▼ "无畏"号航空母舰的前视图和后视图。

"埃塞克斯"级不同型号

　　"埃塞克斯"级主要分为两大类，14艘"长舰体"型——总长度达到270米（888英尺），10艘"短舰体"型——长度略短，为265.8米（872英尺）。两种型号的吃水线长度均为250米（820英尺）。与"埃塞克斯"号一样，"无畏"号属于短舰体类型。长舰体型号的1943年3月引入的设计变化，一艘短舰体型号——"好人理查德"号是在那之后建造的。两者在舰艏的设计上有所不同，更长的舰船采用"飞箭式舰艏"，其前部的投影允许舰船更大的长度。长舰体型号的舰艏安装了2座4联装40毫米（1.5英寸）炮座。除了这一差别，其他个别的修改也导致所有"埃塞克斯"级航空母舰在细节上都各不相同。

▶1955年2月，"无畏"号在古巴关塔那摩湾海军基地附近海域航行，此时它正处于两次现代化改造期间。飞行甲板上停着的是麦克唐纳F2H"海妖"喷气式战斗机。

1943

美国海军"黄蜂"号（USS Wasp）

"黄蜂"号是第十艘"埃塞克斯"级航空母舰，战后，该舰作为攻击型航空母舰，反潜航空母舰以及载人航天计划舰船服役了将近30年。

　　"黄蜂"号（CV-18）是一艘"埃塞克斯"级航空母舰，于1942年3月18日在马萨诸塞州昆西的霍河造船厂开建，当时该舰的舰名暂定为"奥里斯卡尼"号，1943年8月17日下水，1943年11月24日开始服役。"黄蜂"号采用"埃塞克斯"级短船体型号的设计方案，沿用了该级别的标准配置，如动力装置采用8座巴布科克和威尔科特斯锅炉，可产生40千克力/平方厘米（565磅力/平方英寸）的压强，过热气体温度可达到454摄氏度（849华氏度），4台西屋齿轮减速蒸汽轮机驱动4部螺旋桨。雁列式（交错排列）的发动机舱和锅炉舱保证了某个锅炉或涡轮机被灌入海水或失效时，其他的能够正常运转。舰体的强度可以保证在遭到炸弹、鱼雷和自杀式飞机的直接命中时，"埃塞克斯"级航空母舰也不会在战斗中沉没。设计良好的损管系统以及训练有素的损管队员在其中扮演了重要角色。

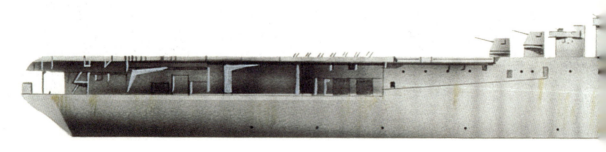

"黄蜂"号载机量达到90架，一般分为4个中队，外加一个后备中队。精密设计的内部结构使得"黄蜂"号可携载大量备件，外加紧急修复所需的工具和机械，所有配件均储存在机库甲板高度的位置。巨大的载机量以及飞机快速起降的能力成为"黄蜂"号的关键特征。"黄蜂"号和其他"埃塞克斯"级航空母舰的舰载机出动能力比第二次世界大战期间所有其他航母都要强，因此它们可发起密集的轰炸攻击，在战斗机防空能力上远超敌军。甲板边缘的升降机作用巨大，可在飞行甲板被占用时正常转移飞机。

太平洋上的部署

1944年1月10日，"黄蜂"号首次进入大西洋开始服役，此后在美国东海岸一直服役到1944年3月初，随后被部署到太平洋。当年5月，"黄蜂"号的舰载机首次出动作战，进攻了威克岛和马尔库斯群岛上的日军阵地，随后为占领马里亚纳群岛提供了空中掩护。"黄蜂"号还参与了菲律宾海战役，1944年7月，它又为关岛登陆提供了空中掩护，当年9月，该舰又支援了盟军在帕劳群岛的登陆。10月，"黄蜂"号搭载的第81舰载机大队的轰炸机对台湾岛以及菲律宾群岛北部发起进攻，1945年2月，"黄蜂"号搭载的SB2C"地狱俯冲者"轰炸机飞越了日本本土。1945年3月19日，1枚250千克（551磅）的穿甲弹击穿了"黄蜂"号的飞行甲板和装甲甲板，炸弹在3号甲板上的船员厨房位置爆炸，导致102人死亡。虽然该舰的航空作业至少被打断半个小时，但舰船本

性能规格

尺寸：长250米（820英尺）；宽28米（93英尺）；吃水10.41米（34英尺2英寸）

排水量：标准27534公吨（27100吨）；满载36962公吨（36380吨）

推进装置：8座锅炉，4台西屋齿轮减速蒸汽轮机，4根传动轴；功率11000千瓦（150000轴马力）

速度：33节（61千米/时；38英里/时）

续航能力：可以15节（27.7千米/时；17.2英里/时）的速度航行1544海里（28564千米；17756英里）

武器装备：12门127毫米（5英寸）L38高平两用炮，4门双联，4门单装，8座4联40毫米（1.5英寸）L56防空炮，46门20毫米L78口径防空炮

载机量：110架

舰员：2600人

▼ "埃塞克斯"级是数量最多的航空母舰型号，1942年至1945年期间共建造了24艘，其中"埃塞克斯"号（CV-9）是其首舰。

▼采用淡蓝色伪装涂装的"黄蜂"号（CV-18），太平洋战争期间该舰曾采用这种伪装团。

雷达底座（Radar Mounting）：Mk 51
Mod 2雷达最初安装在第二个炮塔后方
的基座上，后来转移到了舰岛上。

舰号（Designation）：航空
母舰舰号最初反向涂刷在飞
行甲板的前部。

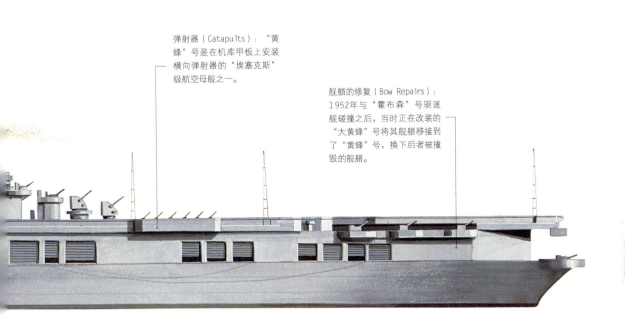

弹射器（Catapults）："黄蜂"号是在机库甲板上安装横向弹射器的"埃塞克斯"级航空母舰之一。

舰艏的修复（Bow Repairs）：1952年与"霍布森"号驱逐舰碰撞之后，当时正在改装的"大黄蜂"号将其舰艏移接到了"黄蜂"号，换下后者被撞毁的舰艏。

1944年11月25日，"埃塞克斯"号在吕宋岛沿岸作战时被一架自杀式飞机撞击。

命名的解释

　　美国海军的飞机命名最初是以飞机类型命名，如F表示战斗机，TB表示鱼雷轰炸机，SB表示侦察轰炸机，后面再加一个制造商的代号（通常是一个字母，如F表示格鲁曼公司，Y表示联合公司，U表示钱斯沃特飞机公司）；有时也以首字母简称，如C表示寇蒂斯公司，D表示道格拉斯公司。随后批量生产的型号都在制造商代号后采用数字序列号，如F3F表示第三代格鲁曼战斗机型号；特定型号的子型号一般通过连字号加数字表示，如F3F-2。

　　身一直处于战斗状态。

　　3月17日至23日，"黄蜂"号的舰载机击落了14架日军飞机，摧毁6架停在地面的飞机，9枚炸弹命中日本海军舰船，并准确命中一艘日军潜艇。4月13日，"黄蜂"号返回普吉特海湾的海军基地进行修整，但赶在日本投降之前返回到了日本沿岸，并在7月15日当天击落了进攻的两架日军飞机。"黄蜂"号在太平洋的战绩使其获得了8颗战斗之星。1945年10月7日，"黄蜂"号返回美国，随后运载5400名释放的意大利战俘返回意大利。至战争结束，"黄蜂"号最初的20毫米（0.79英寸）防空炮已经换成了9座4联装40毫米（1.6英寸）L56 Mk I和Mk II防空炮，29座双联装20毫米L70防空炮和6座4联装12.7毫米（0.5英寸）高射机枪。此外还安装了SK、SC-2和SM雷达。

后备角色

　　1947年2月17日至1948年期间，"黄蜂"号处于预备役状态，随后在纽约海军船厂进行了现代化改造以搭载喷气式飞机，1951年9月28日重新开始服役。升级后满载时排水量达到41250公吨（40600吨）。8门127毫米（5英寸）火炮保留了下来，此外又增加了14门双管的76毫米（3

▲F4U-1"海盗"战斗机——以其"弯曲的机翼"而著称——自1942年6月开始投入使用。图中展示的1D型于1944年3月开始服役。

英寸）Mk 33防空炮。此次升级后，"黄蜂"号的服役期又延长了20年。其载机量当时达到80架左右，机型也大幅增多，包括F4U/FG"海盗船"、F6F"地狱猫"、F7F"山猫"、F8F"熊猫"、F9F"黑豹"和F6U"海盗"。"黄蜂"号在和平时期最大事故是1952年4月26日在大西洋上与"霍布森"号驱逐舰相撞：导致驱逐舰沉没，176人死亡。1955年4月至12月期间，"黄蜂"号在圣地亚哥进行SCB-125升级项目，包括安装斜角飞行甲板以及常规的改装，此后它活跃在太平洋和大西洋两个区域，20世纪50年代后期也在地中海活动。

1956年11月1日，"黄蜂"号在圣地亚哥被重新划分为反潜航空母舰（CVS-18），搭载AF"守护者"反潜飞机。1959年8月，有报道称"黄蜂"号上一次偶然爆炸后引发了火灾，而报道中披露当时舰上携带了核武器。1962年10月，"黄蜂"号参与了封锁古巴行动。20世纪60年代期间，"黄蜂"号是大西洋上5次美国太空任务的宇航器回收舰，曾在1965年6月7日回收了"双子座 IV"太空舱及其宇航员。它还在1965年12月的2天内回收了2艘航天器：12月16日的"双子座VI-A"和12月18日的"双子座VII"。它还在1966年6月6日和12月15日分别回收了"双子座IX-A"和"双子座XII"。"黄蜂"号最终于1972年7月1日正式退役，拆除武器的舰体在1973年5月21日报废。

1944

"大凤"号（Taiho）

"大凤"号是日本航空母舰设计建造技术进步的象征，被誉为是一艘"不沉的战舰"，该舰动力强劲且自卫火力强大，但其作战生涯仅持续了3个月。

　　"大凤"号于1941年7月10日在神户的川崎町船厂铺设龙骨，1942年4月7日下水。当时，日本帝国海军在太平洋上占据统治地位，因此可能对新型航空母舰没有太大的紧迫感。6月4日至7日的中途岛战役之后，形势发生了变化，因此那场战役中日本损失了4艘航空母舰。"大凤"号当时还在舾装，另外2艘航母订单立即下达，外加5艘列入计划之中。即使如此，直到1944年3月7日"大凤"号才开始服役，而在1942年至1943年期间，美国海军共订购了14艘航空母舰。因此，"大凤"号将面临巨大的作战压力。

　　虽然最初设想为1939年的"祥鹤"号的改进版本，其设计方案在整个建造过程中也经历了较大改动，其中包括采用英国海军常用的装甲化飞行甲板。机库和飞行甲板没有位于舰体顶部，相反，舰艏和翼侧都达到飞行甲板的高度，而其飞行甲板本身也是所有日本航空母舰中最长的，达到257米（843英尺），同时也是舰体强度结构的重要组成部分。

"大凤"号拥有上层和下层机库，上层机库长152米（463英尺4英寸），宽22.5米（68英尺6英寸），高5米（15英尺3英寸），下层机库尺寸与之相同，但长出45.7厘米（18英寸）。与其他的日本航空母舰一样，"大凤"号的机库甲板也是封闭的：这是一个至关重要的保护措施，既能防止船舷进水，也便于在夜间维修时显示灯光。飞行甲板的两端各安装一部电动的升降机。舰岛在日本航母中首次完全整合控制和指挥功能，与"隼鹰"号一样，一个大型烟囱向外倾斜伸出，同时为了维持平衡，飞行甲板向左舷凸出了2米（6.5英尺）。三角桅上安装了1套13式雷达系统，2套21式3型雷达设备分别安装于舰桥顶部与烟囱后方。

"大凤"号最大速度超过33节（61.1千米/时；37.9英里/时），其动力来自8台"舰本"式锅炉和4台"舰本"齿轮减速蒸汽轮机。"大凤"号的燃料舱可装载5171公吨（5700吨）燃油以及600000升（132000加仑）航空燃油。燃料舱整合到了舰船的框架之中。由于需要在敌军攻击下具备最大限度的持续作战能力，该舰极为重视防护。

主装甲带厚55毫米（2.2英寸），覆盖舰船中部大约一半长度的区域，从吃水线以下到底部机库甲板的位置。飞行甲板上的飞机跑道在19

性能规格

尺寸：长260.6米（855英尺）；宽27.4米（89英尺11英寸）；吃水9.6米（31英尺6英寸）

排水量：标准29769公吨（29300吨）；满载33243公吨（32720吨）

推进装置：8座"舰本"式锅炉，4台"舰本"式齿轮减速蒸汽轮机，4根传动轴；功率120000千瓦（160000轴马力）

速度：33.3节（61.7千米/时；38.3英里/时）

续航能力：可以18节（33.3千米/时；20.7英里/时）的速度航行10000海里（19000千米；12000英里）

武器装备：6门双联装100毫米（3.9英寸）65倍径98式高平两用炮，17座3联装25毫米（1英寸）防空炮

载机量：84架

舰员：1751人

ヒメ-302

▲中岛B6N2"天山"鱼雷轰炸机（盟军代号"吉尔"）于1943年7月开始服役。除了3名飞行员，该机可携带816千克（1800磅）的载荷。

吊杆（Derrick）：3.7公吨（4.1吨）可升缩吊杆安装在飞行甲板上，位于尾部的升降机旁边，主要用于升起和放下水上飞机。

阻拦索（Arrester Wires）："大凤"号安装了14根阻拦索，前部6根，后部8根，均带有电动减速齿轮。舰岛后方布置有两条防撞护栏，第三条装在舰岛前部。

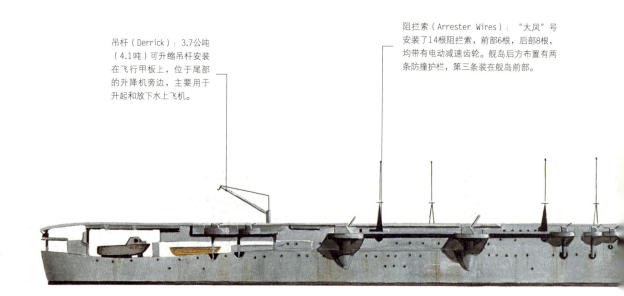

飞机升降机（Aircraft Elevators）：升降机可在15秒内将飞机从底部机库提升至飞行甲板。它们比英国和美国航空母舰上的升降机大，因为日本海军的飞机没有可完全折叠的机翼（仅翼尖可折叠）

▼ "大凤"号在下水后经历了长达近2年的舾装，这也展现了日本工业对与持续高强度战争的承受力不足。

雷达（Radar）："大凤"号安装了2套21式3型雷达，1套位于舰桥前方，1套位于烟囱后方，因此可360°覆盖，对空探测距离达到150千米（92英里），对海搜索距离达到20千米（12.5英里）。

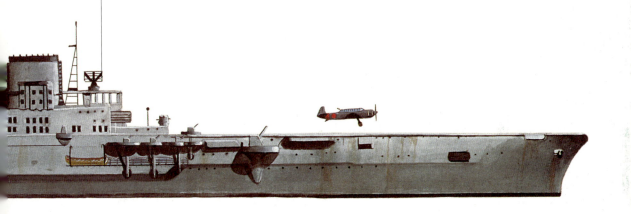

武器装备（Armament）：100毫米（3.9英寸）火炮由两台配备4.5米（14英尺9英寸）94式测距仪的89式1型射击指挥仪控制，一台安装在舰岛前方，另一个安装在飞行甲板左侧舰舯前后位置。

毫米（7.5英寸）钢板上安装了76毫米（3英寸）厚的装甲，可以抵御500千克（1100磅）炸弹的打击，底部机库甲板在16毫米（0.6英寸）厚钢板上加安装了32毫米（1.2英寸）厚的装甲。该级舰和英国航空母舰不同，但与美国航空母舰相同的是，机库甲板高度处的侧舷没有保护装甲。升降机一侧安装了50毫米（2英寸）厚的装甲。弹药舱、燃料舱以及转向系统外部采用了重型保护装甲，装甲厚度从70毫米（2.75英寸）到165毫米（6.5英寸）不等。为了增强对炮弹冲击力的吸收，主甲板的横梁是盒状的，高70厘米（27英寸），基座上装有防碎片的薄带钢板。烟囱排气口周围装有25毫米（1英寸）装甲。整个船体内部布满了76毫米（3英寸）隔板，形成一系列水密舱。装甲总量总计达到7257公吨（8000吨）。出于对鱼雷的防护，该舰采用双层底，内部空间充满水以便于吸收和分散鱼雷攻击的破坏。"大凤"号的武器装备包括6座双联装100毫米（3.9英寸）高平两用炮和17座3联装25毫米防空炮。

"大凤"号可搭载75架飞机：27架A6M5a战斗机，27架D4Y1俯冲轰炸机，18架B6N2鱼雷轰炸机和3架D4Y1-C侦察机。虽然载机量比美国"埃塞克斯"级航空母舰小，75架飞机依然使其具备了强大的打击能力。"大凤"号也能搭载日本设计的更重型的作战飞机，如B7A"流星"/"格蕾丝"攻击机，但这些飞机在"大凤"号服役时还没有投入使用。"大凤"号也可

◄1944年6月19日，菲律宾海战役：1架被击落的日本飞机坠入海中，几乎撞向1艘日本轻型航空母舰。在这场战役中，"大凤"号是舰队司令小泽治三郎的旗舰。

空中优势

虽然日本航空母舰从未安装过弹射器，因此它们的飞机必须依靠自身的动力起飞，但也导致日本的飞机比美国和英国同等飞机轻很多。它也为日本飞机带来了更大的航程，因此拥有战术优势，特别是在侦察和远程打击方面。不利的影响是较小的重量意味着机组人员的防护较弱，在面临攻击时机体更容易破裂。

以充当其他航空母舰沉没或严重受损时其舰载机的避难船，因为它携带的燃料超过了自身舰载机的需求。虽然最初的设计方案中计划在舰艏安装2部弹射器，但与其他日本航空母舰一样，"大凤"号没有安装弹射器，飞机必须依靠自身动力起飞。

中雷殉爆

由于急需舰船投入战斗，"大凤"号的舰员几乎没有接受训练。1944年6月19日，作为第1舰队的旗舰，"大凤"号参加了马里亚纳群岛战役。它发起了第一波进攻，8时10分，正当准备放飞飞机发起第二轮进攻时，美国潜艇"青花鱼"号发射的6发鱼雷中的1枚命中了舰体，击中了一处航空燃料舱的外部，导致燃料蒸汽泄露，并逐渐蔓延到底部机库。燃料舱正上方的升降机发生拥塞，妨碍了飞机的起降，直到铺设一块临时盖板，这一状况才得以缓解。

"大凤"号继续全速前进，并且有可能幸存下来，但糟糕的火势控制导致其错过了机会。如果采取了有效的控制措施，"大凤"号的毁灭本是可以避免的。但由于舰员经验相对不足，并且对舰船也不熟悉，导致唯一的机会也错过了。负责抢救的官员下令最大程度地通风和降低蒸汽浓度，结果导致蒸汽快速充满了整个船体。14时40分，浓厚的燃料蒸汽和空气的混合物被点燃，几乎将巨大的舰体完全炸断。1个小时后，舰体倾覆，近1650名舰员死亡。

1944

"信浓"号（Shinano）

"信浓"号最初是作为"大和"级战列舰后续舰建造的，但需求的改变使其改装成为了当时最大的航空母舰。然而，该舰却在真正投入战斗之前就沉没了。

1939年，"信浓"号原本是"大和"级重型战列舰3号舰，其舰名源自于日本古国信浓国。"信浓"号的龙骨于1940年5月4日在横须贺海军兵工厂铺设，至1942年年中时，舰体已经基本建造完毕，但由于日军在中途岛战役中一次性损失4艘航空母舰，因此该舰被选定改建为航母。"信浓"号于1944年10月8日下水，11月19日服役。该舰是当时世界上最大的航空母舰，载机量达到139架。同时"信浓"号也被设想用作其他航空母舰的支援和补给船，而不是舰队航空母舰——与同期规划建造的"云龙"级航空母舰配合作战——凭借着舰体内充裕的修理车间、燃料和设备储备、以及其他设施，这使得该舰可以作为一个移动的海军基地，支援舰队作战。"信浓"号的建造和改装处于高度保密之中，以至于美国海军都不知道这艘航母的存在。

"信浓"号保留了战列舰的舰艏，前部的飞行甲板搭建在坚固的支架之上。舰岛位于舰船中部稍微靠前的位置，并向舷外伸出以保证飞行甲板和停机区面积最大化。烟囱与舰岛整合在了一起。飞行甲板本身长256米（839英尺11英寸），宽40米（131英尺3英寸），部分区域装有装甲。与其他日本航空母舰一样，"信浓"号安装了大量阻拦索，舰艉10根，舰艏5根，从而保证飞机可在艏艉两端着舰。此外，"信浓"号还安装了3部可拆卸式阻拦网。舰船中轴线上安装了2台飞机升降机。机库区域长163.4米（536英尺），宽33.8米（111英尺），机库侧翼没有装甲，大部分区域都是敞开的——这种设计汲取了早期航母采用封闭机库导致殉爆沉没的教

▼巨大的"信浓"号可以被视作一座浮动的海军基地，其使用理念与现代航母差别显著。

集成的烟囱（Funnel Integration）：与"大凤"号一样，"信浓"号也将烟囱安装到舰岛内部，并以26°角度向外倾斜伸出。

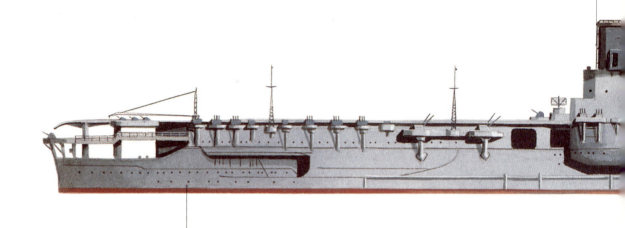

船体（Hull）："信浓"号以"大和"级战列舰舰体为基础，但总长度比"大和"级长3米（10英尺）。

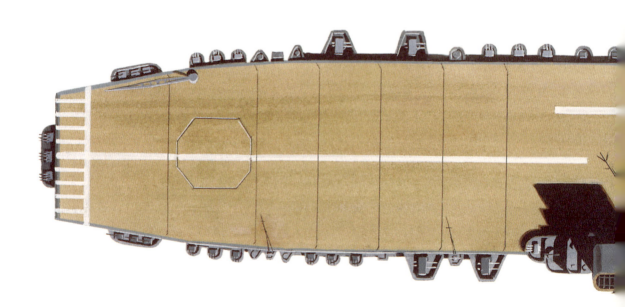

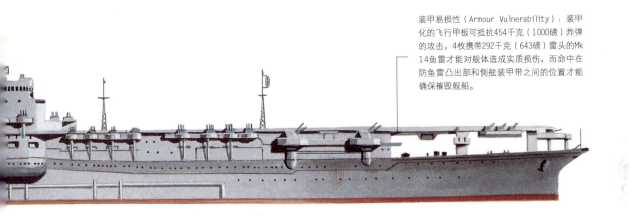

装甲易损性（Armour Vulnerability）：装甲
化的飞行甲板可抵抗454千克（1000磅）炸弹
的攻击，4枚携带292千克（643磅）雷头的Mk
14鱼雷才能对舰体造成实质损伤，而命中在
防鱼雷凸出部和侧舷装甲带之间的位置才能
确保摧毁舰船。

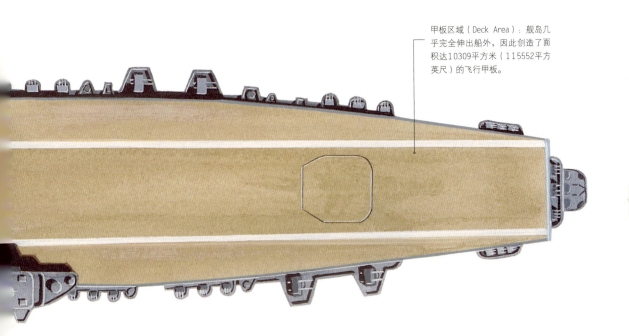

甲板区域（Deck Area）：舰岛几
乎完全伸出船外，因此创造了面
积达10309平方米（115552平方
英尺）的飞行甲板。

性能规格

尺寸：长265.8米（872英尺）；宽36.3
　　　米（119英尺1英寸）；吃水10.3
　　　米（33英尺10英寸）

排水量：标准65800公吨（64800吨）；
　　　　满载73000公吨（72000吨）

推进装置：12座"舰本"式锅炉，4
　　　　　台齿轮减速蒸汽轮机，4根
　　　　　传动轴；功率110000千瓦
　　　　　（150000轴马力）

速度：27节（50千米/时；31英里/时）

续航能力：10000海里（19000千米；
　　　　　12000英里）

武器装备：8门双联127毫米（5英寸）
　　　　　89式火炮，35门3联25毫米
　　　　　96式火炮，12座28管127毫
　　　　　米火箭发射器

载机量：139架

舰员：2400人

训——但装有一系列防火幕以形成封闭空间，外加通风设备以防止爆炸性气体的积累。飞机的修理和维护在舰船最前端完成。

"大和"级战列舰配备厚达410毫米（16英寸）厚装甲带，但在"信浓"号上削减为205毫米（8英寸），其侧面还安装了防鱼雷凸出部，内部还有装甲化和水密舱壁支撑，从而在吃水线下方形成双重舰体和三重舰底。装甲化的主甲板沿用了前期战列舰的甲板，发动机舱和弹药舱上方的保护装甲最厚处达到190毫米（7.5英寸）。与"大凤"号一样，飞行甲板在升降机之间的区域装有75毫米（3英寸）厚的装甲板，以抵抗500千克（1100磅）炸弹的攻击。飞机所用的航空燃油储存在一个防撞舱室中，可装载720000升（160000加仑）燃料，周围的空隙空间填充了2400公吨（2362吨）混凝土以防止油汽泄露。"信浓"号的动力系统包括12座舰本式锅炉，4台齿轮减速蒸汽轮机和4根传动轴。该舰沿用了"大和"级战列舰的动力系统，因此最大速度仅为27节（50千米/时；31英里/时），远低于"云龙"号（1944年）的32节（59千米/时；36.8英里/时）和美国"埃塞克斯"级航母的33节（61.1千米/时；37.9英里/时）。

防空力量包括8门双联装127毫米（5英寸）89式高平两用炮，35门3联装25毫米96式防空炮以及12座28管127毫米火箭发射器。89式高平两用炮配有4座94型高射指挥仪，两舷各2座。"信浓"号可能还安装了22式对海搜索雷达以及13式对空搜索雷达。"信浓"号的舰载航空队编制为47架飞机，主要用于在空战中提供空中掩护，具体包括18架三菱A7M"烈风"战斗机、18架爱知"流星"轰炸机和6架中岛C6N"彩云"侦察机，另外还有5架留作备用。

潜艇追逐

11月1日，一架美军B-29"超级空中堡垒"侦察机飞过横须贺上空，由于担心"信浓"号遭到美军袭击，联合舰队决定尽早将"信浓"号转移到吴市。经过匆忙的试航后，"信浓"号在没有完成舾装的状态下于11月28日18时带着300名船厂的工人启程了，随同护航的舰船包括"矶风"号（Isokaze）、"雪风"号（Yukikaze）和"滨风"号（Hamakaze）驱逐舰。"信浓"号将在480千米（300英里）之外的吴市基地完成装配，同时搭载上自己的舰载机。此时该舰的机库中存有50架喷气式自杀飞机和6艘同样满载炸药的单人自杀式快艇，这批装备的目的地将是菲律宾群岛战区。

20时40分，美国潜艇"射水鱼"号的雷达发现了"信浓"号。"信浓"号也发现了浮出水面的潜艇，但其舰长自信航空母舰可以逃离潜艇。"射水鱼"号紧跟"信浓"号，而后者之字形航线使得潜艇更容易追上。虽然意识到潜艇越来越近，"信浓"号及其护卫舰怀疑还有潜艇正在靠近。实际上，"射水鱼"号是单独行动，并且它非常幸运，"信浓"号由于传动轴过热而被迫将速度降低至18节（33.3千米/时；20.7英里/时）。因为"信浓"号的某次航线变化将其整个右舷暴露了出来，"射水鱼"号潜入水下，并准备发起进攻。11月29日3时15分，"射水鱼"号发射6枚鱼雷，鱼雷沿着水面下方10米（30英尺）的位置向"信浓"号冲去，其中4枚命中"信浓"号。

"信浓"号立即开始进水，但还能继续以全速前进。舰长决定继续快速转移，以防再次被攻击，但该战术也意味着越来越多的海水将进入船体。该舰水密门和管道防水垫片的失效一直以来备受诟病，导致其实际上没有完全封闭，抽水系统也没有准备就位，即意味着只有便携式水泵可用。舰员们一度尝试在左舷灌入海水以维持舰船的平衡，但此时该舰的右舷已经出现严重的倾斜了，这一尝试最终失败。11月29日8时50分，舰长下令"滨风"号和"矶风"号拉住"信浓"号舰艏，试图将其拖到岸边搁浅，但绳索在几乎与水面齐平的71120公吨（70000吨）舰船的巨大应力下突然中断，最终舰长在10时18分下令放弃舰船。10时57分，"信浓"号倾覆，1435名舰员连同舰长一起沉入海底。

由于损失过于惨重，"信浓"号战沉的消息当时没有公开报道，幸存者都被隔离。"射水鱼"号的指挥官恩怀特并不知道"信浓"号的存在，他一直认为自己击沉了一艘"祥鹤"级航空母舰。美国海军部最初更不相信，甚至认为恩怀特仅击沉了一艘巡洋舰，直至战后"信浓"号的消息公开后，人们才确信恩怀特击沉的是"信浓"号航空母舰。

自杀式货物

"信浓"号在沉没时正在运送30架MXY-7"樱花"特攻机。这种自杀式飞机，本质上就是由人控制的飞行炸弹，机鼻其实就是一枚1200千克（2650磅）的高爆炮弹。通常这些自杀式飞机悬挂在三菱G4M2e"贝蒂"轰炸机下，释放后即向目标舰船滑翔。然后飞行员将打开使用固体燃料的火箭发动机，在俯冲速度达到1000千米/时（600英里/时）时最终靠近目标，然后将飞机撞向目标舰船。由于日军航母没有装备弹射器，这些飞机也无法自力起飞，进行动力飞行，因此MXY-7通常会在岛屿机场被挂装到轰炸机上，以完成一次性的自杀式攻击任务。

"信浓"号以超级战列舰"大和"级的舰体为基础，图中是"大和"号于1941年10月20日进行海上试航的情景。"大和"号在1945年4月7日沉没。

1945

美国海军
"中途岛"号（USS Midway）

"中途岛"号是在战时设计的，但直到战争结束后才开始服役。该舰是美国海军新一代航空母舰中的第一艘，并在将近半个世纪的服役生涯中经历了多次重大改造。

1943年10月27日，"中途岛"号（CVB-41）在弗吉尼亚州纽波特纽斯造船厂铺设龙骨，1945年3月20日下水，1945年9月10日——即日本投降后一个月后开始服役，总造价8650万美元。太平洋战争的作战条件决定了"中途岛"号的特征：装甲比以前的航空母舰厚重得多，并装有强大的防空火力，它也是美国航空母舰中第一代采用89毫米（3.5英寸）厚装甲化飞行甲板。与此同时，该舰必须拥有更强的舰载机搭载能力，以及高速航行的能力——最大速度至少达到32节（59.2千米/时；36.8英里/时）。除了飞行甲板，机库甲板也是51毫米（2英寸）厚的装甲化甲板。此外，"中途岛"号还装备了高4.8米（16英尺）、厚193毫米（7.6英寸）的装甲带以加强鱼雷防护能力。

为了满足所有这些要求，"中途岛"号注定比"埃塞克斯"级大得多。舰体以"蒙大拿"级战列舰为基础——后者曾有计划但未真正建造，载机量达到137架。"中途岛"号之后还建造了2艘姊妹舰——"珊瑚海"号（CVB-43）和"富兰克林·D. 罗斯福"号（CVB-42）。这些舰船确立了舰队航空母舰取代战列舰作为新型主力战舰的地位，并且将在战略和战术行动中充当新型特混舰队的旗舰和指挥中心。该舰动力系统是当时最强大的，包括12座巴布科克和威尔科斯特锅炉，4台西屋齿轮减速蒸汽轮机，耗油率大约为985升（260加仑）/英里。"中途岛"号可保持33节（61.1千米/时；37.9英里/时）的速度航行140个小时，共计可航行4600海里（8520千米；5293英里）。8台蒸汽轮机驱动的发电机各可为电力系统提供1000千瓦（1341马力）的功率。

最初，"中途岛"号计划装备203毫米（8英寸）火炮，但出于为装甲化甲板节省重量的考虑，以及意识到在航空母舰上安装反舰火炮的做法已经过时，最终没有采纳这种武器装备。所有的火炮都安装在飞行甲板下方，但由于它们都安装在炮座之中，并且飞行甲板高出海面15米（50英尺），防空火炮拥有良好的射界，并且还有安装在舰岛前后的圆柱形的Mk 37射击指挥仪引导。

性能规格

尺寸：长195米（968英尺）；宽34.4米（113英尺）；吃水10.7米（35英尺）

排水量：标准45720公吨（45000吨）；满载60960公吨（60000吨）

推进装置：12座锅炉，4台蒸汽轮机，4根传动轴；功率158000千瓦（212000轴马力）

速度：33节（61千米/时；38英里/时）

续航能力：12000海里（22200千米；13800英里）

武器装备：18门127毫米（5英寸）54倍径Mk 16高平两用炮，84门博福斯40毫米防空炮，68门厄利康20毫米防空炮

载机量：145架

舰员：3443人

▼1957年之后的"中途岛"号。

飞行甲板（Flight Deck）："中途岛"号的装甲化飞行甲板不是舰体结构的一部分，而是舰船上层建筑的一部分，位于整个舰体之上，这一点与英国皇家海军的航空母舰一样。随后的美国航空母舰都沿用了这种布局。

尺寸（Size）：直到1955年，"中途岛"级都是世界上尺寸最大的战舰。其全宽为31.45米（136英尺），导致其一度无法通过巴拿马运河。跨洋转移只能经合恩角进行。

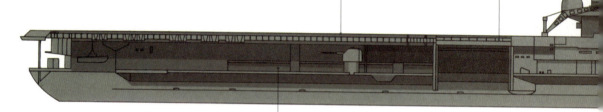

燃料容量（Fuel Capacity）：舰船和航空燃料的储存量是13260000升（3500000加仑）。

　　主要的武器装备是18门为"蒙大拿"级战列舰设计的127毫米（5英寸）高平两用炮，该炮在"中途岛"号上首次装舰，外加28门厄利康20毫米和84门博福斯40毫米火炮。2年之后，厄利康火炮被拆除，博福斯火炮被双联76毫米（3英寸）防空炮取代。"中途岛"号还装备3台飞机升降机和2台液压弹射器。在"中途岛"号服役的近50年时间里，其舰载机也发生巨大变化，可以搭载多达145架单活塞发动机飞机，但海军要求搭载更重型更大型的喷气式飞机，因此载机量下降至85架。

　　1946年，"中途岛"号被分配至大西洋舰队，也是美国第一艘在亚北极区冬季环境下作战的航空母舰。1947年9月的"桑蒂"行动期间，"中途岛"号参与了早期的火箭推进式导弹试验，曾试射缴获的德制V2飞弹，此后在1948年测试射击了"天狮星"巡航导弹。1949年，"中途岛"号被用于展示舰载北美AJ"野蛮人"轰炸机——该机可以挂载核弹。1952年5月26日至29日，海军航空测试中心的飞行员和大西洋舰队的飞行员在"中途岛"号上驾驶喷气式飞机和涡轮螺旋桨飞机测试了斜角飞行甲板，并证明了这种甲板的可行性。1952年10月1日，"中途岛"号的舷号前缀由CVB更改为CVA，表示它成为"攻击型"航空母舰。截至1955年，作为北大西洋公约组织演习的一部分，"中途岛"号共在大西洋和地中海进行了7次巡航。

在北大西洋公约组织的服役

　　1954年12月至1955年1月，"中途岛"号进行了一次环球巡航，从1955年6月底至1957年10月期间，该舰在普吉特海湾进行了重大改造。在SBC-110项目中，"中途岛"号的外观有了巨

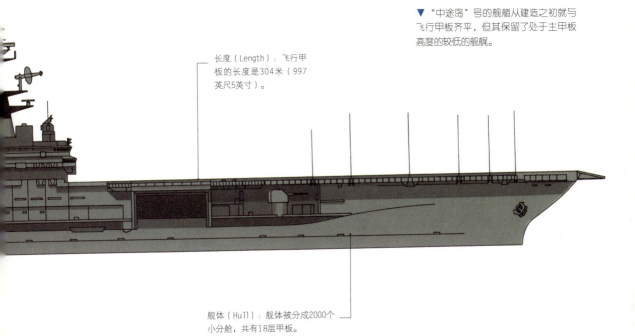

▼ "中途岛"号的舰艏从建造之初就与飞行甲板齐平，但其保留了处于主甲板高度的较低的舰舷。

长度（Length）：飞行甲板的长度是304米（997英尺5英寸）。

舰体（Hull）：舰体被分成2000个小分舱，共有18层甲板。

大的改变。首先安装了斜角飞行甲板，舰艏重新加高至飞行甲板高度。艉部的升降机被拆除，转而在甲板右侧边缘安装一部升降机。液压弹射器也换成了蒸汽式的。为了弥补这些变化增加的重量，某些部位的装甲带被取消了。

从1957年11月开始，"中途岛"号一直在太平洋和印度洋服役。1965年，该舰被部署到越南战区服役，负责对北越实施空中打击，其舰载机共计击落3架米格喷气式飞机，但自身也损失了11架。1966年4月至1970年1月，"中途岛"号又在加利福尼亚州的亨特角进行了第二次影响深远的升级改造——SCB 101.66项目。此时，"福莱斯特"级航空母舰已经开始服役了，"中途岛"号的甲板空间进一步扩大以保证搭载未来的舰载机。

1971年，"中途岛"号返回越南。1973年10月，"中途岛"号被部署到位于日本的横须贺海军基地，由于该舰搭载有核武器，因此该部署决定一直存在争议。在横须贺的17年间，"中途岛"号多次返回越南沿岸执行任务。随着越南战争的终结，"中途岛"号在"常风行动"充当了美国空军直升机的基地，负责转移美国士兵和南越难民，1975年4月30日，该舰搭载大约3000人启程离开。

20世纪80年代的大部分时间，"中途岛"号都在太平洋舰队中服役。由于在高海况航行时有倾翻的风险，1986年在横须贺的改造中拆除了转向装置周围的装甲带，并在舰体周围安装了92个中空钢制"气泡"以增加干舷宽度。这降低了倾翻的风险，但加剧了舰身的横摇，使得飞机在风浪中着舰极其困难甚至不可能。1990年6月20日，"中途岛"号停在日本沿岸，紧急设备储藏室的爆炸和火灾导致3名损管"机动小组"人员死亡。这没有妨碍"中途岛"号当年11月的

1946年3月，"霜冻"行动——一次北极圈
巡航行动，"中途岛"号航行于散乱的浮冰
之中。甲板上停放的是SB2C"地狱俯冲者"
和F4U–4"海盗"战斗机。

最后一次航行，当时在伊拉克入侵科威特之后，该舰作为"沙漠风暴"行动海军作战的旗舰，从北阿拉伯海出动了3000多架次作战任务。回到太平洋后，"中途岛"号也参与了一些营救行动，如1991年6月，菲律宾群岛的皮纳图博火山爆发后，该舰参与营救了克拉克空军基地的平民和美国军事人员。

"中途岛"号于1992年4月11日退役，最终于1997年3月17日从海军舰籍簿上除名，目前该舰保存在加利福尼亚圣地亚哥的博物馆中。

▶1963年的"中途岛"号，图中可看到斜角飞行甲板以及新一代海军喷气式飞机。

在制品

　　"中途岛"号是所有航空母舰中改动最多的型号，以满足重型喷气式飞机提出的越来越多的要求。甲板的加固、新型蒸汽式弹射器、新的阻拦索、尾流导流板，以及加固式升降机都是为此而加装的。两次重大改装完全改变了舰船的外观，第一次安装了斜角飞行甲板，第二次扩大了甲板的空间。到1963年时，其大部分舰载武器装备都过时了，到1990年时，该舰装备了两座8联装"海麻雀"导弹发射器和2套"密集阵"近防系统（Phalanx CIWS），最终满载时的排水量达到71120公吨（70000吨）。

▲2005年7月，水手和海军陆战队员在离港时站坡道别，他们将乘坐"塔拉瓦"号两栖攻击舰离开港口前往西太平洋。

AIRCRA

AN ILLUSTRA

第二部
1945年之后的航空母舰

　　第二次世界大战之后，航空母舰继续发挥着重要的战略作用，随着战列舰和战列巡洋舰时代的过去，航空母舰成为主要的主力战舰。喷气式飞机的出现拓展了航空母舰的打击范围和作战能力。自1961年起，航空母舰变得越来越大，有些还采用了核动力。直升机成为舰载机力量的一部分，20世纪60年代，垂直起降喷气式飞机的发展促进了更小型航空母舰的发展，这种航空母舰功能更多样化，并能参与两栖行动。根据所使用的构型，航空母舰可以被分类为：弹射起飞/拦阻降落（CATOBAR）；短距起飞/垂直降落（STOVL）；短距起飞/拦阻回收（STOBAR）这几大类。

1951

英国皇家海军
"鹰"号（HMS Eagle）

作为英国皇家海军最大的航空母舰，在决定放弃舰队航空母舰之前，"鹰"号一直在英国和北大西洋公约组织海军行动中扮演了重要角色。

　　"鹰"号拥有一段漫长的酝酿期。"鹰"号于1942年10月24日在贝尔法斯特的哈兰德和沃尔夫船厂安放龙骨，但直到1946年3月19日才下水，几乎比欧洲胜利日晚了一年，随后直到1951年10月5日才开始服役。该级大型航空母舰原本计划建造4艘，首舰最初被命名为"大胆"号，但随后"大胆"号的舰名被转给了第3艘，第二次世界大战结束后，第3和第4号舰的建造被取消。继"鹰"号之后，第2艘完工的是"皇家方舟"号。在漫长的装配过程中，该级舰对大量细节都进行了升级，但斜角飞行甲板出现时该舰已经完成舾装，在20世纪50年代中后期没有进行改装之前，"鹰"号从某种意义而言是一艘旧式的航空母舰。

　　在皇家海军最终敲定的设计方案中，机库是四周被装甲包围的盒状结构，位于25毫米（1英寸）至100毫米（4英寸）厚的飞行甲板下方，侧舷装甲厚度为25毫米（1英寸）。水线处有100毫米（4英寸）厚的装甲。"鹰"号在双联炮塔中安装了16门114毫米（4.5英寸）火炮，外加61门40毫米（1.57英寸）火炮，40毫米火炮分别安装在8座6联装炮塔，2座双联炮塔和9门单装炮。"鹰"号的动力系统包括8座三鼓锅炉，通过4台齿轮减速蒸汽轮机提供动力为4根传动轴。载机量为60架（1964年之前），舰艇装有2部液压弹射器。

1951年10月，"鹰"号加入本土舰队。1953年3月，"鹰"号搭载了第一支实战的"海鹰"战斗机中队——第806中队。这些飞机在20世纪60年代以前构成了英军舰载航空兵的主要进攻力量。此后，海军喷气式飞机越来越重，速度也越来越快，很显然"鹰"号也需要进一步升级改造以适应新的变化。其姊妹舰"皇家方舟"号于1955年开始服役，该舰在下水前安装了斜角飞行甲板，1954年至1955年期间，"鹰"号安装了"简易斜角甲板"，与中心线形成5.5°夹角，同时加装了光学助降镜。

1956年夏季，埃及政府宣布苏伊士运河国有化，11月5日，英国和法国，配合以色列发动登陆，占领了运河区。"鹰"号是英国皇家海军在地中海唯一的航空母舰，该舰当时搭载有17架"海毒液"FAW-21战斗机、24架"海鹰"FGA-6战斗机、9架韦斯特兰"飞龙"S-4攻击机和4架道格拉斯"天袭者"AEW-1预警机，以及2架韦斯特兰"旋风"HAR-3直升机。美国海军"珊瑚海"号和"伦道夫"号搭载的美国海军飞机的到场（并没有参与军事行动）是一个复杂的问题，但英军航空母舰舰载机建立了绝对的空中优势，这也证明了航空母舰在近海支援己方部队登陆方面的价值。

1959年至1964年期间，"鹰"号在德文波特海军船厂进行了大范围的升级改造，但进一步加宽舰体和安装更强大发动机的计划没有实现。舰岛进行了重建，斜角飞行甲板的角度扩大到

性能规格

尺寸：长247.4米（811英尺10英寸）；
　　　宽34.4米（112英尺9英寸）；吃
　　　水10.13米（33英尺3英寸）

排水量：标准37400公吨（36800吨）；
　　　　满载47000公吨（46000吨）

推进装置：8座锅炉，4台齿轮减速蒸汽轮
　　　　　机，4根传动轴；功率113000
　　　　　千瓦（152000轴马力）

速度：31节（57千米/时；36英里/时）

续航能力：可以18节（33.3千米/时；
　　　　　20.7英里/时）的速度航行
　　　　　7000海里（13000千米；
　　　　　8050英里）

武器装备：16门114毫米（4.5英寸）火
　　　　　炮，61门40毫米防空炮

载机量：60架

乘员：2500人

▼安装斜角飞行甲板之前的"鹰"号。

武器装备（Armament）：114毫米（4.5
英寸）高平两用炮炮塔安装在舷侧突出平
台上以保证不超过飞行甲板平面的高度。

飞行甲板（Flight Deck）：
安装8.5°斜角甲板和光学助
降镜之前的结构配置。

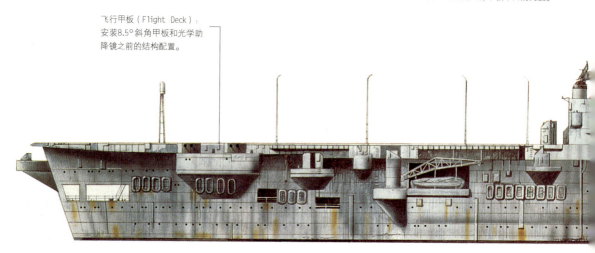

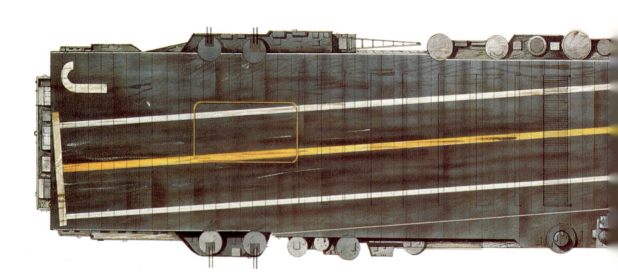

▼ "鹰"号独特的舰艏及舰岛使其外表看起来非常庞大。

"海毒液"（Sea Venom）：
德哈维兰"海毒液"是1951
年服役的全天候喷气式截击
机，并一直服役到1970年。

8.5°，飞行甲板装甲增加至63毫米（2.5英寸）。舰上安装了新型的984型三坐标雷达。液压弹射器被更强大的BS5蒸汽弹射器所取代，此外还安装了新型阻拦索。乘员舱安装了空调，电力系统进行了彻底检修，计划使用交流发电作为对直流电路的补充：当然这是一个理想的解决方案，但海军部要求控制改造的成本——即便没有进行电力系统更换，最终也达到3100万英镑。

安装在前部的8门114毫米（4.5英寸）火炮被拆除了，转而装上了6座"海猫"舰空导弹发射器。这些变化导致标准排水量增加了大约7112公吨（7000吨），从而影响到了舰船的速度。1966年至1967年，"鹰"号又进行了进一步的改装，包括将最常使用的第三根阻拦索换为改进后的DAX II型。

服役生涯的结束

从20世纪60年代中期开始，"鹰"号的处境每况愈下，这也反映了英国皇家海军航母力量的衰落。"鹰"号无法搭载美国建造的"鬼怪"FG1飞机，这既因为其喷气导流器耐热性不足，同时也因为英国政府认为两艘舰队航空母舰超出了国家经济承受能力。1970年至1971年，"鹰"号在进入普利茅斯海湾时螺旋桨损坏。"鹰"号于1972年1月退役。其最后搭载的飞机是第800中队的14架S.2"掠夺者"攻击机，第899中队的16架FAW.2"海雌狐"截击机（第899中队也是英国皇家海军最后一支"海雌狐"中队），第849中队的4架"塘鹅"AEW.3预警机和1架"塘鹅"COD.4联络机，外加第826中队的5架HAS.1"海王"直升机。此后"鹰"号虽名义上进入预备役，但实际上所有可重复使用的零部件都转移到了仍在服役的"皇家方舟"号，用作备用件。1978年10月，"鹰"号从德文波特拖到苏格兰凯安雷恩进行了拆解。仅仅两年后，"皇家方舟"号也被拆解。

▶ 1971年8月，在访问新西兰惠灵顿期间，该舰舰员沿着两舷站坡致意。

突出贡献

　　英国皇家海军的海军航空兵对航空母舰在喷气机时代的作战做出了3次意义重大的改进。"鹰"号和"皇家方舟"号率先加装斜角飞行甲板，并减少了阻拦索的数量，停机区域的防撞护栏也被拆除，停机区域进一步扩大，从而便于安全地实施触舰复飞。斜角飞行甲板突出的边缘使得舰船成为一个不规则形状的浮动平台，从而要求操舰更加小心，特别是在运河和船坞区域。"鹰"号还引入了蒸汽式弹射器，工作压强为24.6千克力/平方厘米（350磅力/平方英寸），光学助降镜是一组陀螺仪稳定的透镜组，飞行员在着舰进近时可以看到一组灯光，从而发现自己着舰航迹的误差。光学助降镜安装在甲板边缘伸出3.4米（12英尺）的一个大型坚固平台上。

▶20世纪60年代晚期，全速前进的"鹰"号。飞行甲板上停着的是超级马林"弯刀"战斗机和费尔雷"塘鹅"反潜机。

1955

美国海军
"福莱斯特"号（USS Forrestal）

"福莱斯特"号引入了超级航空母舰的概念，该舰是该级别航空母舰的首舰，同时也是美国最后一级常规动力航空母舰。

　　"福莱斯特"号的名字来自前海军部长、时任国防部长詹姆斯·V. 福莱斯特（1949年去世），该舰龙骨于1952年7月14日在纽波特纽斯铺设，1954年12月11日下水，1955年10月1日开始服役，舷号CVA-59。"福莱斯特"号总造价为21700万美元。就满载排水量而言，"福莱斯特"号超过了已经沉没的"信浓"号，成为当时最大的航空母舰。"福莱斯特"号也是第一艘专门搭载喷气式飞机的航空母舰，其中包括P2V"海王星"巡逻轰炸机，该飞机的起降需要比"中途岛"级更大的航空母舰，"福莱斯特"号是该级别航空母舰的首舰，其他姊妹舰还

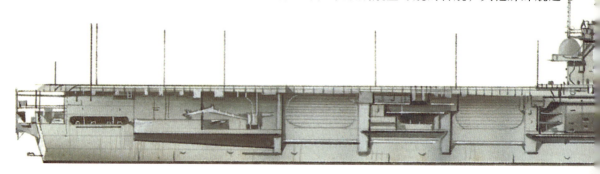

包括"萨拉加托"号（CVA-60），"突击者"号（CVA-61）和"独立"号（CVA-62）。10米（32英尺）比例模型曾在华盛顿的大卫·泰勒船模试验水池进行过试验，以改进舰体的设计，并保持必要的平衡力以保证68900公吨（70000吨）的舰船保持平稳。

在最初的计划中，舰船采用可升降的舰桥，从而保证舰船顶部的平坦，平甲板的理念随后被放弃了，转而采用了巨大的舰岛结构，布置有导航舰桥，飞行指挥所，以及为大量传感器和通信设备留下的操作空间。这些舱室都极其需要空调，同时船上的所有乘员舱都安装了空调。飞行甲板装备了装甲，与"中途岛"号不同，"福莱斯特"号的飞行甲板是舰体结构的一部分，而美国海军后来的航空母舰都采用了这种形式。

"福莱斯特"号是美国第一艘安装成角度飞行甲板和光学助降系统的航空母舰，舰船在建造过程中也做出了一些变化。飞行甲板共安装了4台飞机升降机，3台安装在右舷甲板边缘，1台安装在左舷边缘，而"福莱斯特"号也成为第一艘没有在中轴线安装升降机的航空母舰。舰上还安装了4台弹射器，2座在舰艏，2座在左舷斜角飞行甲板前方，外加4根阻拦索。机库甲板没有装甲。通常情况下，"福莱斯特"号搭载75架飞机，但其最大载机量为85架，其尺寸和强度可以搭载重型轰炸机，如装备活塞发动机的P2V-3C"海王星"战斗机和装备涡轮喷气发动机

性能规格

尺寸：长326.14米（1070英尺）；宽39.6米（130英尺）；吃水11.3米（37英尺）

排水量：标准60610公吨（59650吨）；满载82402公吨（81101吨）

推进装置：8座B&W锅炉，4台西屋齿轮减速蒸汽轮机，4根传动轴；功率190000千瓦（280000轴马力）

速度：33节（61千米/时；38英里/时）

续航能力：7995海里（14806千米；9200英里）

武器装备：8门127毫米54倍径Mk 42火炮

载机量：85架

舰员：5540人

▼1979年的"福莱斯特"号。

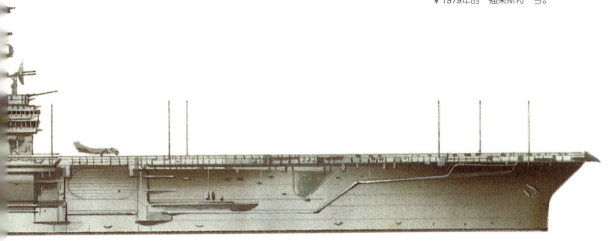

▼1955年的"福莱斯特"号。"福莱斯特"号是第一艘专门用于搭载喷气式飞机的航空母舰，该舰共计完成了21次成功的作战部署。

方向舵（Rudders）：最初"福莱斯特"号有3个方向舵。后来发现中央方向舵不是必须的，于是被焊死到龙骨上。

雷达天线（Radar Antennas）：最初的设计方案中没有舰岛，但舰体的设计是一样的。雷达天线计划安装在可升缩的桅杆上。

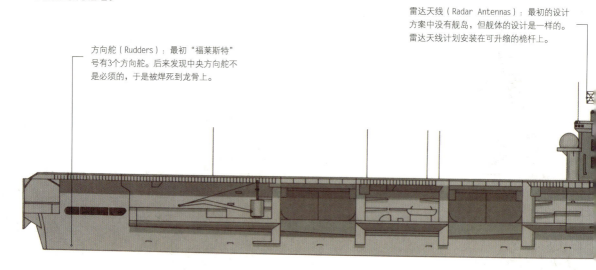

的AJ-1"野人"攻击机。"福莱斯特"号最初的武器装备包括8门127毫米（5英寸）54倍径Mk 42型火炮。这些火炮后来都被拆除了，转而换成3座Mk 29"海麻雀"导弹发射器和3套20毫米Mk 15"密集阵"近防武器系统。"福莱斯特"号的母港在弗吉尼亚州的诺福克，作为首舰，该舰率先进行了舰员训练，因为作为比前期所有航空母舰更大、装备更多的航空母舰，舰员训练显得尤为重要。1956年下半年，"福莱斯特"号被部署到地中海，在苏伊士危机中进入警戒状态，直到1966年，它才进入大西洋的第2舰队或地中海的第7舰队服役。在大西洋上，"福莱斯特"号担任海军少将威廉·埃利斯的旗舰，1962年2月，作为水星计划的救援部队的一部分，"福莱斯特"号成功救起了航天员约翰·格伦——第一位完成绕地球轨道飞行的美国人。

作战任务

1967年6月，"福莱斯特"号被部署到越南，但仅参与了4天半的作战任务，7月29日，该舰遭遇了自第二次世界大战以后美军水面舰艇遇到的最严重意外事故。1架F-4"鬼怪"战斗机误射的"祖尼"火箭意外地命中了1架载弹的A-4"天鹰"攻击机。由此带来的连环爆炸和火灾导致飞行甲板被烧穿，火势和爆炸迅速蔓延到整个底部甲板。当时，"福莱斯特"号正停泊在越南沿岸的"洋基站"，舰载机正在起飞。在附近船只的帮助下，飞行甲板上的火迅速被扑灭，但抢险队员在舰体内奋战了24个小时才完全扑灭火焰。这次事故导致134名舰员死亡。

经过临时修理之后，"福莱斯特"号依靠自身的动力返回母港——弗吉尼亚州诺福克进行全面修理，而这直至1968年4月8日才完成。"福莱斯特"号共计遭遇3次火灾，其中1次在1972年7月，2次在1978年4月。1968年至1986年，"福莱斯特"号共计前往地中海12次，但也在北海

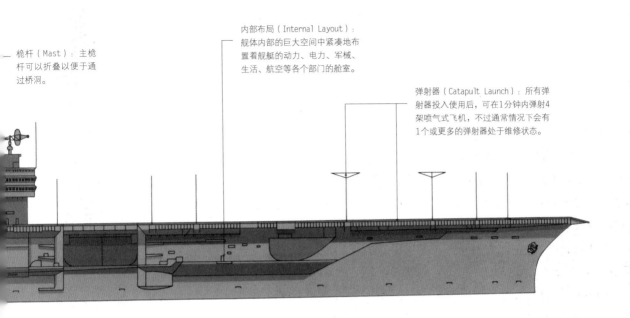

桅杆（Mast）：主桅杆可以折叠以便于通过桥洞。

内部布局（Internal Layout）：舰体内部的巨大空间中紧凑地布置着舰艇的动力、电力、军械、生活、航空等各个部门的舱室。

弹射器（Catapult Launch）：所有弹射器投入使用后，可在1分钟内弹射4架喷气式飞机，不过通常情况下会有1个或更多的弹射器处于维修状态。

和亚北极区活动（1978年）。1981年3月，在叙利亚和以色列导弹危机期间，"福莱斯特"号的舰载机完成了拦截和作战任务，击落了2架利比亚飞机，此前"尼米兹"号的舰载机也发起过进攻。

1975年6月30日，"福莱斯特"号舷号改为CV-59，标志着该舰从一线攻击型舰艇转变为支援航空母舰。1976年7月4日，作为美国建国200周年庆典的一部分，"福莱斯特"号在纽约港的高桅横帆船检阅式中担任了检阅舰。1983年1月至1985年5月20日，"福莱斯特"号完成了价值5.5亿美元的升级项目，以将其服役寿命延长20年。

虽然没有再次参与武装行动，"福莱斯特"号一直参与了北大西洋公约组织和其他美国海军的演习，截至1990年，该舰共计完成20次重大部署。其最后一次任务是在1991年5月30日，主要是舰载机在伊拉克上空提供空中支援和收集情报，帮助维持伊拉克北部的"禁飞区"，并最终于12月23日返回美国。1992年2月5日，"福莱斯特"号到达弗罗里达州彭萨科拉的新基地，并在那里被重新划分为训练航空母舰AVT-59。为了满足训练要求，该舰被送到费城海军船厂进行了一次改装，但项目进行到一半时由于预算削减而中断了，美国海军也不打算继续保留训练航空母舰。

"福莱斯特"号于1993年9月11日退役并拆除了武器，虽然从在役舰船名单上移除了，该舰在罗德岛州纽波特海军基地一直停留到2010年6月。曾有人试图将该舰送往博物馆，但最终没有筹集到足够的资金，最终于2013年10月报废。其他3艘姊妹舰——"萨拉加托"号、"突击者"号和"独立"号分别在2014年至2016年期间报废。

1967年8月，随着美国逐步被拖入越南战争中，"福莱斯特"号开始在菲律宾群岛沿岸巡航。

"大力神"着舰

1963年10月30日，一架装备4台发动机的KC130F"大力神"加油机在"福莱斯特"号的甲板上着舰，这也成为在航空母舰上着舰的最大、最重型飞机。当时"大力神"飞机由詹姆斯·H.福莱利中尉驾驶，这也是一系列测试着舰和起飞的开端，后续"大力神"飞机在不同载荷、不同海况条件、不同风力条件下开展了起降测试，其中飞机加货物最大重量曾达到55公吨（54吨）。测试目的是为了确定飞机能够携带11.3公吨（11.1吨）的货物飞行4000千米（2500英里），并在海上的航空母舰上着舰，着舰方式包括触舰复飞（接触甲板后迅速再次起飞）以及在不借助阻拦索的情况下全停着舰，此外测试还进行了21次无助力起飞。测试结果表明上述情况都有可能实现，不过最终采用的是更小型飞机来完成此类运输任务。

◀20世纪70年代的某个时候，"福莱斯特"号在测试或部署中进行急转弯。

1959

英国皇家海军
"竞技神"号（HMS Hermes）/
印度海军"维拉特"号（INS Viraat）

"竞技神"号于1959年至1984年期间在英国皇家海军服役，在1982年的马岛战争中，"竞技神"号作为英国海军部队的旗舰赢得巨大声望。此后它又在印度海军开启第二段服役生涯，并一直服役到2006年。

"海鹞"战斗机（Sea Harrier）："海鹞"战斗机在1980年至2006年期间在海军航空兵部队中服役。马岛战争期间，"海鹞"战斗机共计击落20架阿根廷飞机。

船上的娱乐（On-board Entertainment）："竞技神"号可能是唯一在机库中开展马戏表演的航空母舰（1961年10月）。1976年3月，"竞技神"号内部进行了一场赛马。

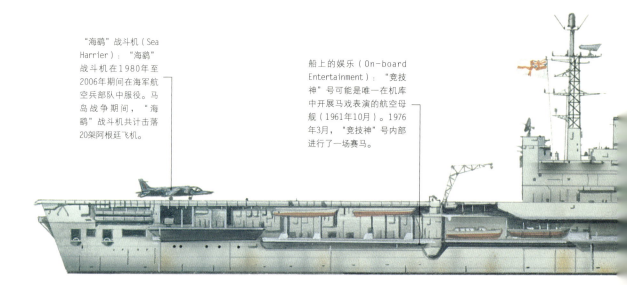

1943年，按照计划，英国皇家海军提出建造8艘轻型舰队航空母舰。不过到战争结束时无一完成，其中4艘被立即取消了。另外4艘在船坞中停留了多年。按照计划1954年下水的第1艘是"半人马"号，该级舰的首舰。"竞技神"号是最后1艘，该舰原本计划命名为"大象"号，但为了纪念1942年在太平洋沉没的"竞技神"号而改用了后者的名字。

"大象"号于1944年6月21日在坎布里亚郡巴罗弗内斯的维克斯—阿姆斯特朗船厂铺设龙骨。1945年年中，在舰体建造到中层甲板并开始安装主要的内部舱壁时，接到命令停止全部建造工作，所有钢制品都涂上了油料以避免锈蚀。1949年，建造工作重新启动，舰船最终于1953年2月16日下水。此后又过了3年才开始舾装，但这3年是世界范围内航空母舰发展重要的3年，斜角飞行甲板、光学助降系统、制导导弹以及喷气式攻击机相继出现。

已有的舰体必须进行大量的加固和改造才能安装斜角飞行甲板，重型的蒸汽式弹射器，以及在甲板左舷边缘上安装升降机。舰岛进行了重建，桅杆改为塔状桅，其上安装了一部28吨的984型全向搜索雷达天线。动力系统包括4座三鼓

性能规格

尺寸：长225.2米（738英尺10英寸）；宽27.4米（90英尺）；吃水8.5米（27英尺11英寸）

排水量：标准23000公吨（22638吨）；满载28000公吨（27559吨）

推进装置：4座三鼓锅炉，2台帕森斯SR齿轮减速蒸汽轮机，2根传动轴；功率57000千瓦（76000轴马力）

速度：28节（51千米/时；32英里/时）

续航能力：可以18节（33.3千米/时；20.7英里/时）的速度航行7000海里（13000千米；8050英里）

武器装备：10门40毫米博福斯防空炮

载机量：30架

乘员：2100人

雷达（Radar）：20世纪70年代，965式对空搜索雷达取代了大型的984型雷达。

密封措施（Contamination Measures）："竞技神"号是英国第一艘在设计时就具备全封闭式住舱的航空母舰，在发生放射性污染事件时，其内部舱室，包括锅炉室和涡轮机舱可以立即封闭并远程控制。

直升机（Helicopters）："竞技神"号也搭载韦斯特兰"海王"反潜直升机。

▼ 1980年之后的"竞技神"号轮廓图，图中可看到舰艉的斜坡和现代化的雷达系统。

1966年3月，经过2年的改装后，"竞技神"号在苏格兰莫瑞海湾进行检查性试航。

▲ "海鹞" FRS Mk 1。1981年至2006年期间，霍克·西德利（后来的英国宇航公司）研制的这款单座V/STOL多用途战斗机在英国皇家海军航空兵部队服役。

锅炉，2台高压和2台低压涡轮机，通过2根传动轴带动机械系统运转。每组锅炉或涡轮机都成对使用以保证各组之间独立运转。乘员舱条件也远比以前的皇家海军舰船好很多，不过仅有作战舱室装有空调。

最初安装的114毫米（4.5英寸）火炮，大部分40毫米博福斯火炮，以及所有的20毫米厄利康火炮都被拆除了，取而代之的是防空导弹发射器。更复杂的新型装备意味着乘员数量从1500人剧增到2100人。该舰为喷气式飞机、活塞式飞机以及舰船本身所用燃料设计了独立燃料舱。电力系统由直流电改为交流电，并由2台1000千瓦（1341马力）的涡轮发电机和2台360千瓦（482马力）的柴油发电机提供电力。

1959年至1961年期间，"竞技神"号搭载第890中队的德·哈维兰"海雌狐"战斗机和第803中队的超级马林"弯刀"战斗机，7架布莱克本"掠夺者"轰炸机，5架费尔雷"塘鹅"涡轮螺旋桨反潜机，以及6架韦斯特兰"海王"直升机。在南大西洋战争中，该舰的舰载机力量包括12架"海鹞"FRS1战斗机和18架"海王"直升机。

1959年5月，尚未完成舾装的"竞技神"号，"竞技神"号从巴罗启程前往南安普敦，并在返回巴罗完成装配之前进行了海上试航。最终的造价大约为1900万英镑，并于1959年11月25日正式服役，随即就在地中海进行了试航。1960年11月7日至1961年4月19日，"竞技神"号途径地中海和苏伊士运河巡航至中国香港。1961年9月11日至1962年4月24日进行一次改造之后，该舰又再次进入地中海服役并又去了一次中国香港。在巡航期间，该舰在新加坡船厂安装了新的螺旋桨。1963年年底，"竞技神"号在德文波特进行了为期2年的改造，1966年3月28日再次开始服役，此时英国皇家海军正在缩减航母力量，因此提出将其卖给澳大利亚海军，但后者没有接受。重修后的"竞技神"号又进行了多次巡航，主要在澳大利亚和南非及两地之间的地方，直至1970年6月停止巡航。

角色的转变

1970年6月至1973年4月，"竞技神"号在德文波特改装成了直升机母舰，共耗费1500万英镑，拆除了弹射器、阻拦索和航空管制雷达。1976年，它再次改装成1艘反潜支援舰船，因为当时北大西洋公约组织和苏联的潜艇在大西洋上相互追逐，1980年3月20日至1981年5月12日，它再次进行改装，在左舷前甲板上安装了12°的助飞斜坡，从而使其可以搭载短距离起飞的"海鹞"喷气式战斗机。1982年4月，"竞技神"号——一度是英国皇家海军最大的舰船——计划退役，而没有在4月2日的南大西洋战争中充当英国海军部队的旗舰。"竞技神"号对阿根廷的地面部队发起了空中打击，并参与维持岛屿附近的禁区，同时为沉没或受损舰船的舰员提供医疗和住宿场所。

南大西洋战争之后的2年里，"竞技神"号一直处于在役状态，1984年2月之后进入预备役。1985年，该舰从海军在役舰船名册中除名。澳大利亚第二次拒绝购买后，印度海军在1986年4月19日对其进行大幅改造后接收了它，并将其重命名为"维拉特"号。1999年至2001年期间的又一次现代化升级后，"维拉特"号的服役寿命又延长了15年，升级内容包括推进系统的改进，新型通信设备，远程监测雷达，升降机和机库防火幕的改进。除了搭载"海鹞"战斗机，2003年至2004年期间，该舰还装备了"巴拉克"舰对空导弹。

蒸汽式弹射器

蒸汽式弹射器的动力来自舰船的锅炉（或反应堆），它将蒸汽吸入甲板下方的加速器/接收器管道，通过一个梭子与飞机相连，另外还配有发射阀和水力闸。蒸汽随后进入一个加压的接收器之中，其中已经充满了热水，整个接收器立即充满蒸汽，压强达到31.6千克力/平方厘米（450磅力/平方英寸），温度达到480摄氏度（900华氏度）。蒸汽也可以通过一个发射阀精确地冲进2个汽缸，每个汽缸都包含1个活塞，而发射阀可以根据飞机的重量和所需的起飞速度进行预调。飞机通过一个可脱环与排气推力器件相连。飞机的发动机达到最大马力，压力达到要求时弹射器准备就绪，发射阀打开，活塞向前运动，带动飞机起飞。蒸汽式弹射器的动力几乎是液压气动弹射器的3倍，它能在2秒之内将飞机从静止加速到264千米/时（165英里/时）的速度。

1960

法国海军
"克莱蒙梭"号（Clemenceau）

作为法国的第一艘现代化航空母舰，该舰是戴高乐总统的军事独立政策和推动国家繁荣的重要元素。

"克莱蒙梭"号出现之前，法国海军共有5艘航空母舰，这些第二次世界大战幸存者的存在感极低，到1950年时5艘航空母舰全部过时了。在设计"克莱蒙梭"号及其姊妹舰"福熙"号时，法国还有海外殖民地，也依然维持着殖民帝国的地位。新型国产航空母舰设计方案早在1947年就出现了，但直到1953年没有任何实际举措，随后开始实施的PA54计划对舰船进行了进一步的放大。"克莱蒙梭"号的龙骨于1954年5月在布雷斯特海军造船厂铺设，舰体于1957年12

甲板（Deck）："克莱蒙梭"号的着舰区域面积为165米（543英尺）×29.5米（97英尺），偏离中心轴8.5°。

进场雷达（Approach Radar）：飞机的进场雷达。

月20日下水。该舰的舾装耗费了大约花了3年时间，部分原因是弹射系统的问题。1960年9月19日，"克莱蒙梭"号首次实现飞机着舰，同年11月22日正式开始服役，舷号为R98，母港设在土伦。

该舰舰岛中整合了一个较低的烟囱，其上安装了一个单桅杆。20世纪50年代早期出现的先进的航空母舰设计理念在"克莱蒙梭"号上有所体现。该舰配备了斜角飞行甲板，偏离中心轴8.5°，并在舰艉外边缘安装了1套法国版的光学助降系统（OP3式）。前部安装了1台升降机以弥补右舷的重量，艉部的1台升降机安装在甲板边缘，2台升降机载重均为15公吨。2台米切尔-布朗BS-5 52米（170英尺）蒸汽式弹射器可将12～15公吨的飞机以150节（277.8千米/时；172.6英里/时）的速度射入空中。舰岛正后方右舷位置安装了1台吊车。机库甲板偏向左舷，长度为152米（499英尺），宽度为22米（72英尺）至24米（79英尺），高度为7米（23英尺）。

性能规格

尺寸：长265米（869英尺）；宽51.2米（168英尺）；吃水8.6米（28英尺）

排水量：标准22710公吨（22352吨）；满载32000公吨（31496吨）

推进装置：6座锅炉，4台蒸汽轮机，2根传动轴；功率94000千瓦（126000轴马力）

速度：32节（59千米/时；37英里/时）

续航能力：可以18节（33.3千米/时；20.7英里/时）的速度航行7500海里（13875千米；8625英里）

武器装备：8门100毫米（4英寸）.55口径53式火炮

载机量：38架

舰员：1338人

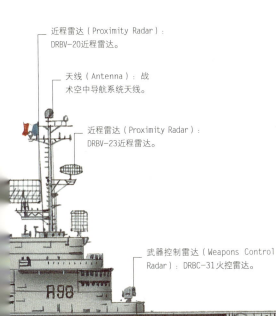

近程雷达（Proximity Radar）：DRBV-20近程雷达。

天线（Antenna）：战术空中导航系统天线。

近程雷达（Proximity Radar）：DRBV-23近程雷达。

武器控制雷达（Weapons Control Radar）：DRBC-31火控雷达。

▼很大程度上代表法国军力的"克莱蒙梭"号在太平洋水域和欧洲水域进行了多次作战部署，大多数是支援法国的行动，以及作为国际维和行动的一部分。

一架F-8E（FN）"十字军战士"喷气式战斗机在
"克莱蒙梭"号的飞行甲板上着舰。"克莱蒙梭"号
共搭载8架"十字军战士"战斗机。"十字军战士"战
斗机是美国最后一款将机关炮作为主武器的战斗机。

动力系统由6座锅炉向4台蒸汽轮机提供蒸汽，通过2根传动轴和2个四叶螺旋桨驱动舰船前进。电力由3台蒸汽涡轮交流发电机和6台MGO V12 SACM柴油交流发电机提供。发动机舱和弹药舱上方装有30毫米（1.2英寸）至50毫米（1.9英寸）厚的盒式保护装甲，飞行甲板装有45毫米（1.7英寸）装甲。"克莱蒙梭"号还安装了先进的雷达和传感器，其中包括DRBV-23B空中预警雷达，DRBV-50低空预警雷达（后来的DRBV-15），安装在雷达天线罩的DRBA-50（后来的DRBA-51）进场雷达，3-D DRB1-10空中预警雷达，DRBN-34和DECCA 1226导航雷达。火控系统包括DRBC-31和后来的DRBC-32指挥仪。

开始服役时，"克莱蒙梭"号的武器装备包括8门100毫米（4英寸）火炮，5挺12.7毫米机枪。1997年左右，4个炮塔被换成2套SACP"响尾蛇"EDIR防空导弹，备弹52枚。"克莱蒙梭"号和"福熙"号主要搭载法制舰载机，但也搭载过进口飞机。20世纪60年代，两舰的舰载机力量包括6架F-8E（FN）战斗机，18架"军旗"IVM战斗轰炸机和8架"信风"反潜机。到1990年时，舰载机变为10架F-8E（FN），16架"超级军旗"，3架"军旗"IVP，7架"信风"机，外加2架"云雀III"直升机。

1962年1月至2月，"克莱蒙梭"号参与了北大西洋公约组织的"大游戏"演习，一同演习的还有美国第6舰队，其中包括"萨拉加托"号和"无畏"号航空母舰，3月至4月，"克莱蒙梭"号又参与了"黎明清风

▶海上的"克莱蒙梭"号。其姊妹舰"福熙"号曾经在巴西海军中服役。

舰载机联队

　　法国达索公司研制的"军旗"攻击机于1962年投入使用，该机在"克莱蒙梭"号上同时被用作攻击机和侦察机，并一直服役到1991年。1978年6月之后，它逐渐被达索–布雷盖"超级军旗"攻击机所取代。在1982年4月至5月的南大西洋战争中，装备法国制造的"飞鱼"反舰导弹的阿根廷陆基"超级军旗"战斗机击沉了英国的"谢菲尔德"号驱逐舰和"大西洋搬运者"号补给船。升级版的"超级军旗"攻击机至今仍在服役。"克莱蒙梭"号还搭载螺旋桨驱动的布雷盖"西北风"反潜机。

　　VII"演习，当时该舰搭载了英国的"塘鹅"和"海雌狐"飞机。常规的演习和例行的巡逻一直持续到1966年1月，此后它回到布列斯特进行了为期一年的彻底检修。

　　1966年，法国脱离北大西洋公约组织，此后法国没有再与美国和英国联合演习，直到20世纪70年代和80年代才偶尔有一些联合行动。"克莱蒙梭"号参与了一些法国前殖民地的演习和训练行动，同时也参与法国海军在全球范围内的大部分行动。1968年，"克莱蒙梭"号进入太平洋的阿尔法舰队，参与法国的热核武器试验，1974年至1977年，它进入印度洋，向前殖民地吉布提提供保护，1975年2月，它还在毛里求斯遭受"热尔维斯"台风后向其提供了援助。

重大改装

　　1977年7月13日至1978年11月22日，"克莱蒙梭"号进行了一次全面检修，翻新了乘员舱，增加了新的控制和指挥中心，舰船进行了相应改装以搭载"超级军旗"攻击机，同时具备了携载核武器能力。1982年至1984年的黎巴嫩内战期间，"克莱蒙梭"号部署到了地中海东部；1987年至1988年的伊朗—伊拉克战争期间，它在阿曼海湾作战，1990年年底，它主要在红海和阿拉伯海活动，防止伊拉克入侵科威特。

▼在法国海军服役的"超级军旗"攻击机。

　　1993年至1996年期间，随着南斯拉夫解体，"克莱蒙梭"号在亚得里亚海的波斯尼亚沿岸活动，与美国的"美国"号和英国的"光辉"号航空母舰一起支援联合国维和部队。

　　这些年间"克莱蒙梭"号又进行了几次改造。1966年的"十字军战士"现代化升级计划中安装了侧舷凸出部，1978年它又具备了辐射条件下作战能力，1985年9月3日至1986年10月31日期间的重大改造中安装了法国"响尾蛇"防空系统，此外还安装了新的发动机，改进了通信设备，最后一组100毫米（4英寸）火炮被2套"响尾蛇"EDIR防空系统所取代。最后一次重大改造是在1994年10月2日至1995年6月28日期间。1997年7月16日，"克莱蒙梭"号完成了最后一次巡航，同年10月，该舰拆卸了所有武器。

　　2003年4月14日，在重重反对下，"克莱蒙梭"号被卖给西班牙。随后"克莱蒙梭"号拥有了一段离奇经历，舰体被拖到印度，但由于石棉和其他有毒物质而被拒绝进入印度。拖回法国水域后，它最终被转移到英格兰哈特尔普尔进行安全拆解，这一过程直到2010年12月31日才结束。其姊妹舰"福煦"号在2000年被卖给巴西海军，经过改装后更名为"圣保罗"号并重新开始服役。2018年11月22日巴西海军宣布该国唯一的航空母舰"圣保罗"号正式退役。

1961

美国海军
"企业"号（USS Enterprise）

"企业"号是世界上第一艘核动力航空母舰，它从1961年一直服役到2006年，成为美国海军中服役时间第三长的水面舰艇，期间共计部署作战24次。

　　1954年，美国国会批准建造核动力航空母舰。"企业"号于1958年2月4日在纽波特纽斯造船厂——众多常规动力航空母舰的摇篮铺设龙骨，1960年9月24日下水，1961年11月25日开始服役，舷号为CVAN-65，意为核动力攻击航空母舰。计划中共有5艘姊妹舰，但"企业"号高昂的造价——4.51亿美元导致该项目被终止，最终仅建造了这1艘。虽然是当时最大的航空母舰，"企业"号的基本设计还是延续了之前常规动力的"小鹰"号航空母舰的布局。

　　"企业"号巨大的表面积使其可以建造正方形的舰岛，而不再采用前期航空母舰常用的长方形舰岛，其上部结构建立在一个狭窄的基座上，一个巨大的单桅杆支撑着2个大型悬臂，布置

舰岛的右侧凸出舰台的长度占到了全长的60%。舰岛的设计受到复杂的SCANFAR相控阵雷达系统的影响。装甲带由203毫米（8英寸）厚铝制装甲构成，飞行甲板、机库、弹药舱以及反应堆舱都具备装甲防护，同时采用了双层舰体结构以防御鱼雷的攻击。甲板边缘安装了4台升降机，3台在右舷，1台在左舷。推进装置包括8台西屋A2W核反应堆，每组2座反应堆通过1台西屋齿轮减速式蒸汽轮机为1根传动轴提供动力，全舰共4根传动轴。独特的是，"企业"号拥有4个方向舵。

在试验中，"企业"号的速度一度超过40节（74千米/时；46英里/时）。自卫火力计划包括RIM-2"小猎犬"导弹发射器，但在真正服役时，"企业"号的武器装备仅有舰载机。1967年，"企业"号安装了3座RIM-7"海麻雀"导弹发射器。后来还增加了额外的防御装备，包括NSSM"海麻雀"导弹，3套Mk 15"密集阵"近防武器系统，2座21联装RIM-116滚转体导弹发射器，大幅提高了针对反舰巡航导弹的对空防御能力。

"企业"号代表了电子技术和推进系统发展的里程碑。SCANFAR雷达系统包括2种雷达——AN/SPS-32和AN/SPS-33，具备搜索和定位双重功能。作为相控阵雷达——当时最先进的雷达技术的首次尝试，该系统在可靠性和功能性方面都存在问题，同时也需要消耗大量电力。随后的航空母舰中都没有安装这种雷达，到1980年时"企业"号也换下了相控阵雷达。作为第一艘核动力航空母舰，"企业"号不可避免地要经历漫长的测试和训练周期，但它很快就进入实战阶段，1962年2月，它参与了美国第一次载人绕地航天飞行行动，随后被部署到地中海的第6舰队。1962年10月，古巴导弹危机期间，"企业"号加入第135特混舰队，参加对古巴的封锁行动。1964年10月至1965年11月，在纽波特纽斯进行改装并为反应堆补充燃料后，"企业"号

▼北美A-5"民团团员"是一款超音速舰载轰炸机，它在设计时定位于核打击角色，但实际中主要用于侦察，主要集中在1961年至1979年期间服役。

开往加利福尼亚阿拉米达加入第7舰队。作为第3航母分队的旗舰，"企业"号在1965年12月至1967年6月20日期间参与了美国针对越南北方的行动。

现役

1968年1月，"企业"号被部署到朝鲜半岛沿岸，作为第71特混舰队旗舰，当时朝鲜扣押了美国情报收集船"普韦布洛"号，此后在1969年4月，"企业"号又一次参与对峙行动。随后它返回纽波特纽斯进行第二次改装，包括更换新型反应堆芯，可以10年不再补充燃料。此后"企业"号又回到越南沿岸，对沿岸的目标发起打击，直到1973年1月才最终停火，但后来也对老挝进行了一系列轰炸攻击。

1973年至1974年冬季，"企业"号再次进行升级以搭载自1974年3月18日投入使用的格鲁曼F-14"雄猫"战斗机。1975年4月，"企业"号参与美国公民和南越平民撤离西贡的行动。20世纪70年代后期，在西太平洋9次部署之后，"企业"号从1979年1月开始在普吉特湾海军船厂进行了为期3年的改装。大型的SCANFAR雷达被拆除，重建了舰岛，桅杆也被更换，船体前部两侧安装了额外的舷台以承载升级的防御系统，Mk-29 RIM-7"海麻雀"导弹系统替换了BPDM（点防御导弹系统）。承载电子对抗设备的圆顶被拆除，SPS-48/49雷达取代了老旧的SPS-32/33雷达。

1982年至1986年早期，"企业"号被部署到太平洋，1986年4月，该舰转移到地中海，参与美国对利比亚的军事行动，此后它一直留在中东水域，并在1988年春季对伊朗实施了打击。返回阿拉米达之后，"企业"号开始了它的第14次部署，环航全球以到达其新的母港——诺福克军港，然后1990年4月至1994年9月27日期间在纽波特纽斯进行重大全面检修。1996年6月至

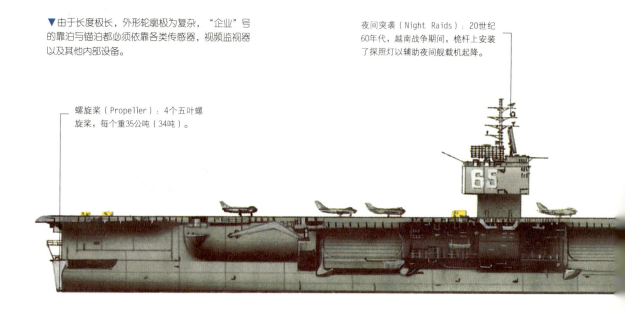

▼由于长度极长，外形轮廓极为复杂，"企业"号的靠泊与锚泊都必须依靠各类传感器，视频监视器以及其他内部设备。

夜间突袭（Night Raids）：20世纪60年代，越南战争期间，桅杆上安装了探照灯以辅助夜间舰载机起降。

螺旋桨（Propeller）：4个五叶螺旋桨，每个重35公吨（34吨）。

12月，"企业"号再次进入欧洲和中东水域，维持波斯尼亚和伊拉克北部的禁飞区。1997年2月至1998年11月期间，"企业"号没有参与行动，随后在第16次海外部署中，它到了波斯湾，并在"沙漠之狐"行动中充当一个战斗群的旗舰，任务是伊拉克的军事目标。

2001年9月11日，纽约和华盛顿遭受恐怖袭击之后，当时还在波斯湾的"企业"号参与了对阿富汗的基地组织和塔利班组织的导弹和轰炸突袭，随后返回诺福克。下一次作战行动是2003年9月至2004年2月期间支援入侵伊拉克行动，为地面部队提供持续的空中掩护，同时实施轰炸和导弹打击。

到2005年时，"企业"号显示出过时的迹象。新一代的"尼米兹"级航空母舰采用了更复杂更耐用的反应堆，但在2006年和2007年，

性能规格

尺寸：长342米（1123英尺）；宽40.5米（132英尺9英寸）；吃水12米（39英尺）

排水量：标准84626公吨（76515吨）

推进装置：8台西屋A2W反应堆，4台蒸汽轮机，4根传动轴；功率208600千瓦（280000轴马力）

速度：33.6节（62.2千米/时；38.7英里/时）

续航能力：无限

武器装备：2座"海麻雀"导弹发射器，2座RIM–116 RAM发射器，2套20毫米"密集阵"近防武器系统

载机量：90架

舰员：5828人

"企业"号仍然完成了6个月的巡航，包括第二次环球巡航以及2007年6月至12月在波斯湾短暂的执勤。2008年4月，"企业"号进入纽波特纽斯船厂——现在是诺斯罗普格鲁曼公司的一部分，进行了一次全面检修，耗时比预期时间长了8个月，共计耗费66500万美元。这是"企业"号的最后一次改装，同时它的退役计划已经形成。另外2次部署分别在2011年和2012年，2次都

长度（Length）："企业"号是美国海军中最长的航空母舰，达到342.3米（1123英尺）。

吊钩坡道（Briddle-catcher Ramps）："企业"号是美国海军中最后1艘在弹射器末端安装吊钩坡道的航空母舰，坡道延伸至船首之外。

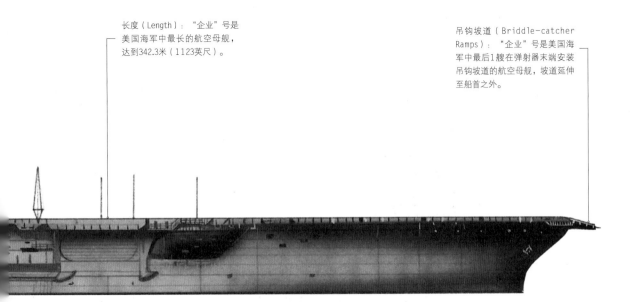

2006年5月2日，"企业"号离
开诺福克海军基地开展预定部署
时，舰员们沿着栏杆列队。

2006年，导弹护卫舰"泰勒"号，快速战斗支援舰"供应"号，以及"企业"号航空母舰保持编队航行，补给船正在给航空母舰补充航空燃料。

服役历史

在其51年的服役历史中，"企业"号总航行里程达到1000000海里（1852000千米；1150779英里）。1964年，"企业"号航空母舰、"长滩"号巡洋舰和"班布里奇"号制导导弹护卫舰一起组成全核动力的第1特混舰队，并完成了"海上轨道"行动——56545千米（30565英里）的环球航行，证明了核动力舰船的无限续航能力。在越南战争的第二阶段，即1967年3月至7月，"企业"号的舰载机在132天里共计起飞13435架次，共计完成13392次战斗任务。在一次改装中，"企业"号的一个33公吨船锚被"阿拉伯罕·林肯"号（CVN-72）继续使用。

在波斯湾区域。在最后一次巡航中，其舰载机对阿富汗的塔利班组织发起了2000多次进攻。与其他所有参与具有风险性的占领行动的航空母舰一样，"企业"号也遭遇过意外，大部分是与飞机着舰有关。巨大的"企业"号曾有两次触礁，但没有造成严重灾难，其中第二次触礁是在1985年11月2日，它在距离圣地亚哥以西161千米（100英里）的地方触礁，舰体外部出现30米（100英尺）的裂缝，其中1个螺旋桨受损。最严重的事故是1969年1月14日在珍珠港发生的，当时1架F-4"鬼怪"喷气式战斗机挂载的1枚Mk-32"祖尼"火箭意外地在舰船上起爆，爆炸导致27名舰员死亡，另有15架飞机被毁。损管队控制住了火势，但整个舰艉区域不得不进行修理和重建，而这项工作直到1969年3月1日才完成。

2012年12月1日，"企业"号在诺福克正式退役。建造它的船厂——当时已成为亨廷顿英格尔斯工业公司收到了抽出存油的合同，2015年5月4日，"企业"号被拖回纽波特纽斯。最终在华盛顿布雷默顿基地进行的拆解可能要延续至21世纪20年代。

1965

英国皇家海军
"无恐"号（HMS Fearless）

"无恐"号是一款经过高度优化的专用两栖登陆舰艇，可以在世界上任何海域部署登陆艇和直升机，它在南大西洋战争中发挥了核心性作用，后来成为一艘训练船。

　　20世纪60年代航母舰队衰落之后，英国皇家海军转而寻找一种比航空母舰更小、更廉价、更通用但依旧具备全球行动能力的舰艇。"无恐"号是英国皇家海军第1艘专用型船坞登陆舰（LPD）。"无恐"号于1962年7月25日在贝尔法斯特郡的哈兰德和沃尔夫造船厂开建，1963年12月19日下水，1965年11月25日开始服役。其姊妹舰"勇猛"号于1967年开始服役。除了舰船自身的作战室之外，它还有两栖行动指挥和控制中心，具备同时指挥陆地、空中和海上战斗的能力。

　　船体内部，甲板前方是车库空间，共分为两层甲板，通过坡道连接，用于存放坦克和其他车辆。船上还设置了医疗站，配备医疗小组。最与众不同的特征是舰艉甲板，其中停放4艘102公吨（100吨）的通用登陆艇（LCU），舰艉的压载舱可放进6100公吨（6000吨）海水，舰艉高度大概降低3米（11英尺），此时舰艉的大门打开，登陆艇就能顺利进入舰体。推进系统安装在2个独立的机舱中，2座巴布科克和威尔科特斯Y24A锅炉通过2台英国电气蒸汽轮机驱动2根传动轴。"无恐"号和"勇猛"号是英国皇家海军最后两艘蒸汽驱动的水面舰船。该级舰的最大速度为21节（38.8千米/时；24.1英里/时），因此称不上快速舰船。4台1000千瓦（1341马力）的阿

起重机（Crane）：SCX特别项目中安装的移动型桥式起重机可举起4.5公吨（4.5吨）的物品。

通用登陆艇（LCU）：南大西洋战争时，通用登陆艇的运载能力已经降低至61公吨（60吨），但在战区使用时这一规定经常被无视。

压载水泵（Ballast Pumps）：4台抽水能力100公吨/小时的蒸汽驱动式压舱水泵可通过进出海水来控制船坞。

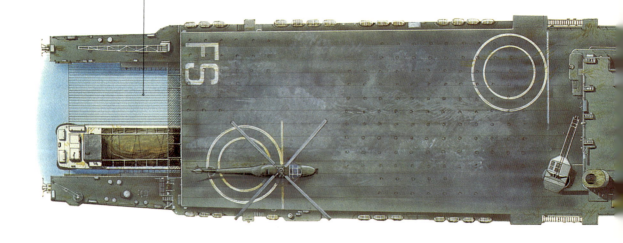

20世纪60年代兴起的多用途突击舰理念也同航空母舰一并得到发展，前者主要着眼于战术部署方面。

烟囱管道（Funnel Ducts）：烟囱的通风管道位于左舷和右舷以保证内部空间达到最大化——这种布局最初出现于车辆渡船。

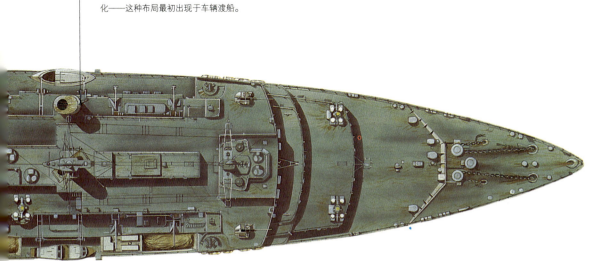

▲20世纪60年代，着眼于战略部署，多用途两栖突击舰艇的概念与航空母舰一起发展起来。

朗涡轮交流发电机，外加4台450千瓦的帕克斯曼柴油发电机为舰船提供电力。

　　该舰的自卫武器包括2门20毫米机关炮和两座20毫米"密集阵"近防武器系统。运兵舱内皇家海军陆战队第4突击营的90名突击队员，需要时可以装载多达700名士兵。舰船还能运输坦克和装甲车辆，以及皇家工兵部队的重型装备。每艘通用登陆艇（LCU）配备7名艇员，可携载1辆57公吨（56吨）的"酋长"坦克，或者多达100名士兵，续航范围达到960千米（600英里）。除此之外，吊艇架上还配有4艘车辆人员登陆艇（LCVP），每艘可运载25名士兵或1辆吉普车大小的车辆。

▲ "无恐"号正前方视角最引人注目的一点可能就是看不到武器装备了，虽然上层建筑中其实装有防御武器。

　　"无恐"号没有指定分配的舰载机，但其飞行甲板上可容纳4架"海王"HC4突击运输或多用途直升机，甲板上共有2个起飞点。如果是更小的直升机，如"小羚羊"直升机，在折叠旋翼桨叶的情况下可以搭载6架。飞行甲板长51米（165英尺），宽23米（75英尺），可以供一些大型直升机起飞，如英国皇家空军的"支奴干"直升机和美国海军陆战队的CH53E直升机。"海王"或"维塞克斯"直升机可携带高达2267千克（5000磅）的负载。"无恐"号没有机库，这就意味着所有维修和保养工作必须在开放的飞行甲板上完成，这在恶劣天气条件或北极环境条件下是充满危险的行为。

部署

　　第一次部署是在当时还属于英国殖民地的亚丁，1966年，"无恐"号被部署到那里开展反恐行动。1986年，"无恐"号在英国与南罗德西亚（现在的津巴布韦）就后者单方面宣布独立问题谈判时充当海上会谈场所。由于两栖行动的复杂性，"无恐"号与其他皇家海军和盟国海军舰船一起持续参与演习和训练项目，同时也为英军的实际军事行动提供支援，其中包括1972年的"机工"行动中向北爱尔兰部署士兵和装甲车辆。该舰还在1977年詹姆斯·邦德的007系列电影《海底城》（*The Spy Who Loved Me*）中出镜。

南大西洋战争中，"无恐"号仓促地装上了一套增强卫星通信系统——在此之前该舰仅有一条舰对岸甚高频（VHF）通信链路——以使其充当两栖作战部队的指挥舰船。南大西洋战争中，"无恐"号在海上连续作战100天。5月27日，其40毫米博福斯高射炮击落了阿根廷的1架美国制造的道格拉斯A-4B攻击机。在这场战役中，其飞行甲板有时也供"鹞"式垂直起降战机使用。6月8日，4艘通用登陆艇中的"狐步4"被1枚炸弹击沉，导致6名海军陆战队员死亡。岛上阿军的投降谈判最初也是在"无恐"号上举行的。1983年9月29日返回本土水域后，"无恐"号意外地在波特兰半岛沿岸与德国货船"格哈特"号相撞，经过快速修复后，当年

性能规格

尺寸：长160米（520英尺）；宽24米（80英尺）；吃水6.4米（21英尺）

排水量：标准12802公吨（12600吨）；满载15138公吨（14900吨）

推进装置：2座B&W Y24A锅炉，2台EE蒸汽轮机，2根传动轴；功率8203千瓦（11000轴马力）

速度：21节（39千米/时；24英里/时）

续航能力：10000海里（18500千米；11500英里）

武器装备：2门BMARC GAM B01 20毫米单装机关炮，2套20毫米"密集阵"近防武器系统

载机量：5架

舰员：580人

10月，该舰又被部署到黎巴嫩，在黎巴嫩内战期间，"无恐"号的登陆艇负责向亲西方派运送装备。

1985年至1988年期间，"无恐"号处于预备役，在德文波特进行了为期2年的改装之后，它于1990年返回在役部队，此次改装中，该舰使用了很多1991年封存的"勇猛"号拆下的部件。2门BMARC 20毫米火炮和2套"密集阵"近防武器系统取代了原始的防空炮。1991年至1995年期间，"无恐"号被达特茅斯的不列颠皇家海军学院用于学生的海上训练。2000年11月，"无恐"号成为一支两栖部队的一部分，并准备派去支援塞拉利昂的联合国部队，但发动机舱的一次火灾迫使该舰转移到马耳他。2001年9月美国遭受恐怖袭击后，200名海军陆战队员登上"无恐"号，准备部署到中东地区。完成最后一次两栖作战演习的部署后，自2002年3月18日起，"无恐"号一直封存在朴茨茅斯，直到2007年被售出，但其2艘"狐步"登陆艇被保存了下来。

两栖突击队

　　英国皇家海军的第一批2艘船坞登陆舰总造价达到2250万英镑，几乎达到1艘新的舰队航空母舰水平。每艘船坞登陆舰搭载一支皇家海军陆战队两栖突击队，每支突击队都包括登陆艇的舰员，负责为突击队控制海滩，以及车辆的登陆和撤退的两栖岸滩小队，以及支援该分队的装甲回收车和两辆道路铺设车。2艘船坞登陆舰都参与了南大西洋战争。2舰最终被2艘新型两栖攻击舰"堡垒"号和"阿尔比恩"号接替，后两者的运输能力差不多，但融入了更先进的技术。

◀1996年5月9日，"无恐"号在北卡罗来纳州沿岸参与一次北大西洋公约组织联合训练演习。

1969

"五月二十五日"号

（**Veinticinco de Mayo**）

"五月二十五日"号航空母舰于1969年进入阿根廷海军服役，在此之前该级舰已经在英国和荷兰海军中服役很长时间了。

飞行甲板（Flight Deck）：
1架法国制造的"军旗"战斗轰炸机停在飞行甲板上。

"五月二十五日"号航空母舰的故事开端于第二次世界大战，作为"1942版轻型舰队航空母舰"之一，该舰由英国军方向位于英格兰别根海特的卡梅尔莱尔德船厂订购，1942年12月3日正式开始建造。1943年12月30日下水，1945年1月17日开始服役，并命名为"庄严"号（HMS Venerable）。1942年设计的第一批8艘航空母舰被称为"巨人"级（Colossus），"庄严"号是其中的第四艘。设计纲要提出了一系列要求：舰船必须快速完成建造，尽可能控制成本，同时也必须足够大和坚固以满足舰队的作战要求。考虑到各种需求的折中，该级舰是一款极其成功的设计方案。舰体没有装甲，并且是对标商船而不是战舰规格建造的，但内部布局有所不同，大量舱壁构成了水密舱。弹药舱还装备了类似防弹盾的保护措施。

性能规格

尺寸：长192米（585英尺2英寸）；宽24.4米（74英尺4英寸）；吃水7.6米（23英尺2英寸）

排水量：标准16146公吨（15892吨）；满载20214公吨（19896吨）

推进装置：4座三鼓锅炉，帕森斯齿轮减速蒸汽轮机，2根传动轴；功率29828千瓦（40000轴马力）

速度：25节（46.25千米/时；28.75英里/时）

续航能力：12000海里（22200千米；13800英里）

武器装备：12门40毫米防空炮

载机量：37架

舰员：1300人

▼图中展示的是1969年的"五月二十五日"号。

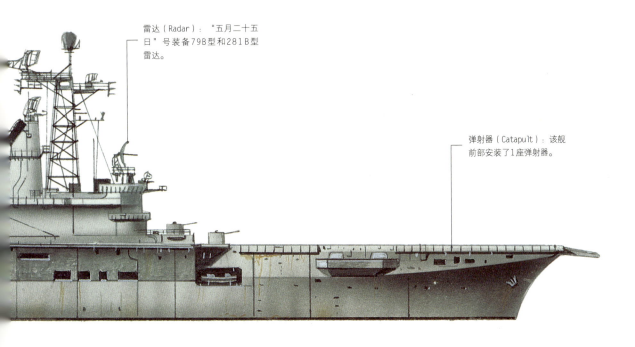

雷达（Radar）："五月二十五日"号装备79B型和281B型雷达。

弹射器（Catapult）：该舰前部安装了1座弹射器。

1982年4月至6月阿根廷和英国战争期间的"五月二十五日"号。

1982年的"五月二十五日"号，甲板上停着的是"天鹰"A-4Q喷气式飞机。

临时的推进系统

"卡雷尔·多尔曼"号创造了一些值得纪念的时刻。1960年，荷兰前殖民地新几内亚向印度尼西亚统治宣布独立，"卡雷尔·多尔曼"号被部署到此区域，但拖船舰员拒绝帮助其进入澳大利亚弗里曼特尔，此时"卡雷尔·多尔曼"号的舰员将飞机链接到飞行甲板上，借助飞机产生的横向推力将舰船开进船坞。舰载机由英国的"海鹰"FGA-6喷气式战斗机和美国的TBM-3S和TBM-3W"复仇者"反潜轰炸机组成。当其在1962年的另一次冲突中再次部署到此区域时，停战协议的签署使其免于被印尼装备的苏制图波列夫TU-16KS-1"獾"式轰炸机攻击。

英国皇家海军"庄严"号

　　该舰由帕森斯齿轮减速蒸汽轮机驱动，蒸汽来自三鼓锅炉，锅炉安装在2个独立的发动机舱中，右舷发动机舱位于左舷发动机舱之前。这套推进系统原本是为巡洋舰设计的，因此"庄严"号的速度仅能达到普通的25节（46.2千米/时；28.7英里/时）。武器装备主要是安装在封闭炮塔中的防空火力，最初包括6座4联装2磅高射炮和16门厄利康20毫米高射炮，但服役之后不久就换成了40毫米博福斯高射炮。"庄严"号最大载机量达到52架，常规的舰载机配置是24架超级马林"海火"战斗机和18架费尔雷"梭鱼"鱼雷轰炸机。船上还装有2台飞机升降机和液压弹射器。

　　虽然在设计时强调要赶在战争期间投入使用，但该级舰并没有来得及赶上第二次世界大战，1945年2月，"巨人"号、"光荣"号、"庄严"号和"复仇"号被编进第11航母中队，并及时部署到太平洋，参与将士兵和战俘运回英国的行动。由于英国海军已经不再需要那么多的航空母舰。1948年，"庄严"号被卖给荷兰皇家海军，再次开始服役时更名为"卡雷尔·多尔

▲荷兰的1架"海怒"战斗机从"卡雷尔·多尔曼"号上起飞。

曼"号（Karel Doorman）：这也是第2艘承袭该舰名的航空母舰，另1艘由英国皇家海军"奈拉纳"号（Nairana）改装的航母曾被命名为"卡尔·多雷曼"，后者在1945年至1948年期间被借给荷兰海军使用。

　　1955年至1958年期间，"庄严"号进行了全面的现代化改造。舰岛进行了重建，烟囱被加长，其烟囱帽也向后移动了一段距离，桅杆被更换，并装上了LW-01和LW-02雷达的多根天线，此外还安装了蒸汽式弹射器，进行了加固，并设置了角度为8°的斜角甲板。这些改变使其可以搭载喷气式飞机，但由于海军飞机尺寸的增大最多只能搭载21架。20世纪60年代中期，"庄严"号又进行了一些改造，成为1艘反潜航空母舰，并代表北大西洋公约组织在北大西洋履行职责，搭载8架格鲁曼S2F"追踪者"反潜机和6架F-28直升机。1968年4月29日锅炉舱的一次火灾造成严重损伤，修理完成后，同年10月它被卖给阿根廷海军，随后阿根廷海军对其进行了改造，其中包括更换新的锅炉，并重命名为"五月二十五日"号（Veinticinco de Mayo）。1969年2月12日，该舰重新开始服役，8月22日正式进入在役部队。

在阿根廷的服役

"五月二十五日"号是自1970年来阿根廷唯一的航空母舰，它最初搭载格鲁曼F9F"黑豹"喷气式战斗机，后来又搭载A-4Q"天鹰"攻击机，格鲁曼S-2双螺旋桨反潜飞机，以及西科斯基SH34直升机。其母港是布宜诺斯艾利斯附近的贝尔格拉诺港海军基地。在1978年12月与智利发生边境冲突期间，作为冲突行动的一个举措，"五月二十五日"号被部署到阿根廷最南端。在1982年的南大西洋战争中，"五月二十五日"号站在了其最早拥有者——英国海军的对立面。该舰支援了4月1日岛屿登陆行动，但实战中的困难，包括过低的速度——最大仅为24节（44.4千米/时；27.6英里/时），使其舰载机几乎无法从飞行甲板上起飞，不得不从陆地基地起飞作战。

虽然是英国核潜艇的首要目标，"贝尔格兰诺将军"号（General Belgrano）巡洋舰被英国皇家海军"征服者"号发射的鱼雷命中后，"五月二十五日"号航空母舰被召回港内，最终在战争中幸存下来。1983年，50年代中期安装的BS-34弹射器进行了升级以适应法国"军旗"攻击机，但由于发动机问题，"五月二十五日"号在接下来的7年间活动有限，最终在1990年进入预备役。此后有人提出了众多现代化升级计划，但都没有实质结果。1997年，"五月二十五日"号正式退役，2000年被拖往印度进行拆解。

1975

美国海军
"尼米兹"号（USS Nimitz）

"尼米兹"号是由十艘核动力超级航空母舰组成的"尼米兹"级航空母舰的首舰，该舰也被认为是美国海军威慑和攻击的核心力量。

　　美国海军的第二代核动力航空母舰计划成形于20世纪60年代，目的是替换7艘"福莱斯特"级和"小鹰"级航空母舰。虽然最大长度略小，舰体宽度相同，"尼米兹"级排水量比"企业"号更大一些，同时也采用核动力，具备无限续航能力，但相比"企业"号也有很多细微改进。"尼米兹"号（CVAN-68）于1968年7月22日在纽波特纽斯开建，1972年5月13日下水，1975年5月3日开始服役，当时是美国海军以及全世界最大的战舰。其总造价达到850000万美元。

　　舰体设计的改变之处包括重新设计的螺旋桨，新型的球状舰艏，两者都大幅提升了舰体前部的浮力，同时减小了前进的阻力。大型舰岛是长方形的，这与"企业"号盒状舰岛有很大不同，由复合材料建造的桅杆高高地矗立在舰岛之上。舰岛和甲板边缘都进行了修圆，以此减少雷达信号特征。武器存储舱和发动机舱装备了64毫米（2.5英寸）厚的凯夫拉装甲。飞行甲板拥有9°的斜角，其上安装了4套Mk 7阻拦索以实现弹射式起飞与阻拦式降落（CATOBAR）。机库甲板上，钢制防火门将此区域分成3个封闭的空间。船上共安装4部蒸汽式弹射器和4台起降机，其中3套在右舷，1套在左舷。2个西屋A4W反应堆通过4台蒸汽涡轮机向4根传动轴提供动力，该反应堆只需在舰船50年的服役生涯中期进行一次燃料补充即可。

武器装备包括2座RIM-116滚转体导弹发射器和2座Mk 29"海麻雀"地空导弹发射器。雷达和传感器包括AN/SPS-48E3-D和AN/SPS-49(V)5 2-D对空搜索雷达、AN/SPQ-9B目标定位雷达、AN/SPN-46和AN/SPN-43航空管制雷达、AN/SPN-41辅助着舰雷达，以及4座Mk 91制导雷达。电子对抗装备包括SLQ-32A(V)4对抗套件和SLQ-25A"水妖"反鱼雷系统。"尼米兹"级航空母舰的载机量达到90架。1991年，其舰载机包括24架"大黄蜂"战斗机、24架"雄猫"战斗机、6架"维京"反潜机、4架"徘徊者"电子战飞机、4架"鹰眼"预警机和15架"入侵者"战斗机。

新的命名

"尼米兹"号于1975年4月12日抵达弗吉尼亚州诺福克的母港。1975年7月1日，该舰被重命名为CVN-68，一起重新编号的还有其他攻击型航空母舰（CVA），新的代号旨在表明航母不仅拥有攻击能力，还具备其他能力。"尼米兹"号首次国外水域巡航是1976年7月进入地中海，当时该舰搭载第8舰载机大队，负责帮助疏散黎巴嫩的美国侨民。20世纪70年代，"尼米兹"号又3次部署到地中海。1979年4月，"尼米兹"号搭载的直升机参与疏散德黑兰的美国大使馆人员。1981年5月25日，1架EA-6B"徘徊者"电子战飞机在着舰时坠毁，导致14人死亡，4架飞机摧毁，16架受损。第二年，"尼米兹"号再次进入地中海，并在8月参与锡德拉湾与利比亚的军事行动，并击落了2架利比亚飞机。2001年11月13日，其母港转移到加利福尼亚的圣地亚哥。

▲ 舰艏的视角可以清晰地展示出"尼米兹"级航空母舰飞行甲板的宽度远远超出舰体宽度。

2003年3月，"伊拉克自由"行动期间，"尼米兹"号作为一个航母战斗群的旗舰，参与了英美联合入侵伊拉克行动，当时的航母战斗群包括第2舰载机大队、"星座"号（Constellation）航空母舰（CV-64）、"福吉谷"号（Valley Forge）和"邦克山"（Bunker Hill）号巡洋舰、"希金斯"号（Higgins）和"米利厄斯"号（Milius）驱逐舰、"撒奇"号（Thach）护卫舰、"雷尼尔"号（Rainier）快速作战支援舰以及"哥伦比亚"号（Columbia）核潜艇。在为期6个月的行动期间，"尼米兹"号针对伊拉克的目标发起6500多次打击，其中F/A-18F"超级大黄蜂"以及E-2C"鹰眼2000"是首次在作战任务中亮相。"尼米兹"号也是第一艘部署2支"超级大黄蜂"中队的航空母舰。返回圣地亚哥后，

性能规格
尺寸：长317米（1040英尺）；宽40.8米（134英尺）；吃水11.3米（37英尺）
排水量：标准110250公吨（100020吨）
推进装置：2座西屋A4W反应堆，4台蒸汽轮机，4根传动轴
速度：31.5节（58.3千米/时；36.2英里/时）
续航能力：无限
武器装备：2座"海麻雀"导弹发射器，2座RIM-116导弹发射器；2套"密集阵"近防武器系统；2挺12.7毫米（0.50英寸）口径机关炮
载机量：90架
舰员：5680人

它进行了为期6个月的计划内增量维修期（Planned Incremental Availability）的彻底检修，此次修整范围很大，从升级的无污染空调系统，到新型蒸汽管道和弹射器的调整。随后，"尼米兹"号3次部署到波斯湾地区。2008年2月5日，2架俄罗斯Tu-95"熊"轰炸机在600米（2000英尺）高空飞过"尼米兹"号，但美国海军没有在意这一事件，因为这在国际水域属于正常现象，不过当时该舰当时距离日本沿岸不远。

2010年12月6日，"尼米兹"号进入布雷默顿海军基地，进行计划内入坞增量维修期（Drydocking Planned Incremental Availability）的整体检修，其中包括安装2个新的舷台以搭载武器系统或传感器，完工后该舰又将母港转移至华盛顿的埃弗雷特海军基地。2012年12月"企业"号退役后，"尼米兹"号成为美国海军中最老的航空母舰，它已经度过了多年的密集服役期，因此急需完成维修要求。2016年至2017年，"尼米兹"号先后完成了计划内增量维修期和扩展计划内增量维修期（Extended Planned Incremental Availability）。2017年，"尼米兹"号与该级别的另外9艘航母继续服役，其母港现在转移到了基察普海军基地。目前该舰搭载的舰载机联队为CVW-11，共包括9个固定翼和旋翼机中队，搭载机种包括麦克唐纳·道格拉斯F/A-18C/D"大黄蜂"战斗机、波音F/A-18-E/F"超级大黄蜂"战斗机、格鲁曼E-2D"鹰眼"预警机、格鲁曼C-2A"灰狗"运输机（主要用于航母舰上运输：Carrier onboard delivery：COD）以及西科斯基SH-60"海鹰"直升机。目前，该舰还在开展搭载新型F-35C"闪电II"战斗机的试验。

甲板尺寸（Deck Size）：甲板总长度为332.8米（1092英尺），宽76.7米（251英尺10英寸）。其表面涂有一层防滑涂层。

防空导弹（Anti-aircraft Missiles）："海麻雀"导弹发射器。

▲ "尼米兹"级航空母舰被描述为"浮动的机场"或"移动的国土"，首舰"尼米兹"号的平面图展示了"尼米兹"级航空母舰庞大的身躯。

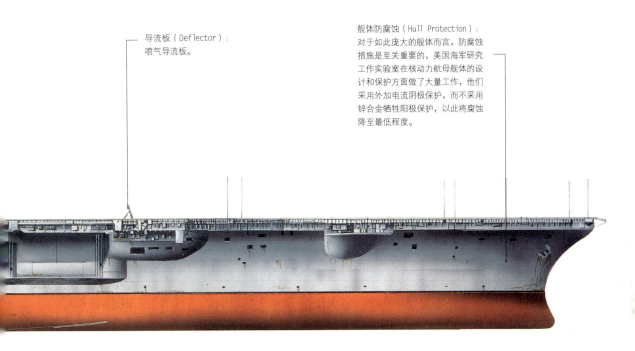

导流板（Deflector）：
喷气导流板。

舰体防腐蚀（Hull Protection）：
对于如此庞大的舰体而言，防腐蚀
措施是至关重要的，美国海军研究
工作实验室在核动力航母舰体的设
计和保护方面做了大量工作，他们
采用外加电流阴极保护，而不采用
锌合金牺牲阳极保护，以此将腐蚀
降至最低程度。

近战武器系统（Close-in Weapon System）：
"密集阵"近防武器系统。

1993年，"尼米兹"号在完成"南方守望"行动部署后返航，第6直升机战斗支援中队的1架CH-46"海骑士"直升机从飞行甲板上起飞。

适用

　　一系列设计缜密的评价和测试保证了美国航空母舰舰员的高效，同时确保舰船做好应对一切情况的准备。舰船必须通过这些测试才能获得履行某项职责的许可。舰船管理的每个方面也是如此，如航母准备测验测试，舰船作战系统资格测试，定制舰船的训练有效性测试，以及最终问题评价测试。每件新的装备，如2007年安装的新型阻拦索系统，都必须分别进行测试并获得许可。这些设备，适用性测试以及预备测验都是针对具体舰船而设计的，同时必须满足与舰队其他舰船共同开展的训练和演习项目的需要。

▶ "尼米兹"号上的飞行调度员站在舰岛的瞭望台履行职责。

1975

"基辅"号（Kiev）

被称之为"重型航空巡洋舰"的"基辅"号是20世纪70年代苏联海军对多用途战舰需求的回应，该舰也是苏联第一艘搭载固定翼飞机的航空母舰。

苏联海军在20世纪60年代建造"莫斯科"级（Moskva）直升机航空母舰。60年代后期，苏联认真考虑了研发新一代更大型航空母舰的计划，即OREL计划，以此应对美国建造的"小鹰"级航空母舰，但最终决定建造1143计划中的"基辅"级，当时也叫作"鹞鹰"级（Gyrfalcon），这是一款比"莫斯科"级更大、装备更好的舰船。建造该级别舰船的主要目的是应对美国"北极星"弹道导弹战略核潜艇（SSBN），同时配合己方的导弹潜艇作战。"基辅"号是第一批4艘中的第一艘，它们均由涅瓦设计局设计，全部在黑海上的尼古拉耶夫船厂（以前的Chernomorsky 444船厂）建造。"基辅"号于1970年7月21日开建，1972年12月26日下水，1975年12月28日开始服役。

"基辅"号的设计是航空母舰风格的，巨大的舰岛上层建筑位于右舷，整合于其上的烟囱向后倾斜，1个塔架式桅杆，1套大型雷达和传感设备阵列。这些结构平衡了飞行甲板的重量，飞行甲板长53米（161英尺6英寸），以4.5°角向船体左舷伸出，其上装有"T柱形"（Tee Plinth）光学着舰辅助系统。船上没有安装弹射器和阻拦索，因此舰载机仅限于短距/垂直起降飞机和直升机。其动力包括4台TV-12-3蒸汽轮机，由8座涡轮增压锅炉提供蒸汽，驱动4具固定螺距螺旋桨。该舰所需的庞大电力来自6台1500千瓦（2011马力）涡轮发电机和4台1500千瓦柴油发电机。机库甲板右舷安装了2台飞机升降机，占据从舰舯到舰艉一半的舰体长度。

舰载武器

"基辅"号前甲板上安装的武器更凸

性能规格

尺寸：长273.1米（896英尺）；宽31米（102英尺）；吃水8.95米（29英尺5英寸）

排水量：标准31018公吨（30530吨）；满载42032公吨（41370吨）

推进装置：4台齿轮减速式蒸汽轮机，4根传动轴；功率100000千瓦（140000轴马力）

速度：32节（59千米/时；37英里/时）

续航能力：可以18节（33.3千米/时；20.7英里/时）的速度航行13500海里（25000千米；15500英里）

武器装备：2座12管RBU-6000反潜发射器，1座双联装FRAS 1导弹SUW-N-1发射器；2座双联装SA-N-3和2座双联装SA-N-4舰空导弹发射装置，配备122枚导弹；4座双联装SS-N-12空对空导弹发射器，配备16枚导弹；2门双联76毫米加农炮，8套AK 630 30毫米6管加特林近防炮；10具533毫米（21英寸）鱼雷发射管

载机量：32架

舰员：2042人

▼ "基辅"号的右舷视图。

反潜武器（Anti-submarine Measures）：
两座RBU-6000反潜火箭发射器和一座
SUW-N-1反潜导弹发射器都安装在前甲
板，位于76毫米（3英寸）两用火炮前方。

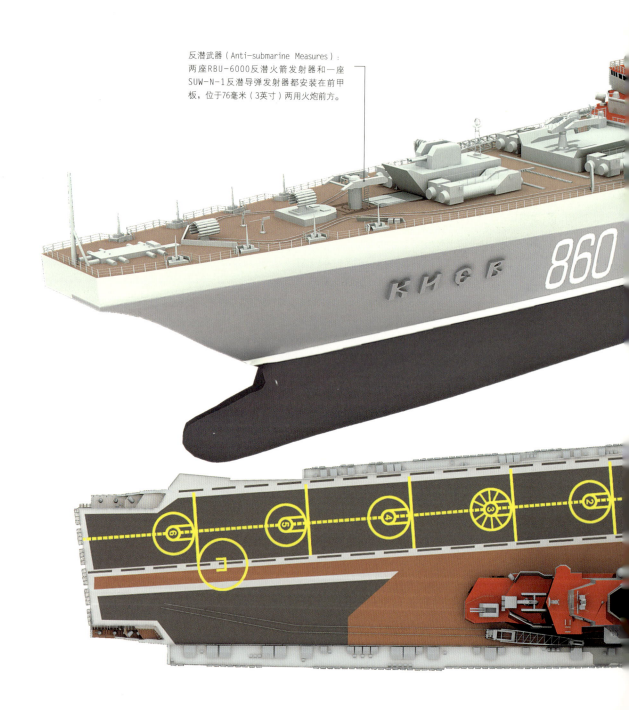

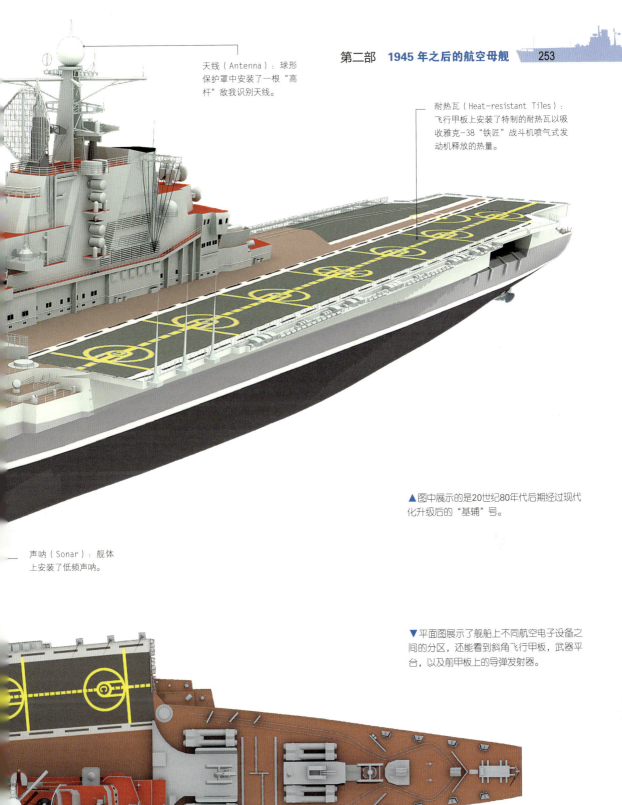

天线（Antenna）：球形
保护罩中安装了一根"高
杆"敌我识别天线。

耐热瓦（Heat-resistant Tiles）：
飞行甲板上安装了特制的耐热瓦以吸
收雅克-38"铁匠"战斗机喷气式发
动机释放的热量。

▲图中展示的是20世纪80年代后期经过现代
化升级后的"基辅"号。

声呐（Sonar）：舰体
上安装了低频声呐。

▼平面图展示了舰船上不同航空电子设备之
间的分区，还能看到斜角飞行甲板，武器平
台，以及前甲板上的导弹发射器。

核威胁

北大西洋公约组织情报认为"基辅"号装备了巡航导弹，同时携带核弹头，因此是对沿海城市新的潜在威胁。1977年，英国核潜艇"敏捷"号（Swiftsure）秘密部署到巴伦支海以追踪"基辅"号的踪迹。当时"基辅"号正参与一场大规模的俄罗斯海军演习，"敏捷"号潜艇紧紧跟住"基辅"号，通过其潜望镜拍摄到了其舰体，因此得到了舰船的声波特征图：每艘舰的螺旋桨噪声都是独一无二的，可以成为其水声识别特征。这是冷战时期，苏联和北约的舰船与潜艇之间的典型"游戏"。

▶放大的航拍图像可以近距离观察"基辅"号强大的武器装备。

显了巡洋舰-航空母舰混合特征，同时也突出了其同时承担多种任务的定位。反潜武器包括2座12管RBU-6000火箭审单发射器和1座双联装SUW-N-1 FRAS 1反潜导弹发射器、2座双联装SA-N-3和2座双联装SA-N-4舰空导弹发射装置（122枚导弹）、4座双联装SS-N-12反舰导弹发射器（16枚导弹）。2门76毫米加农炮和8门6管的AK-630 30毫米加特林机关炮提供了强大的近程作战能力。除此之外，"基辅"号也是为数不多装备鱼雷发射管的航空母舰之一。

传感和对抗装备也非常强大。近程防御系统安装了椴木棰（Bass Tilt）火控雷达，76毫米火炮配备了"枭声"（Owl Screech）火控雷达；SA-N-3发射器配备了"顿河-K"（Don-Kay）和"顿河-2"（Don 2）导航雷达，SA-N-4发射器配备了"顶灯"（Head Light）和"气枪群"（Pop Group）导弹制导雷达；此外还包括"顶帆-3D"（Top Sail 3D）和"顶舵"（Top Steer）空中监视雷达，"高杆"（High Pole）高频天线和敌我识别天线，以及箔条发射器。声呐装置包括舰艏的1部低频声呐，1部舰体中频声呐，以及可变深度中频声呐。舰载机包括雅克-38"铁匠-A"（Forger A）战斗机和"铁匠-B"（Forger B）教练机、Ka-25"激素-A"（Hormone A）和"激素-B"（Hormone B）直升机以及Ka-27直升机。"基辅"号可以搭载多达13架的短距/垂直起降飞机和16架直升机。

"基辅"号及其姊妹舰部署范围广泛，因为它们是第一批能为苏联海军舰船提供空中掩护的舰船，2艘分配到北方舰队，2艘分配到太平洋舰队。"基辅"号的定位是"搭载飞机的巡洋舰"，因此尽管有人抗议，它还是可以通过博斯普鲁斯海峡（禁止任何国家的航空母舰通过），在地中海完成试验之后，返回了其位于北莫尔斯克的母港。关于"基辅"号活动的信息很少对外公布，人们仅观察到该舰曾与水面舰艇和潜艇一同行动，参与了舰队和特混舰队的演习，这符合其多重角色的定位，活动区域覆盖大西洋、地中海和波罗的海。1983年1月至1984年11月期间，它在尼尔拉耶夫船厂进行现代化升级，随后返回北部舰队。

苏联解体后，"基辅"号在1994年被拆解，大部分装备都转移到了其姊妹舰"海军上将戈尔什科夫"号（Admiral Gorshkov）。1996年，"基辅"号被卖出，2004年之后，它进入天津滨海新区的军事和海军装备主题公园的博物馆。2011年，其舰体被改装成一个奢侈宾馆。其姊妹舰"明斯克"号也于1995年被中国买家买走，2000年进入广东省的"明斯克世界"船舶博物馆，2016年2月该博物馆关闭。该级别的第4艘舰船是1987年服役的"巴库"号（Baku），1990年11月7日更名为"海军上将戈尔什科夫"号，该舰进行了大量的改造，以至于可以视为一个新的型号，其中包括大幅扩展的飞行甲板。经过多年的谈判，俄罗斯最终在2004年2月决定将该船及其设备，外加大量飞机和直升机转让给印度。随后它在北德文斯克造船厂进行了全面的翻新，包括新的动力系统和电子系统，加宽了飞行甲板，前部增加了一个914公吨（900吨）且向上弯曲14°的甲板。被划归为短距起飞/拦阻索回收（STOBAR）舰船之后，它于2013年6月开始在印度海军服役，并重命名为"超日王"号（Vikramaditya）。

1976

美国海军两栖攻击舰
"塔拉瓦"号（USS Tarawa）

"塔拉瓦"号及该级别的其他舰船主要用于运输、登陆以及在世界任何海岸线上支援美国海军陆战队，因此它们也成为了两栖戒备大队的核心。

"塔拉瓦"号（LHA-1）是该级两栖攻击舰的首舰，该级舰几乎可以在世界范围内任一海岸将海军陆战队员及其装备送上岸：按照海军陆战队指挥官罗伯特·E.库什曼的话，"这是一种多用途的两栖突击舰艇，其从设计之初就充分考虑了支援部队登陆的种种需求"。虽然计划建造9艘，实际上最终仅建造了5艘。"塔拉瓦"号于1972年11月5日在密西西比州帕斯卡古拉的英格尔斯造船厂开建，1973年12月1日下水，1976年5月29日在船厂开始服役。就功能而言，它与英国的"无畏"号相当；就尺寸而言，该级舰比"无恐"号大得多，可以搭载一个全副武装的陆战旅展开行动。实际上，该级舰综合了4种两栖作战舰艇：直升机登陆舰（LPH），两栖运输船坞舰（LPD），两栖货船（LKA）和船坞登陆舰（LSD）的设计特点。

由于设计时就考虑到独立作战，其作战室和设备使其可以充当旗舰或者多舰船的指挥中心。这是一套极其复杂的系统，需要与海面上大量分散的舰船和陆地上的士兵保持联系，为他们提供信息、指导和控制。一套战术两栖作战计算机系统可以追踪敌我双方舰船的位置，进行火力控制，以及为所有舰船提供空中和海面交通调度。船上还装有一套SMQ-11气象卫星接收器，通信系统包括SRR-1、WSC-3 UHF、WSC-6 SHF和USC-38 SHF卫星通信系统接收器。

"塔拉瓦"号可以搭载多达8架AV-8B"鹞II"垂直/短距起降飞机，外加一些直升机，该舰参与过波斯湾和世界其他动荡地区的行动。舰体翼侧显眼的海水锈蚀痕迹表明这次漫长的部署即将结束了。

▼ "塔拉瓦" 号展示了其全方位的作战能力，可以在海面、空中和船上展开行动。

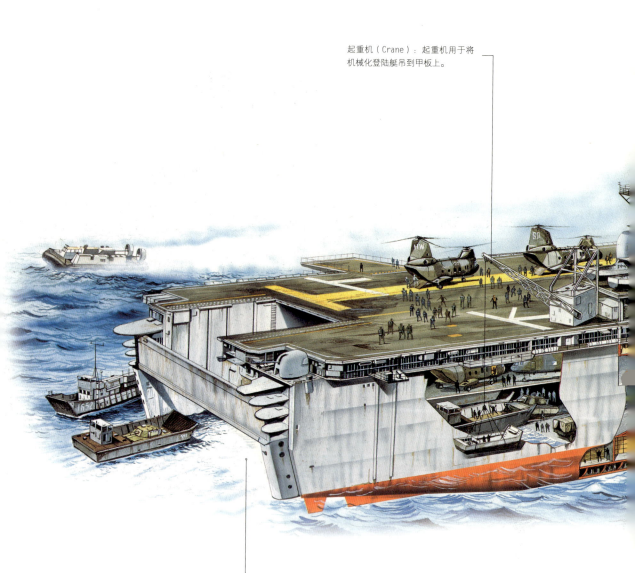

起重机（Crane）：起重机用于将机械化登陆艇吊到甲板上。

压舱泵（Ballast Pumps）：船坞升高和降低时，压舱泵可向压载舱中泵入或放空12192公吨（12000吨）海水。

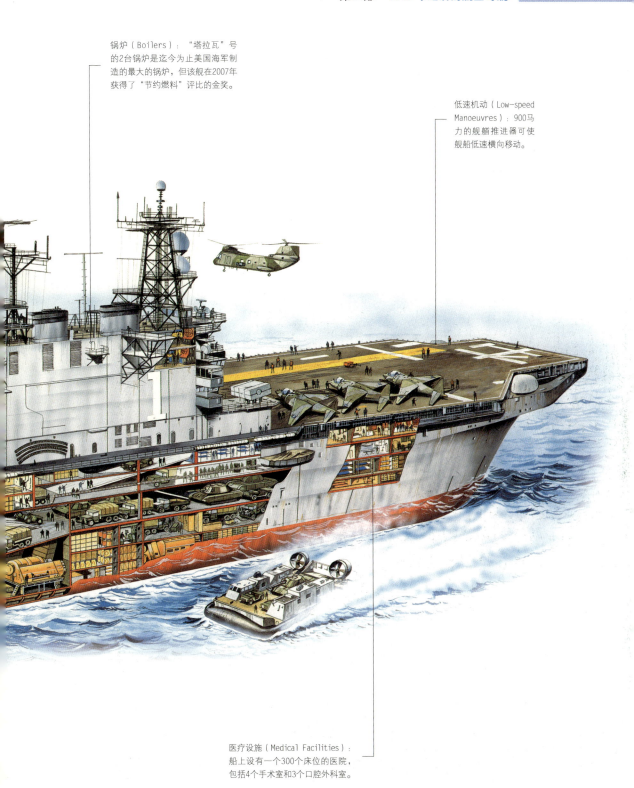

锅炉（Boilers）："塔拉瓦"号的2台锅炉是迄今为止美国海军制造的最大的锅炉，但该舰在2007年获得了"节约燃料"评比的金奖。

低速机动（Low-speed Manoeuvres）：900马力的舰艉推进器可使舰船低速横向移动。

医疗设施（Medical Facilities）：船上设有一个300个床位的医院，包括4个手术室和3个口腔外科室。

灵活的舰载机力量

　　在整个服役期间，"塔拉瓦"号搭载过各种各样的飞机，包括贝尔AH-1W"超级眼镜蛇"攻击直升机、波音垂直起降的CH-46"海骑士"直升机（中型运输）、西科斯基"海上种马"直升机、CH-53E"超级种马"直升机（重型运输）、MH-53E"海龙"直升机（扫雷）、贝尔UH-1N休伊（通用型）直升机和EH-96"美洲豹"直升机。CH53-E是1980年12月投产的一款3发动机"飞行起重机"。它能运载55名全副武装的士兵，航程达到1000千米（621英里），该机可在内部运载13600千克（30000磅），或在外部吊挂16330千克（36000磅）的重物。新一代直升机载重能力更大，如目前还在研制的换装更大功率发动机的CH53-K"种马王"直升机。

▶在波斯湾的一次部署期间，海军陆战队第166中型直升机中队（加强）的1架AV-8B"鹞II"攻击机从"塔拉瓦"号上起飞。

性能规格

尺寸：长250米（820英尺）；宽32米（106
　　　英尺）；吃水7.9米（26英尺）

排水量：标准40030公吨（39400吨）；满
　　　　载40673公吨（40032吨）

推进装置：2座锅炉，2台齿轮减速蒸汽轮
　　　　　机，2根传动轴；功率57419千
　　　　　瓦（77000轴马力）

速度：24节（44.4千米/时；27.6英里/时）

续航能力：可以20节（37千米/时；23英
　　　　　里/时）的速度航行10000海里
　　　　　（19000千米；12000英里）

武器装备：2座八联装Mk 25 "海麻
　　　　　雀" BPDMS发射器，Mk 49
　　　　　RAM导弹系统，2门 "密集阵"
　　　　　近防炮，6门25毫米自动炮

载机量：43架

舰员：960人

设计要求

　　"塔拉瓦"号的外观与航空母舰颇为相似，全长的飞行甲板边缘装有2台飞机升降机，舰岛和2个烟囱安装在右舷，2个桅杆上装满了通信和传感设备。靠近舰艉三分之二长度的舰体侧舷是垂直的，内部设有从舰艉开门的坞舱。坞舱的设置便于4艘LCU 1610登陆艇的运输和使用。乘员舱必须能容纳1703名海军陆战队员，以及他们的车辆和装备。舰体内部的大部分空间都是多层的仓库，升降机安装在中心位置，外加一套传送带和单轨索道系统以便于运输架装荷载的物品。

　　倾斜滑道方便车辆通过井型甲板装进登陆艇，或者到达飞行甲板以便于直升机运输。推进系统包括2台燃烧工程公司锅炉，可产生42.2千克力/平方厘米（600磅/平方英镑）的蒸汽，通过2台西屋齿轮减速蒸汽轮机驱动2根传动轴。舰艏两侧各安装1门127毫米（5英寸）火炮。在最初的设计方案中，"塔拉瓦"号装备3门127毫米Mk 45火炮，但在1997年至1998年的全面检修中拆除了，外加2座8联装Mk 25 "海麻雀"点防御导弹系统发射器。1998年之后，该舰又增加了1套Mk 49 RAM导弹系统，2套 "密集阵"近防武器系统，以及6门25毫米自动炮。

　　"塔拉瓦"号携带4艘LCU 1610登陆艇，或2艘LCU和2艘LCM-8（机械化登陆艇）。根据作战任务的不同，登陆艇也可换成17艘LCM-6或45艘LVT。2艘LCM（6）和2艘LCP放置在舰岛后方。此外舰上也可以携载气垫登陆艇（LCAC）。特殊任务时也可以搭载飞机。"塔拉瓦"号可携载6架AV-8 "鹞"战斗机，4艘AH-1W "超级眼镜蛇"直升机，12架CH-46 "海王"直升机，9架CH-53 "海上种马"重型直升机，以及4架休伊UH-1N通用直升机，但在各种部署行动中，也可以搭载更多 "鹞"战斗机或更多直升机，甚至还包括反潜直升机。

　　1976年8月6日，"塔拉瓦"号抵达圣地亚哥母港，加入第3舰队的第3两栖支队。作为一支专为复杂的两栖作战而新成立的部队，该支队需要很长时间的训练和调整。1979年3月，"塔拉瓦"号首次巡航至西太平洋。此后的10年间，该舰主要从圣地亚哥出发在太平洋服役，1983年11月短暂地在地中海东部服役，1987年5月至1988年5月进行了一年的整体检修。1990年12月，在阻止伊拉克入侵科威特的 "沙漠盾牌"行动和 "沙漠风暴"行动中，"塔拉瓦"号充当了一支由13艘舰船组成的两栖特混舰队的旗舰。"沙漠风暴"行动胜利后，"塔拉瓦"号又前往遭受台风灾害的孟加拉国开展人道主义救援。

1991年7月，"塔拉瓦"号返回圣地亚哥。1998年2月，又经历一年的整体检修之后再次开始服役，2月7日至8月7日期间，3艘舰船组成的"塔拉瓦"两栖戒备大队（ARG），以及第13海军陆战队远征队跨过太平洋，快速部署到阿拉伯湾，疏散滞留在厄立特里亚国的美国公民，2000年9月至2001年2月，"塔拉瓦"号再次回到中东。"伊拉克自由"行动期间，5艘"塔拉瓦"级舰船首次组成第51特混舰队集体部署到阿拉伯海。

2005年10月至11月，"塔拉瓦"号在波斯湾北部充当第1远征打击群（ESG-1）的旗舰，参与10月8日巴基斯坦遭受地震的救灾工作，2008年年初，"塔拉瓦"号及其打击群再次进入波斯湾区域，这也是该舰的最后一次部署；5月10日至13日，它拜访了塔斯马尼亚岛的霍巴特，随后返回圣地亚哥。2008年8月，该舰搭载MH-53E"海龙"反潜直升机，参与了Fuerzes Aliadas PANAMAX多国联合演习。

2009年3月31日，在服役将近33年后，"塔拉瓦"号功成身退。该舰目前保存在珍珠港的非现役舰艇保养设施（ISMF）中。

1978

"伊万·罗戈夫"号

建造于20世纪70年代的4艘的"伊万·罗戈夫"级大型登陆舰是苏联版本的
两栖攻击舰，能够搭载一个营的海军步兵及其相关装备。

▼ "伊万·罗戈夫"级舰船大幅提
升了苏联两栖作战能力。

海军历史学家一直在思考为什么在20世纪60年代及以后的时间里，美国海军航空母舰力量逐步发展壮大，苏联却没有在竞争中建立一支航空母舰力量。这一决定可能是由多种原因促成的。虽然苏联航空母舰的设计方案早在1937年就形成了，并且1945年再次被提出，但从来没有进入实施阶段。红海军高层对航空母舰的价值信心不足，至少在他们自己的战略中是这样，冷战期间他们主要关心的是漫长海岸线的防守问题，潜艇的发展和生产构成了全球海军战略的基础。在此基础上再发展航空母舰，苏联巨大的资源消耗将更紧张。战术两栖行动是另一个问题。20世纪60年代，海军上将谢尔盖·戈尔什科夫——这位将在此后20年中执掌苏联海军战略的海军司令员——开始着手增强苏联海军在统一指挥下的海空联合行动中的作战能力。他不是首次提出这种想法的人，其他国家已经在做相同的事情了。苏俄海军将该设想转化为行动的措施便是1174工程，规划和设计过程异常缓慢，最初的技术方案是内夫斯科设计局在1964年提出的。然而，舰船本身在很多方面都是全新的。

性能规格

尺寸：长158米（518英尺3英寸）；宽24米（78英尺9英寸）；吃水8.2米（26英尺11英寸）

排水量：标准11176公吨（11000吨）；满载13208公吨（13000吨）

推进装置：2台蒸汽轮机，2根传动轴；功率37175千瓦（50000轴马力）

速度：23节（42.5千米/时；26.5英里/时）

续航能力：可以14节（25.9千米/时；16.1英里/时）的速度航行12500海里（23125千米；14375英里）

武器装备：1门双联装76毫米（3英寸）口径火炮；4套30毫米AK6 30近防武器系统；1个SA-N-4发射器；1部40管122毫米（5英寸）火箭炮

载机量：4架直升机

舰员：750人

"伊万·罗戈夫"号是1174工程的首舰，其舰名源于联共党员、红海军政治委员伊万·罗戈夫，舰船于1976年在加里宁格勒的扬塔尔造船厂下水，1978年开始服役，当时是苏联海军最大的两栖战舰。"伊万·罗戈夫"号的尺寸是此前的"短吻鳄"级登陆舰的3倍，相比于美国"塔拉瓦"级，"伊万·罗戈夫"号在尺寸上更接近于英国的"无恐"级，但它们的布局却有很大不同。该舰虽然没有坞舱，但设有供直升机使用的机库。舰艏门之后有一个坡道通往车辆停放

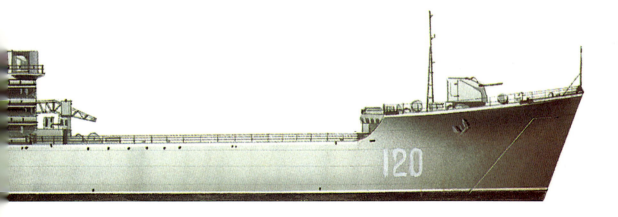

甲板，这层甲板可以容纳25辆坦克，或坦克、卡车和各类支援车辆。

　　液压坡道可通往位于上甲板的露天停车区或坞舱甲板。坞舱淹水面积为79米（240英尺10英寸）×13米（40英尺），船坞可容纳2艘"列别德"级气垫船（ACV）和1艘147公吨（145吨）"麝田鼠"级机械化部队登陆艇（LCM），或者3艘"格斯"级运兵气垫船。机库可容纳5架卡莫夫卡-25"激素-C"直升机，或4架卡-29突击运输直升机或Ka-27反潜直升机。直升机可以在上层建筑任一端着舰。舰船的工作人员为200人，主甲板上方的大型上层建筑可用于容纳520人的海军步兵营（苏/俄军队中相当于海军陆战队的部队）。"伊万·罗戈夫"级的动力来自2台蒸汽轮机，驱动2部固定螺距螺旋桨。此外，还安装了2个可升缩的推进器以用于精确保持船位和调动。

登陆和支援舰船

　　雷达系统包括一套E波段监视雷达和2套I波段导航雷达。舰艏火炮配有G波段的火控雷达，30毫米火炮配有H/I波段雷达，"黄蜂-M"导弹发射器配有F/H/I波段雷达。根据设计，该级舰

武器装备（Armament）：前甲板的75毫米火炮可通过G波段火控系统实现全自动射击，也可借助安装在炮塔中的"棱镜"光学瞄准设备实现半自动射击，或以全手动模式瞄准开火。

▼该级舰的设计使其很适合指挥登陆舰船，发起海滩突击行动，或者利用直升机和导弹提供支援。

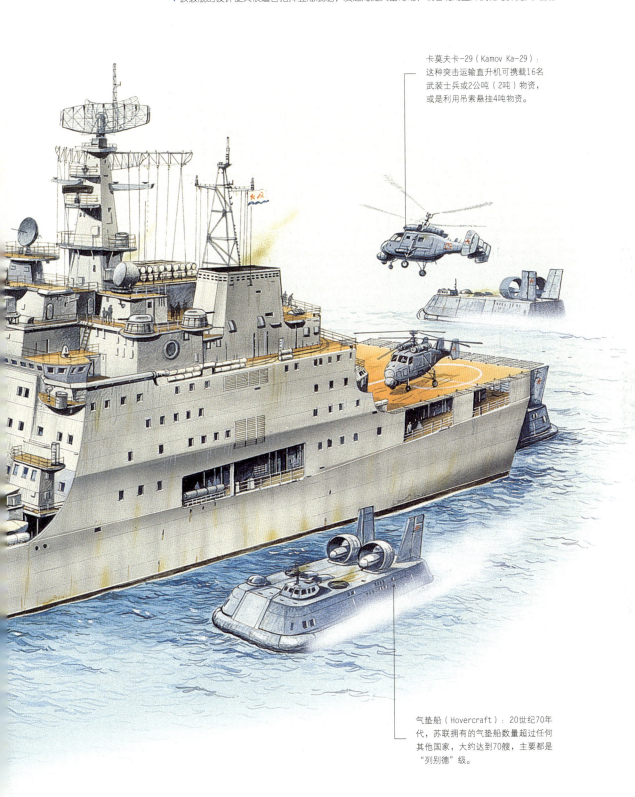

卡莫夫卡-29（Kamov Ka-29）：
这种突击运输直升机可携载16名
武装士兵或2公吨（2吨）物资，
或是利用吊索悬挂4吨物资。

气垫船（Hovercraft）：20世纪70年
代，苏联拥有的气垫船数量超过任何
其他国家，大约达到70艘，主要都是
"列别德"级。

不仅要运输和指挥作战部队，还要通过火炮和导弹提供支援。驾驶桥楼的前部右舷位置是一个独立的块状结构，其上安装着"黄蜂-M"（北约代号为"壁虎"）导弹发射器，主要用于打击海上，空中和陆上目标以及反舰导弹。船上还装有2套近程便携式"箭"3M导弹发射器，这种导弹才用主动红外制导。舰艇还装有1门75毫米双管多用途火炮，射程可达到16千米（10英里），1分钟可发射100发炮弹。此外还装有4门30毫米AK-630防空炮。

"伊万·罗戈夫"号及其姊妹舰"亚历山大·尼古拉耶夫"号（Aleksandr Nikolayev）和"米特罗方·莫斯卡连科"号（Mitrofan Moskalenko）标志着苏联全球兵力投送能力的进步，大幅提升其干涉热点地区形势的能力。最初，该级舰隶属于北方舰队，计划作为小规模登陆行动的指挥和控制中心。舰艏门可用于在合适的滩头进行抢滩登陆，不过在实用中它们可能主要用于通过坡道装卸车辆。1979年4月，"伊万·罗戈夫"号与"明斯克"号巡洋舰—航空母舰一起出现在印度洋，两舰正开往海参崴，加入太平洋舰队。1980年10月，它再次出现在印度洋，

跟踪美国和澳大利亚的联合演习。外界无从得知该级舰是否实际参加过两栖或近海军事行动。该舰1985年进行了一次现代化升级，但随着苏联的解体，它也在1991年之后永远地停在了船坞。

与其他苏联战舰不同的是，"伊万·罗戈夫"号在其服役生涯中获得了各种各样的奖旗，并于1996年退役，"亚历山大·尼古拉耶夫"号于1997年退役。据报道，"米特罗方·莫斯卡连科"号在2012年退役了，人们普遍认为其有效性不足以评判现代化升级的价值，虽然其最终的结局没有对外公开。

"海浪"级

据说俄罗斯的内夫斯科设计局还设计过一级新型两栖攻击舰，即"海浪"级，并计划于21世纪20年代投入使用。排水量远超过"伊万·罗戈夫"号的16256公吨（16000吨），该级舰可搭载6到8架大型直升机以及一个营的海军步兵。其运载车船的能力将与"罗格夫"级相近，还将装备新型的"盾牌–M"弹炮组合系统，同时还将采用升级版通信、传感和控制设备。该级舰计划于2018年开始建造，据推测，它们将接替从法国订购、后来卖给埃及的"西北风"级两栖攻击舰。

◀宽大的前甲板可容纳大约22辆卡车或轻型装甲车辆，也可清空后充当额外的直升机着舰点。

1980

英国皇家海军
"无敌"号（HMS Invincible）

垂直起降喷气式飞机的发展将"无敌"号从直升机母舰转变成更具潜力、更强大的战舰，该舰也在南大西洋冲突中有突出表现。

▼1990年改造之后，"无敌"级航空母舰具备了包括舰对舰、舰对空以及舰对岸的通信、控制和指挥在内的全方位能力。

火控（Fire Control）：
909型1式火控雷达。

舰艏坡道（Bow Ramp）：
"滑跃跳板"舰艏坡道安装在左舷位置。最初仰角为7°，后来增加到12°。

由于国力下降与政策调整，英国皇家海军规模在20世纪60和70年代迎来大幅度缩水，同时退役了全部大型航空母舰，从而让美国成为当时唯一拥有大型航空母舰的国家。但在1970年，英国又决定建造新一级7艘轻型航空母舰，该级舰可搭载大型直升机，主要用于执行反潜作战任务，但同时也能进行直升机登陆与登陆支援任务。它们拥有成型的航空母舰舰体，但没有斜角飞行甲板，也没有弹射器。"无敌"号刚下水时是平顶的，但后来在前甲板上设置了一条仰角12°的斜坡以便新型"海鹞"垂直起降战斗机起飞。

"无敌"号于1973年7月20日在巴罗弗内斯的维克斯船厂开建，1977年5月3日下水，1980年7月11日开始服役，其母港位于朴茨茅斯。设计过程中，它采用了现在看起来非常传统的航空母舰结构，舰岛位于全长飞行甲板的右舷。尽管如此，该设计方案最初被认定为"直通飞行甲板巡洋舰"。这种叫法有两个原因：一方面皇家海军刚被剥夺了建造"合适的"新型航空母舰的权利，并且认为新级别的舰船应该与以前不同；另一方面"无敌"号最初的角色定位就是巡洋舰，主要用于反潜作战。

另一个类似巡洋舰的特征是巨大的舰岛，其长度占到了全舰长的很大比例。该级舰也是自1924年"鹰"号航空母舰以来，英国皇家海军首次采用双烟囱，前桅杆和主桅杆分别位于2个烟囱前方。"无敌"号的动力装置包括4台罗尔斯-罗伊斯"奥林匹斯"TM3B燃气轮机，采用全燃联合动力（COGAG）构型（2台燃气轮机驱动1根传动轴），驱动2个螺旋桨。补充动力源还有8台帕克斯曼—瓦伦塔YP3（随后更换为RP200）柴油发电机。

防空能力

"无敌"号在前甲板上安装1套双臂式"海标枪"导弹发射器，但飞行甲板加长后这座发射器就拆除了，加长后的飞行甲板可供英国皇家空军的"鹞"GR.7/9飞机起飞，甲板上只留下3套

雷达（Radar）：996型对海搜索雷达。

甲板布局（Deck Layout）：舰体内部共有7层甲板。

跑道（Runway）：一段170米（518英尺）的跑道用于辅助飞机起飞。

泰雷兹·尼德兰"守门员"30毫米近防武器系统，最大射速可达4200发/分，有效防御范围达到1500米（4920英尺），外加两门GAM-B01 20毫米厄利康·康垂斯/英国宇航公司火炮。对抗设备是1套泰雷兹675（2）型对抗系统，以及来自同一公司的UAT（8）电子对抗装置，外加1套皇家海军DLJ"海虫"箔条系统和红外线诱饵系统，共包括8座130毫米（5英寸）6管发射器。船上还安装了1套英国宇航系统公司的ADIMP作战系统，在2002年至2003年升级中又增加了多功能控制台和平板彩色显示系统。安装"海标枪"发射器后，"无敌"号又安装了英国宇航系统公司的909型G/H波段火控雷达。

主桅杆上装有英国宇航系统公司996型对海搜索雷达，主要在E/F波段工作，以及1022型对空搜索雷达，主要在D波段工作，此外船上还装有凯尔文-休斯公司的1006型导航雷达。2艘姊妹舰"皇家方舟"号和"光辉"号在2005年之后也装备了SPN-720精确进近雷达。船体上安装的2016型主动/被动搜索声呐是由泰雷兹水下系统公司提供的。

舰载力量根据作战任务的不同而有所变化。升级之后"无敌"号的载机量达到24架，包括9架"鹞"GR7或GR9攻击机，还能搭载"海王"ASaC Mk7预警直升机，"默林"HM.1反潜机、"海王"和"支奴干"通用直升机。"无敌"号还具备搭载核武器的能力。

南大西洋战争中的部署

战争爆发前，英国政府已经在与澳大利亚皇家海军谈判将"无敌"号卖给澳大利亚，1981年9月，双方达成4.87亿美元的成交价，其中包括对设计方案和装备的大幅改装。1982年4月1日，阿根廷占领马尔维纳斯（英称"福克兰"）群岛而引发的危机改变了"无敌"号的命运，对英国皇家海军而言，该舰从不需要的舰船变成至关重要的武器。由于该舰将参加针对阿根廷的作战行动，澳大利亚放弃了对该舰的购买，该舰也随即加入了鱼龙混杂的英军特混舰队。在

▼"无敌"号的俯视图。可以看到滑越甲板侧面的双臂式"海标枪"导弹发射器，但该发射器后来被拆除了。

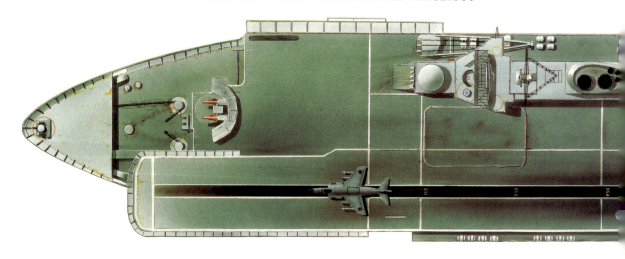

南大西洋的行动中，"无敌"号搭载了8架"海鹞"战斗机和9架"海王"直升机，后来又增派了新的飞机以替换战争中的损失，最终舰载力量达到10架"鹞"战斗机和10架"海王"、"山猫"直升机。在J. J. 布拉克舰长的指挥下，"无敌"号在海上度过了166天，这也是迄今已知的常规动力航空母舰最长的单次部署时间。

从20世纪90年代早期开始，"无敌"号的角色从反潜作战扩展到更大范围的作战行动，即人们所称的海上兵力投送，与特混舰队一起参与海上或沿着海岸线的打击行动，同时也能在陆地作战中发挥指挥和控制作用，提供后勤支援。1993年至1999年期间，南斯拉夫解体后，"无敌"号多次部署到亚得里亚海，支援北约和联合国部队管控局势。1999年4月，"无敌"号从波斯湾出发，加入亚得里亚海的北约部队，充当遏制塞尔维亚军事行动的重要力量。2002年下半年至2003年3月期间，"无敌"号进行了一次改装，"海标枪"导弹发射器被拆除，飞行甲板进一步加长。2003年4月，该舰伴随英军舰队，与美国和其他盟友一起参与了入侵伊拉克行动，当时它首次在实战部署中搭载"默林"HMA1和"海王"AsaC Mk7直升机。

"无敌"号于2005年退役，并进入预备役，直到2010年，英国皇家海军决定将其拆解，并在拆下该舰发动机后，以"尚可拖曳"的状态出售拆解。其姊妹舰"皇家方舟"号和"光辉"号随后分别于2011年和2016年被拆解。

性能规格

尺寸：长210米（689英尺）；宽36米（118英尺）；吃水8.5米（29英尺）

排水量：标准16256公吨（16000吨）；满载22352公吨（22000吨）

推进装置：4台R-R"奥林匹斯"燃气轮机，4根传动轴；功率84500千瓦（112000轴马力）

速度：28节（52千米/时；32英里/时）

续航能力：可以18节（33.3千米/时；20.7英里/时）的速度航行7000海里（13000千米；8050英里）

武器装备：2门GAM-B01 20毫米火炮，3套"守门员"近防武器系统

载机量：22架

舰员：1051人

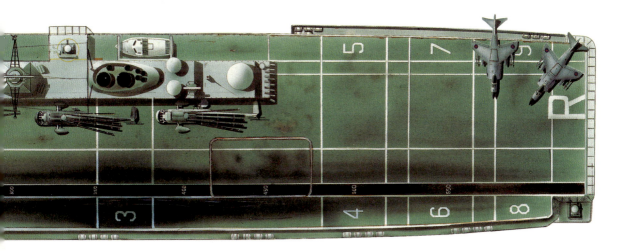

垂直起飞和降落

　　霍克·西德利公司在20世纪60年代中期研制出"垂直起降喷气机"原型机之前，垂直起降飞机的潜力一直存在争议，当时霍克·西德利公司在罗尔斯·罗伊斯"飞马座"发动机上安装了推力矢量喷管。霍克"鹞"式战斗机于1967年12月28日完成首飞。虽然能够垂直起飞，但由于垂直起飞时载荷量受到严重限制，短距离起飞助跑更为合适，因此该型机得名短距/垂直起降（S/VTOL飞机）。虽然早期的"鹞"是一款纯粹的陆基飞机，但该型机作为舰载战斗机的潜力是显而易见的，"海鹞"战斗机在设计之初就计划从"无敌"级航空母舰上起飞作战。"鹞"式战斗机是一款需要高昂维护成本的飞机，但在对地攻击和防空方面都非常有效，麦克唐纳·道格拉斯公司和英国宇航系统公司继续研制了第二代"鹞 II"战斗机。俄罗斯制造了雅克–38战斗机。这类飞机的存在对20世纪80年代及以后轻型航空母舰的建造产生了直接影响。

▶1架"海鹞"战斗机从皇家海军舰艇"无敌"号的甲板坡道上起飞。

美国海军
"卡尔·文森"号（USS Carl Vinson）

被大众熟知为"金鹰"的"卡尔·文森"号是"尼米兹"级超级航空母舰的3号舰。

　　"卡尔·文森"号是10艘"尼米兹"级航空母舰中的第三艘。其龙骨于1975年10月11日在纽波特纽斯造船厂铺设，1980年3月15日下水，它也是美国海军中第一艘以仍然在世的人的名字命名的舰船——一名在1940年主导海军扩充计划的乔治亚州国会参议员。"卡尔·文森"号于1982年3月12日开始服役，其造价据估测达到38亿美元。"卡尔·文森"号与"尼米兹"号和"德怀特·D.艾森豪威尔"号一起构成了10艘超级航空母舰中的一个亚级，不过随着不断的定期改进升级，这前三艘较老的"尼米兹"级也陆续具备了"改进型尼米兹"（从1986年开始建造的新舰）的很多设计特征。所有10艘都有的共同特征是4台升降机和4个弹射器，以及由2台A4W反应堆为4台蒸汽涡轮机提供动力。

　　"卡尔·文森"号最初在弗吉尼亚州的诺福克进行试验和试航，1983年10月28日，它完成一次全球巡航后到达新的母港——加利福尼亚州的阿拉梅达，与其一起环球巡航的第15舰载航空联队（CVW 15）一直配属于"卡尔·文森"号至1994年。随后第14舰载航空联队配属该舰至1998年，随后第11舰载航空联队配属该舰至2003年。2003年至2005年期间，该舰搭载第9舰载航空联队，2010年之后换为第17舰载航空联队。1986年至1987年期间，该舰在阿拉斯加和西伯利亚之间的白令海进行了2次巡航，此外还曾部署到印度洋和中东地区南海岸。1997年，"文森"号成为最后1艘搭载A6-E"入侵者"攻击机的航空母舰。目前该舰搭载的舰载机力量还包括"黑暗骑士"第4直升机海上作战中队，主要由西科斯基MH-60S"海鹰"直升机组成。

在1987年3月至8月的入坞选定的有限修理期（DSRA）中，其所有4个螺旋桨都拆除了，并在亨特点海军基地进行了修复。1989年，该舰的弹药库周围安装了64毫米（2.5英寸）厚的凯夫拉装甲。1999年8月至2000年6月期间，"卡尔·文森"号在普吉特湾海军船厂进行了为期10个月的计划内入坞增量维修（DPIA），总价2.3亿美元的升级包括一套新的局域网和一系列舰内环境的改善。3层床铺是标准配置，并为男女舰员设置了独立的乘员舱。

性能规格

尺寸：长317米（1040英尺）；宽40.8米（134英尺）；吃水11.5米（37尺10英寸）

排水量：标准113500公吨（101300吨）

推进装置：2座A4W反应堆，4个蒸汽轮机，4根传动轴；功率193700千瓦（260000轴马力）

速度：30节（56千米/时；35英里/时）

续航能力：无限

武器装备：2座RIM-116座导弹发射器；2座"海麻雀"Mk 57 Mod 3地空导弹发射器；3套"密集阵"20毫米近防武器系统

载机量：90架

舰员：5680人

隐蔽攻击

在1998年8月的环太平洋联合军演中，超级航空母舰潜在的脆弱性也暴露出来，当时澳大利亚的"昂斯洛"号潜艇在没有被发现的情况下靠近"卡尔·文森"号，并在300米（984英尺）的距离处将其"击沉"，因此提示人们需迫切注意针对秘密攻击的对策。2002年1月至5月期间该舰又作了进一步的改进，飞行甲板上的设备和弹射器完全重新布置，并安装了智慧航空母舰系统——一项自动监控损失情况、航空燃料和列表控件的技术。2005年7月31日，"卡尔·文森"号将母港转移到大西洋沿岸的弗吉尼亚州诺福克，然后开始了漫长换料大修，大修要一直持续到2009年7月，总耗资19.4亿美元，以将其服役寿命再延长25年。新设计的螺旋桨可降低腐蚀，降低敌方探测概率，舰岛的2个上层甲板也被替换，新的桅杆搭载了升级的通信和声呐系统，3套"密集阵"近防武器系统换成了2套RAM导弹发射器。该舰的母港从2010年起被转移至圣迭戈，不过同年1月12日，其母港搬迁工作暂时停止，以便向遭受毁灭性地震的海地提供人道主义救助。

2011年5月2日，基地组织头目奥萨马·本·拉登的尸体在"卡尔·文森"号的甲板上于海上具体位置不详的某处进行了海葬，此前，本·拉登在巴基斯坦的藏身处被美军"海豹"突击队击毙。1月22日，"卡尔·文森"号成为美国第一艘访问中华人民共和国的核动力航空母舰，在中国香港停靠之后返回圣地亚哥。在周期性的计划增加可用性维修（PIA）入坞之间的时间

缆绳回收器（Bridle Catcher）："卡尔·文森"号是美国最后1艘在弹射器上安装缆绳回收器的航空母舰，即借助弹射器末端的坡道回收制动缆绳以重复利用。

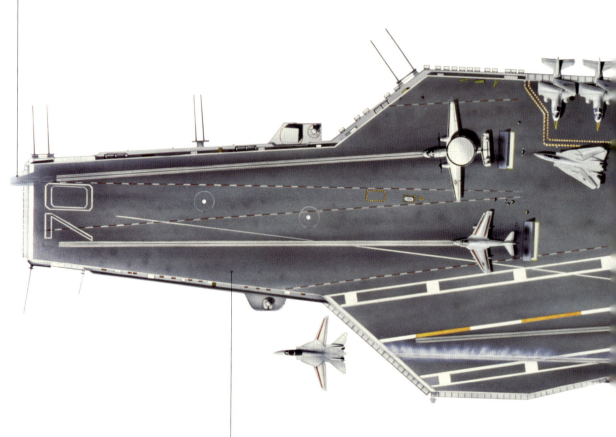

甲板区域（Deck Area）："尼米兹"级航空母舰的飞行甲板面积达到18211平方米（196020平方英尺）。飞行甲板宽76.8米（252英尺），吃水线宽度40.8米（134英尺）。

▲从空中看，"卡尔·文森"号宽阔的甲板上可以看到着舰标线、弹射器、升降机和停机区域。

升降机（Elevator）：甲板边缘的起降机很容易受到偶尔异常的海浪损伤。1986年8月16日，7个舰员在1号起降机——位于机库甲板吃水线上方8米（25英尺）的位置——被海浪冲到舷外，但所有人都被救了上来。

彩色编码（Colour Coding）：甲板上的舰员主要通过衬衫颜色来区分：蓝色是牵引车司机、飞机调遣员和升降机操作员；红色负责器械操作和事故工作；绿色是弹射器和阻拦索操作员以及货物操作员；紫色负责航空燃料；黄色是舰载机引导员；白色是医疗人员；棕色是舰载机联队的飞机维护长和一些低级军官。

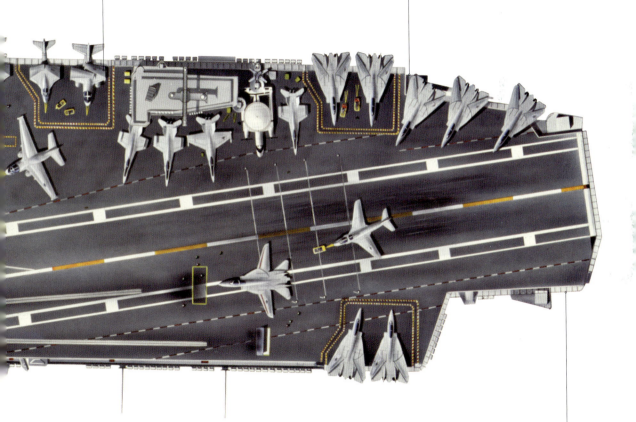

螺旋桨（Propellers）："卡尔·文森"号的螺旋桨频繁出现问题。2007年安装的新型螺旋桨直径6.9米（21英尺），每个重量达到36.5公吨（36吨），它们也计划被用在"杰拉尔德·R.福特"级航空母舰。

"卡尔·文森"号在南中国海"例行巡逻"。

内，与该级别的另外9艘航母一样，"卡尔·文森"号也保持了密集的实战演习、巡逻和为可能的作战行动进行准备。"尼米兹"级航空母舰一次可在海上停留6个月，其间需进行多次补给。

2016年4月，"卡尔·文森"号上安装了一个无人机（UAV）指挥中心，这显示了航空母舰未来发展的重要方面。除了目前常见的无人机使用方式，无人机还被用于测试RIM 116滚转体导弹和"密集阵"近防武器系统，但目前还在发展的计划，如MQ-XX项目计划研制一种无人的空中加油机以便于给海军飞机补充燃料。2017年1月以来，"卡尔·文森"号被部署到第3航母打击大队，作为该方向第三艘航空母舰以加强中国南海附近的巡逻。该打击群还包括"尚普兰湖"号巡洋舰和2艘导弹驱逐舰。

大修计划

"尼米兹"级航空母舰设计服役寿命为50年，其间包括4次入坞计划增加可用性维修和12次略短一些的计划增加可用性维修，后者通常也需要进入干船坞。此外，服役到一半寿命时还安排有一次为期3年的换料复合大修（RCOH），其间舰船不能参与行动，核反应堆需要补充燃料，船上所有系统都要进行检查和修理，如有需要，还要替换为更现代化的系统。就"卡尔·文森"号而言，其换料复合大修在2005年至2009年，主要包括重建舰岛的两层上层建筑，安装新的天线桅杆和雷达塔，新的通信和导航系统，翻新的雷达，新的自卫防空导弹，新的氧氮发生装备，弹射器控制机制，环境油污控制系统，增强的飞机着舰和回收系统。

◀ "卡尔·文森"号目前搭载第2舰载机联队，飞机总数超过80架，其中包括F/A-18E/F"超级大黄蜂"、E-2C"鹰眼"、EA-18G"咆哮者"和MH-60S"海鹰"等舰载机。

1985

"朱塞佩·加里波第"号
（Giuseppi Garibaldi）

意大利的第一艘全通式甲板航空母舰"朱塞佩·加里波第"号最初不被允许搭载固定翼飞机。

第二次世界大战期间，意大利开工建造了2艘航空母舰，但两舰都没有最终完工。1937年的一项法律禁止海军使用固定翼飞机，目的是保证所有空中行动都在空军的掌控之中，纳粹德国空军也是如此。战后，意大利海军将注意力聚焦到了直升机，并首次在护卫舰上搭载直升机。虽然在20世纪60年代，英国"海鹞"垂直起降飞机曾在"安德里亚·多利亚"号（Andrea Doria）巡洋舰上成功完成飞行测试，"朱塞佩·加里波第"号最终成为意大利第1艘直升机航空母舰。不过该级舰的最终设计方案中依然包括1个舰艏滑跃坡道。

"朱塞佩·加里波第"号于1981年3月26日在蒙法尔科内的芬坎蒂尼造船厂开建，1983年6月11日下水，1985年9月30日开始服役。其舷号为C551，基地设在塔兰托，在2009年更大型的"加富尔"号（Cavour）航空母舰建成之前，该舰一直是意大利海军的旗舰。

"朱塞佩·加里波第"号是按照传统航空母舰结构建造的，舰岛位于平甲板右舷，其上装有两根桅杆，均位于盒状的烟囱前方。飞行甲板与舰体中轴线平行，不过在舰艏设有略带坡度的起飞跑道，甲板上除了6处直升机起降点外，舰艏滑跃甲板也能供STOVL飞机起飞。舰体内部的6层甲板由13个水密舱壁隔开，以此增强舰体强度和生存性。除了舰船自己的作战室，还有指挥特混舰队的指挥和控制室。机库甲板长105米（320英尺），宽15米（45英尺9英寸），高6米（18英尺4英寸），在作战时可快速分成3部分。机库甲板占据了舰船尾部三分之二的区域，可通过2个升降机到达其上的飞行甲板。动力装置包括由菲亚特公司特许生产的4台通用电气GE燃气轮机，采用全燃联合动力布局（COGAG），通过2根传动轴驱动螺旋桨。此外，船上还安装了6台的里雅斯特发动机公司的柴油发电机。

反潜作战是"朱塞佩·加里波第"号的首要任务，主要由直升机实施，不过舰上也安装了2套ILAS 3管鱼雷发射器，可用于发射324毫米（12.75英寸）MU-90鱼雷。2003年，舰艇的4套AOSM"奥托马特"Mk 2反舰导弹系统被拆除，此外舰上还保留有2座8联装SARH"蝮蛇"导弹发射器和3套奥托梅莱拉双联40L70 DARDO近防武器系统。上层建筑上还布置有2套"信天翁"防空导弹发射装置（48枚导弹）。电子对抗设备包括2座SCLAR 20管发射器，可发射箔条、诱饵和干扰弹，外加1套SQL-25"水精"拖曳式鱼雷诱饵。2001年，该舰安装了法国-意大利联合制造的SLAT鱼雷威胁探测与评估系统。2009年装备了SPS-768远程雷达系统，SPS-702对海搜索雷达系统，SPS-52C三坐标雷达系统，SPS-774联合监视雷达系统，以及SPN-749导航雷达系统，此外还为40毫米（1.57英寸）火炮装备了SPG-74火控雷达，为"信天翁"导弹发射器装备了SPG-75雷达。舰上还安装了DMS 2000船体声呐。中央作战室中安装了1套SADOC 2作战指挥系统，确保与多国特混舰队中的其他舰船有效联络。

性能规格

尺寸： 长180.2米（591英尺）；宽33.4米（110英尺）；吃水8.2米（27英尺）

排水量： 标准10100公吨（9940吨）；满载13850公吨（13631吨）

推进装置： 4台GE-Avio燃气轮机，2根传动轴；功率60400千瓦（81000轴马力）

速度： 30节（56千米/时；35英里/时）

续航能力： 可以20节（37千米/时；23英里/时）的速度航行7000海里（13000千米；8100英里）

武器装备： 4座AOSM奥托马特Mk 2导弹发射器（2003年拆除）；2座八联装SARH"蝮蛇"导弹发射器；3套奥托梅莱拉双联装40L70 DARDO近防武器系统；2座地对空"信天翁"导弹发射器

载机量： 18架

舰员： 830人

"鹞"和直升机

最初的舰载机力量为18架直升机——阿古斯塔·贝尔AB-212ASW和212NLA直升机，分别用于反潜和运输任务，此外还可搭载阿古斯塔·韦斯特兰EH101 110ASW和EH112-AEW直升机，用于反潜、反水面舰艇作战和空中早期预警，外加410-ASH/413-TTH运输直升机。最初的贝尔212直升机已经替换为意大利制造的NH90 NFH和TTH海上作战/运输直升机。1989年意大利海军最终获准使用固定翼飞机后，"朱塞佩·加里波第"号立即开始搭载短距/垂直起降飞机，

飞行控制站、通信设备、传感设备和防御系统（"信天翁"舰对空导弹）都可在舰船上层建筑清晰地看到，还可看到伸缩臂液压起重机。

并由海军飞行员驾驶。该舰可搭载多达11架AV-8B"鹞"式战斗机，外加2架搜索和救援直升机，或者是"鹞"式战斗机和直升机的组合。意大利海军的"鹞"式战斗机配备有"小牛"空地导弹和AIM-120先进中程空对空导弹。

1994年2月至4月，"朱塞佩·加里波第"号参与了索马里沿岸的"重拾希望"行动（Operation Restore Hope），1995年它再次部署到这里。它的第一次作战任务是在1999年5月至6月的科索沃战争期间，其搭载的"鹞"式战斗机跨过亚得里亚海，利用Mk 2 GBU-16制导炸弹和AGM-65"小牛"导弹对目标实施了轰炸。2001年11月，它作为意大利海军派往印度洋和波斯湾支援"持久自由"军事行动（Operation Enduring Freedom）舰队的旗舰。2003年至2004年经

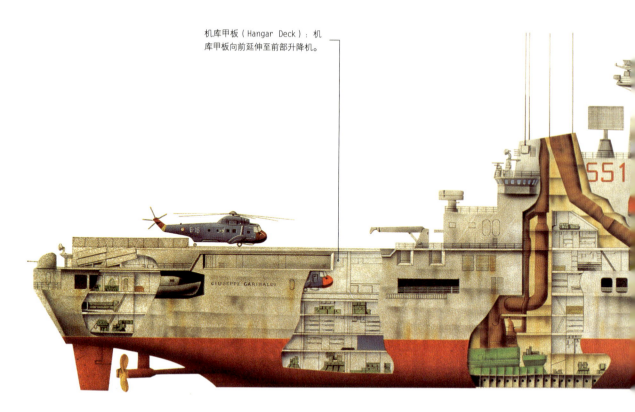

机库甲板（Hangar Deck）：机库甲板向前延伸至前部升降机。

▲ "朱塞佩·加里波第"号是意大利海军对于舰艇设计和建造的大胆尝试，因为此前意大利从未建造过航空母舰。

过一次重大现代化升级后，"朱塞佩·加里波第"号被重新定位为多用途指挥舰船，同时可运载100人的全副武装登陆部队。2011年，"朱塞佩·加里波第"号的舰载机参与了北约对利比亚的轰炸，8架AV-8B"鹞"式战斗机共计投下160枚制导炸弹。2014年11月，该舰在塔兰托完成另一次现代化升级，以期将舰船的服役寿命再延长几年，具体措施包括更换推进系统和发电系统，翻新了飞行甲板、飞机升降和搬运设备，更新了传感系统，旨在改进其作为两栖进攻舰船的适用性。尽管"加里波第"号接受了大量升级改造，意大利海军依然将"加富尔"号作为唯一在役的航空母舰。"加富尔"号经过改造也可搭载洛克希德·马丁的F-35C"闪电"短距/垂直起降战斗机。

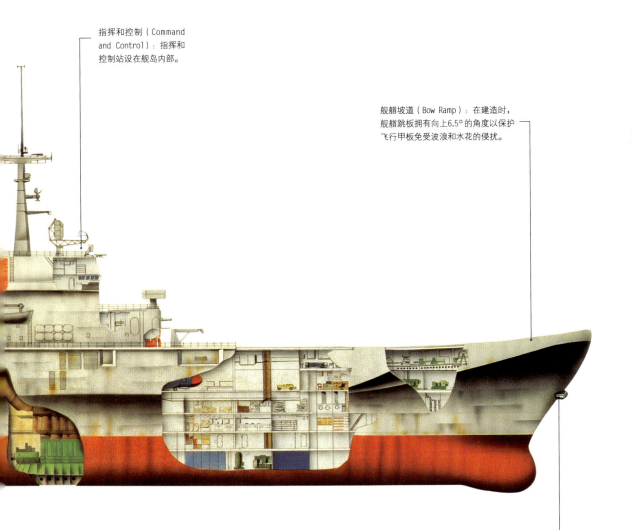

指挥和控制（Command and Control）：指挥和控制站设在舰岛内部。

舰艏坡道（Bow Ramp）：在建造时，舰艏跳板拥有向上6.5°的角度以保护飞行甲板免受波浪和水花的侵扰。

锚点（Anchor）：系船甲板。舰船装有一个锚点。

MU 90鱼雷

这是法国和意大利为了反潜作战而发起的联合项目。MU 90鱼雷重304千克（670磅），长2.85米（9英尺6英寸），直径324毫米（12.75英寸），也能从高速飞行的飞机上发射。电动泵喷系统使其在低速时几乎无法被探测，该型鱼雷射程达23千米（14.3英里），以50节（93千米/时；58英里/时）的最高速度可冲刺10千米（6.25英里）。由于安装了主动/被动声自动引导设备，据称该鱼雷可以定位和摧毁坐沉海底的潜艇。还此项目还研制了另一种反鱼雷版本——MU-90"硬杀伤"鱼雷。MU 90鱼雷的性能与美国的Mk 54鱼雷、英国的"黄貂鱼"鱼雷以及俄罗斯的APR-3E鱼雷相当。

◀1994年，在"加里波第"号访问美国巴尔的摩期间，1架AN SH-3D/H"海王"直升机停在飞行甲板上。

1988

"阿斯图里亚王子"号
（Principe de Asturias）

"阿斯图里亚王子"号的名字追溯至1588年的西班牙无敌舰队，这艘短距/垂直起降航空母舰在1988年至2013年期间一直是西班牙海军的旗舰。

西班牙海军的第1艘固定翼航空母舰是"德达洛"号（Dedalo），即以前的美国海军航空母舰"卡伯特"号（CVL-28），西班牙于1967年8月向美国租借，1972年正式购买。"德达洛"号最初主要供反潜直升机使用，1972年经过改装后可以搭载"鹞"式战斗机，但并不完全适应喷气式飞机，"阿斯图里亚王子"号开始服役后，"德达洛"号在1989年退役。新的航空母舰最初以"亚历山大·卡雷罗·布兰科"号（Almirante Carrero Blanco）——当时西班牙独裁者弗朗西斯科·弗朗哥的一个亲信的名字命名，而没有按照西班牙海军传统和皇室命名。它以美国纽约的吉布斯与考克斯造船厂提出的设计方案为基础，可以视为是"制海舰"的改进版本，"制海舰"在提出时就定位为护航/反潜航空母舰，美国海军从未采用这种舰船，但一些其他国家的海军接纳了这种设计。实际上，该船厂还于1997年为泰国海军建造了相似但更小的"查克里—纳吕贝特"号（Chakri Nabuet）航空母舰。

"阿斯图里亚王子"号于1979年10月8日在费罗尔的伊扎尔（现在的纳万蒂亚）船厂开建，1982年5月22日下水，经过6年的舾装、调整和测试后，于1988年5月30日正式投入使用，并被指定为西班牙海军的旗舰。其最终造价据测算达到2亿比塞塔，超过最初预算的6倍。在结构上，该舰采用了标准的航空母舰配置，方块状的舰岛部分向右舷伸出，位于舰船中部后方。桅杆位于舰桥正上方，其上密集安装着通信和传感设备。飞行甲板是轴向的，起飞和着舰跑道位于左舷，1部带有可伸缩吊臂的升降机位于舰岛上，另1部位于舰艉。舰上没有安装弹射器，但12°的舰艏坡道可以帮助飞机起飞。4管道的烟囱位于桅杆和向后延伸平台上的雷达无线罩之间。2套计算机控制的平衡减摇系统可以尽量降低舰体的摇晃，使得该舰可以在浪高4米（12英尺）的条件下实施舰载机起降。

当时轻型航空母舰普遍使用燃气轮机作为动力装置，"阿斯图里亚王子"号也装备了一套全燃联合动力装置，2台通用电气燃气轮机与独立的减速齿轮箱相连，驱动唯一的螺旋桨传动轴。液压控制的五叶螺旋桨是当时世界上最大的螺旋桨，直径达到6.1米（18英尺7英寸）。根据速度要求，可以选择启用一台或两台燃气轮机。此外，船上还安装了2套可伸缩的电动辅助方位旋转推进装置，既可用于精确操舰，也可在紧急情况下使用。舰上装备有数字化的"特里坦"指挥和控制系统，配合用于接收和发送信息的Link 11和Link 14数据链。武器装备包括4套FABA "梅罗卡" 2B型近防武器系统，该系统包括FABA SPG-M2B跟踪雷达和"因德拉"热成像系统，以及12管的厄利康L120 20毫米（.78英寸）火炮。2套安装在舰艉甲板上，另外2套分别位于飞行甲板的左右两侧。电子对抗装备方面，"阿斯图里亚王子"号安装了1套洛克希德·马丁的"西皮坎"超速散放对抗（SRBOC）系统，可从多管的发射器发射箔条和燃烧弹，射程达到4千米（2.5英里）。"海王星"电子对抗系统可实现雷达信号拦截和干扰。此外还可部署"阿尔贡"ST AN/SLQ-25 "水精"拖曳式鱼雷诱饵。

性能规格

尺寸：长196米（643英尺）；宽24.3米（80英尺）；吃水9.4米（31英尺）

排水量：标准16166公吨（15912吨）；满载16967公吨（16700吨）

推进装置：2台燃气轮机，全燃联合，1根传动轴；功率34568千瓦（46400轴马力）

速度：26节（48千米/时；30英里/时）

续航能力：可以20节（37千米/时；23英里/时）的速度航行6500海里（12000千米；7500英里）

武器装备：4套FABA "梅罗卡" 2B式近防武器系统，每套配备一门12管的厄利康L120 20毫米火炮

载机量：29架

舰员：830人

舰载机力量

"德达洛"号最初的舰载机配置包括8架AV-8B（VA.2）"鹞 II"短距/垂直起降多用途攻击机，1980年又增加了4架，1987年至1988年，"阿斯图里亚斯王子"号又增加了12架"鹞 II"。这些飞机可以携带AIM-9L "响尾蛇"导弹，AIM-120先进中程空空导弹，以及AGN-65E "小牛"空对地导弹。SH-60B "海鹰"反潜直升机也是舰载机力量的一部分。西班牙所用的"鹞"

1995年下半年，地中海，"阿斯图里亚王子"号与意大利的"朱塞佩·加里波第"号航空母舰和英国的"无敌"号航空母舰共同参加"活力混合"（Dynamic Mix）多国联合演习。

式战斗机被称为"斗牛士"，但1980年供应的第二批4架又非正式地被称为"眼镜蛇"。1996年，另外8架AV-8B+喷气飞机加入舰载机中队。正常的舰载机数量达到24架，虽然通常实际搭载数量会少一些。甲板上的停机区域还可再容纳13架飞机，但很少有搭载如此多数量的时候。后来，标准的舰载机力量变为12架AV-B飞机，2架SH-60B飞机，4架阿古斯塔·贝尔反潜飞机（至少保证搭载一架以完成搜索和营救任务）以及10架SH-3H"海王"直升机。

"阿斯图里亚王子"号的母港被设在罗塔海军基地，这里也是西班牙海军航空兵第9舰队的总部。虽然该舰被认为适宜执行反潜作战任务，且具备有限的攻击能力，不过该舰并没有广

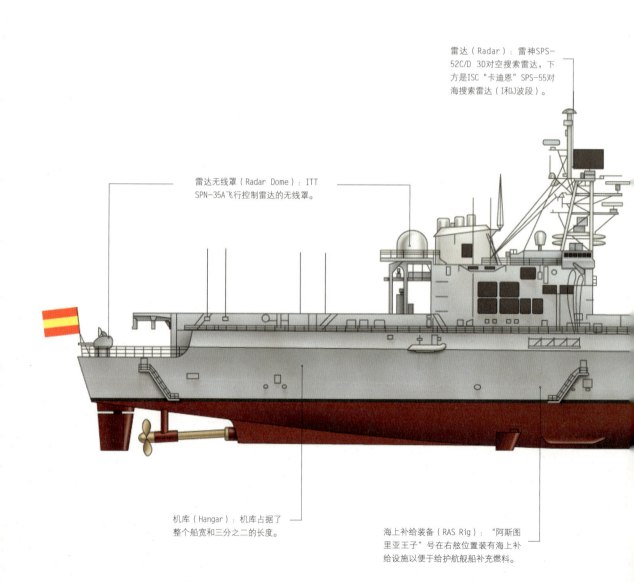

雷达（Radar）：雷神SPS-52C/D 3D对空搜索雷达，下方是ISC"卡迪恩"SPS-55对海搜索雷达（I和J波段）。

雷达无线罩（Radar Dome）：ITT SPN-35A飞行控制雷达的无线罩。

机库（Hangar）：机库占据了整个船宽和三分之二的长度。

海上补给装备（RAS Rig）："阿斯图里亚王子"号在右舷位置装有海上补给设施以便于给护航舰船补充燃料。

泛参与实战，不过在大西洋和地中海参加了大量北大西洋公约组织的演习，其中包括1996年的那场演习，演习期间，该舰与英国的"无敌"号航空母舰和意大利的"朱塞佩·加里波第"号航空母舰组成一支轻型航空母舰中队与美国和法国的海上联合舰队进行了对抗演练。据估计，"阿斯图里亚王子"号及其舰载机力量服役1年的花费大约为一亿欧元。该舰于2013年2月退役，但没有立即被拆解，偶尔还能看到其他国家海军对其感兴趣的报道，如印度尼西亚和菲律宾，甚至还有安哥拉。

▼ "阿斯图里亚王子"号不仅是为了增强西班牙海军的实力，也为其他国家海军提供了一种紧凑型航空母舰的选择。

甲板区域（Deck Area）：平甲板有限的空间使得舰员必须频繁移动即将起飞和延迟起飞的飞机。这也是它通常的实际载机量达不到最大值的原因之一。

设计原则

　　"阿斯图里亚斯王子"号以"制海舰"（SCS）为基础，后者是美国海军在20世纪70年代提出的概念。时任海军作战部长——海军上将艾蒙·朱姆沃尔特（Admiral Elmo Zumwalt）提出希望一种相对较小的舰船，造价更低，但可用于多个方面，如护航、保护舰队补给船以及一些作战任务，在这些任务中该型舰有限的航空作战能力依然能够胜任。1艘大型舰队航空母舰的耗资可建造8艘"制海舰"。然而，该概念虽然引起激烈讨论，最终没有被采纳。美军还是选择让两栖攻击舰成为大型航空母舰的补充。

▶2007年3月16日，"阿斯图里亚斯王子"号停在马耳他大港的平托码头，甲板上停着固定翼和旋转翼飞机。

1995

"库兹涅佐夫海军上将"号
（**Admiral Kuznetsov**）

作为俄罗斯舰队的旗舰，"库兹涅佐夫海军上将"号最初的目的是为潜艇提供空防支援，但现在也用于海上力量投射。

▲ 苏−33是陆基的苏−27战斗机的海军版本：同样是一款单座多用途战斗机。苏−33自1994年就开始服役，全部配属于场站位于北莫尔斯克的第279舰载战斗机航空团。

涅夫斯卡耶设计局主导的1143.5工程是苏联的第一款真正意义上的航空母舰。最初被描述为"载机巡洋舰"以表明比普通航空母舰更广泛的作战能力，这种命名也使其得以通过博斯普鲁斯海峡〔国际条约规定不允许超过15240公吨（15000吨）的航空母舰从这里通过〕，该级别2艘中的另一艘——"瓦良格"号（Varyag）由乌克兰卖给了中国，后者将其翻新和重新武装后更名为"辽宁"号。第三艘——"乌里扬诺夫斯克"号（Ulyanovsk）尺寸显著大很多，设计也有所不同，并且采用核动力推进，最终于1992年报废拆解。本质上讲，"库兹涅佐夫海军上将"号的首要任务是为俄罗斯导弹潜艇提供空防支援，但也能打击敌方水面及水下舰艇。

北部舰队

设计方案经历了多次扩充和修改，最终在乌克兰（当时是苏联的一部分）的尼古拉耶夫南方船厂建造。"库兹涅佐夫海军上将"号于1983年2月22日开建，1985年12月5日下水，作为航空母舰第一次投入使用是在1989年10

性能规格

尺寸：长305米（1001英尺）；宽72米（236英尺）；吃水11米（36英尺）

排水量：标准53848公吨（53000吨）；满载59537公吨（58600吨）

推进装置：8座锅炉，4台蒸汽轮机，4根传动轴；功率149000千瓦（200000轴马力）

速度：29节（54千米/时；33英里/时）

续航能力：8000海里（14800千米；9200英里）

武器装备：12管"花岗岩"SS-N-19反舰导弹系统；24座垂直发射的"匕首"防空导弹发射器；"卡什坦"多功能近防武器系统；6门AK630 AD 30毫米防空炮

载机量：50架

舰员：2100人

雷达（Radar）：雷达系统包括D/E波段的空中和海面目标定位雷达，F波段的对海搜索雷达，G/H波段的飞行控制雷达，I波段的导航雷达，以及"卡什坦"弹炮系统配备的4部K波段火控雷达。

阻拦系统（Arresting Gear）：2016年下半年对叙利亚发动空袭时，"库兹涅佐夫"号的阻拦索遇到了一些问题。

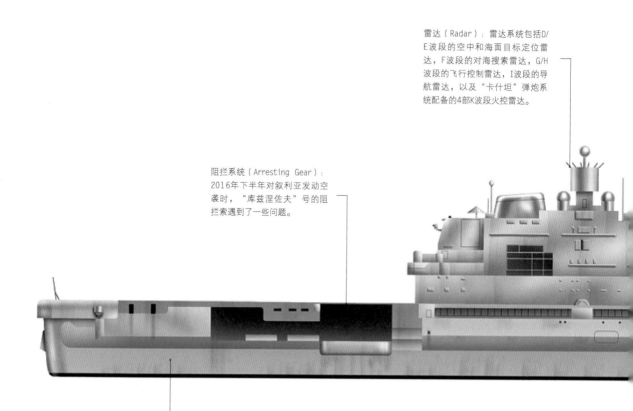

接战能力（Target Engagement）："匕首"防空导弹系统可每3秒发射1枚导弹，并可同时瞄准4个目标，射程可达15千米（10英里）。

月。经过几次更名后，它在1989年12月4日才最终确定名字，之前该舰一度曾被称为"里加"号（Riga）和"列昂尼德·勃列日涅夫"号（Leonid Brezhnev），1991年1月21日正式开始服役。然而，该舰似乎直到1995年才在北方舰队完全具备战斗力。

　　舰体的设计就是"基辅"级航空母舰的放大版本。采用直通飞行甲板，舰岛位于右舷，着舰甲板装有阻拦索，并带有明显的倾角。舰艏带有12°的滑跃坡道，但没有安装弹射器，因此构成了短距起飞/拦阻索回收（STOBAR）的布局。飞行甲板的总面积达到14700平方米（158229平方英尺）。船上共安装了2台升降机，且均位于右舷。就动力系统而言，该舰是1艘传统的舰船，8座涡轮增压的锅炉向4台蒸汽轮机提供蒸汽，每台涡轮机驱动一个固定螺距螺旋桨。

　　雷达系统包括I波段的导航雷达，D/E波段的对空和对海定位雷达，F波段的对海搜索雷达，以及G/H波段的飞行控制雷达。某段时间里还安装过"天空守望者"三坐标雷达。反潜防御/进攻系统是1套UDAV-1系统，可以诱导和摧毁敌方鱼雷，也可利用111SG型深弹攻击距离3000米（9840英尺）内，深度600米（1830英尺）内的敌军潜艇。该系统还能发射111SZ型水雷和111SO型分流导弹。安装在舰体上的搜索和进攻声呐可在中低频段工作。船上安装了12管的

飞行甲板（Flight Deck）：飞行甲板区域面积达到158229平方英尺（14700平方米），右舷位置安装了2台升降机。

舰艏坡道（Bow Ramp）："库兹涅佐夫"号没有弹射器，这也限制了舰载机的载荷，因为它们必须从舰艏坡道上起飞。

▲与冷战时期其他战舰一样，"库兹涅佐夫海军上将"号也经过改造而满足21世纪海军战略和实战需求。

"花岗岩"反舰导弹系统，可发射SS-N-19导弹（北约代号为"海难"），外加"匕首"防空系统，后者包括24个垂直安装的发射器，并由一部多频道自动控制的相控阵雷达控制。其"卡什坦"空海防御系统由4座雷达控制，同时也是一套多功能近防武器系统，可以在近距离内拦截中空或低空飞来的导弹或飞机，快速射击的30毫米（1.18英寸）双联6管加特林机关炮和激光制导导弹拦截范围达到8千米（5英里）。此外，船上还装备了6门AK630 AD 30毫米防空炮。总而言之，与西方的航空母舰不同，"库兹涅佐夫"号拥有强大的自卫能力。

短距起飞和垂直降落

"库兹涅佐夫"号搭载的第一批舰载包括苏-27战斗机、米格-29K战斗机和雅克-41M战斗机。后来这些机型都换成了雅克-43战斗机和苏-33战斗机。苏-33海军战斗机（北约代号为"侧卫-D"）拥有短而宽的机翼，并专为短距起飞/拦阻降落加强了起落架。该机装备1门30毫米加农炮，可挂载6枚R-27和4枚R-73空对空导弹，外加根据任务而定的其他炸弹和火箭。舰载直升机可能包括卡-31舰载空中预警机、卡-27-Ld"螺旋"、卡-27 PLO和卡-27-S直升机。卡-27反潜

"库兹涅佐夫海军上将"号的左舷视图，当时位于意大利南部，经由地中海返回北莫尔斯克的北部舰队基地。

俄罗斯复兴

2016年"库兹涅佐夫海军上将"号前往叙利亚,支援阿萨德政权的作战行动使得国际其他国家对于俄罗斯未来的航空母舰计划产生了兴趣,因为俄罗斯通过部署航空母舰重申了其全球大国的地位。印度海军对"基辅"级航空母舰"戈尔什科夫海军元帅"号的现代化改造增强了俄罗斯在最新航空母舰设计方面的经验。位于圣彼得堡的克里洛夫斯基国家研究中心还着手设计超级航空母舰——23000E"风暴"计划,排水量达到101604公吨(100000吨),可搭载90架飞机。是否采用核动力或其他动力装置目前还不清楚。这样一个项目如果付诸实施必将要求大幅扩展船坞和维护设备。即便情况乐观,新一级航空母舰预计也需要等到21世纪20年代晚期才能真正投入使用。

直升机装备了对海搜索雷达、吊放式声呐、声呐浮标和磁异常探测器。

1991年苏联解体后,"库兹涅佐夫"号离开乌克兰费奥多西亚的黑海港,沿着欧洲海岸航行,最终加入位于北莫尔斯克的北方舰队,那里成为其新的母港,那里也是俄罗斯主要的潜艇基地。2000年8月,该舰参与了营救遇难核潜艇"库尔斯克"号的行动,但没有成功。2015年,该舰又进行了一次彻底检修以升级各项性能。"库兹涅佐夫"号也是地中海上的常客,自1995年以来多次到地中海巡航,第一次作战任务是在2016年10月中旬,当时在北约舰船和飞机的监视下,该舰来到地中海东部,同行的特混舰队还包括其他战舰,如核动力导弹巡洋舰"彼得大帝"号(Pyotr Velikiy)、反潜舰"北莫尔斯克"号(Severomorsk)、外加一些支援舰船,作战任务是支援叙利亚政府军围攻阿勒颇。

2016年11月和12月期间,其舰载机从陆地基地和舰船上共发起420架次空袭,2017年1月,该舰返回俄罗斯。在作战行动期间两架舰载机中由于阻拦索问题而失事。这些部署行动也为后续级别航空母舰的设计提供了有价值的指引。

俄罗斯还有计划再对"库兹涅佐夫海军上将"号进行大幅改造升级,可能包括更换新的推进系统和阻拦索,也可能计划搭载卡-52K侦察和战斗直升机,该机型最初是为法国"西北风"级两栖攻击舰而设计的,可挂载空对空和空对地导弹。这些升级措施将使其服役寿命延长至2025年。

1998

英国皇家海军两栖直升机登陆舰
"海洋"号（HMS Ocean）

英国皇家海军唯一的两栖直升机母舰（LPH），主要用于为滨海作战行动和反潜行动提供空中支援。

两栖直升机登陆舰（LPH），顾名思义，是一种专门用于起降直升机和其他垂直起降飞行器的两栖作战舰艇。"海洋"号于1994年5月30日在克莱德河畔的卡瓦纳·戈万船厂开建，1995年10月11日下水。随后它依靠自身动力开到位于法尔斯-巴劳的维克斯造船厂（VSEL）完成作战系统舾装，最终于1998年9月30日开始服役。当时它是英国皇家海军最大的舰船。然而，预算限制对舰船的设计有所影响——除飞机之外，舰船建造成本达到1.7亿英镑。

舰体基本上沿用了商船结构，但"螺栓加固"设计使其满足了海军舰船的基本要求，其中包括内舱壁和外壳体的加固和防火以适应高海况和作战环境。传统的舰船设计以最大化生存性为目标，以保证即使在受损情况下仍能继续作战。就"海洋"号而言，其生存性的重点是如何拯救舰员。长方形的舰岛上方设有视野良好的舰桥甲板，2座塔式桅杆被锥形的长方体烟囱隔开。动力系统由2台克罗斯利·皮尔斯蒂克V12柴油发动机驱动2部螺旋桨，此外还安装了1台450千瓦（603马力）的"卡梅瓦"舰船推进器，但后来该设备又被拆除。

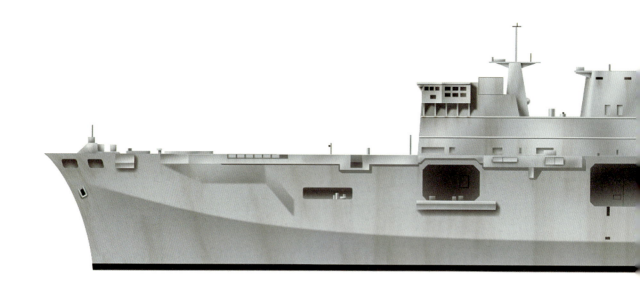

直升机母舰

　　飞行甲板面积为170米（557英尺）×33米（108英尺），共设置6个起降点和6个停机位。"海洋"号搭载"海王"HC4/"默林"运输直升机，以及"山猫"/WAH-64"阿帕奇"攻击直升机。该舰也可搭载阿古斯塔·韦斯特兰AW 159"野猫"直升机、波音"支努干"和"黑鹰"直升机。目前，该舰最多可搭载12架EH101"默林"和6架"山猫"直升机，同时也能供"支努干"直升机着舰和补充燃料。虽然曾被用于运输固定翼飞机，但由于没有弹射器和助飞跑道而无法起降此类飞机。"海洋"号主要是一艘直升机母舰，但也能运载4艘车辆人员登陆艇（LCVP），舰体两侧各悬挂2艘，此外还有大约40辆车辆的储存空间。舰艉吃水线之上的折叠坡道和浮桥可供搭载的车辆和人员进入登陆艇。左舷还装有一个在港口中使用的滚装坡道。

　　其他搭载的舰船还包括8米（24英尺4英寸）长的Mk 3刚性突击艇（RRC），该型艇装备1台540马力的舷内发动机，可以30节（55.5千米/时；34.5英里/时）的速度航行120海里（222千米；138英里）；更小型的"黄道带"突击艇，长5米（15英尺3英寸），可搭载5名士兵，续航能力达到40海里（74千米；46英里），最大速度可达20节（55.5千米/时；34.5英里/时）。"海洋"号共可运输大约500人的部队，如果轻装状态可增至800人。该舰的次要任务包括在模拟作战环境下开展海上训练，在针对恐怖组织的战术行动中充当指挥中心，这种行动要求在有限战场环境中开展突袭和作战。

　　"海洋"号安装了英国宇航系统公司的ADAWS 2000作战数据系统、Link 11、14和16数据链，阿斯特里姆公司的SATCOM 1D卫星通信系统以及"默林"计算机链接通信系统。舰载武器包括3门"密集阵"Mk 15近防系统和8门厄利康/BMARC GAM-BO3 20毫米火炮，后者分别装于4座双联装炮座中。其雷达系统包括997型三坐标雷达，1008型导航雷达，以及2部凯尔文·休斯

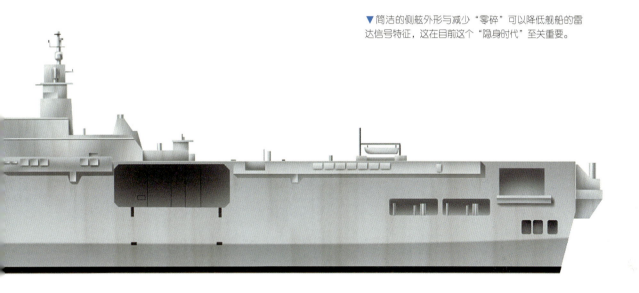

▼简洁的侧舷外形与减少"零碎"可以降低舰船的雷达信号特征，这在目前这个"隐身时代"至关重要。

1007型飞行控制雷达。"海洋"号装备了"Outfit DLH"电子对抗系统。电子对抗和诱饵装备包括UAT电子支援设备，DLH诱饵发射设备以及水面舰艇鱼雷防御装备（SSTD）。

尽管建造标准低于海军标准，事实证明"海洋"号是一款通用且高效的舰船，参与了大量行动。第一次任务是1998年10月至11月期间，洪都拉斯遭受飓风"米奇"袭击后，该舰从德文波特的母港出发前去参与救援行动。1999年，它被部署到地中海支援联合国部队在科索沃战争中的行动。2000年，该舰作为皇家海军两栖戒备大队的旗舰前往塞拉利昂，这也是联合国对叛乱部队的回应，即"帕利泽"行动。在那场行动中，该舰搭载了皇家海军陆战队第42突击营，皇家海军陆战队空军中队的2架Mk 7"山猫"直升机和2架"小羚羊"直升机，外加皇家空军的2架CH-47"支努干"直升机。

2003年，"海洋"号作为英国海军部队的一部分被部署到波斯湾，作为英国政府参与伊拉克战争兵力的一部分，其他舰船还包括"皇家方舟"号航空母舰、3艘驱逐舰、1艘核动力潜艇和支援舰船。伊拉克战争期间，"海洋"号搭载的Mk5A登陆艇发生了液压和海水冷却系统故障。

性能规格

尺寸：长203.4米（667英尺）；宽35米（115英尺）；吃水6.5米（21英尺）

排水量：标准21500公吨（21200吨）

推进装置：2台克罗斯利·皮尔斯蒂克16 PC2.6 V 200柴油发动机，2根传动轴；功率17557千瓦（23904轴马力）

速度：18节（33.3千米/时；20.7英里/时）

续航能力：7000海里（13000千米；8000英里）

武器装备：3套"密集阵"Mk 15近防武器系统，8门厄利康/BMARC GAM-BO3 20毫米火炮，分别安装于4座双联装炮座中

载机量：18架

舰员：365人

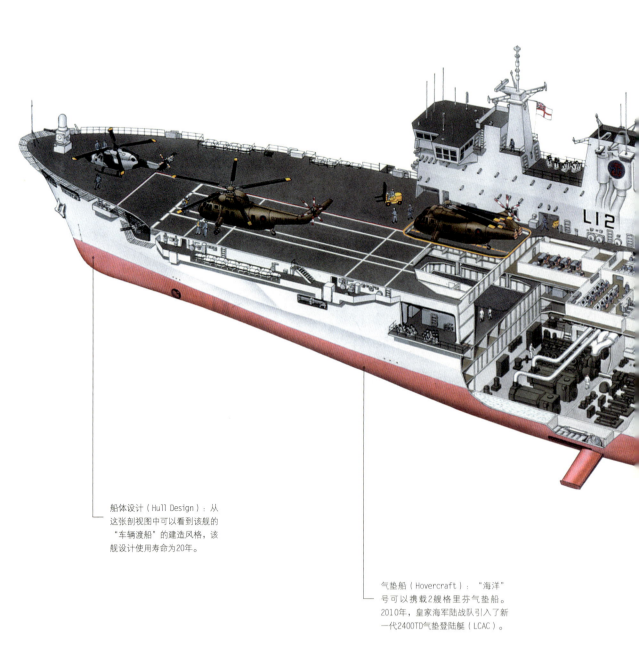

船体设计（Hull Design）：从这张剖视图中可以看到该舰的"车辆渡船"的建造风格，该舰设计使用寿命为20年。

气垫船（Hovercraft）："海洋"号可以携带2艘格里芬气垫船。2010年，皇家海军陆战队引入了新一代2400TD气垫登陆艇（LCAC）。

▲1998年入役的"海洋"号是皇家海军装备的第三代多功能两栖作战和指挥舰艇。

车辆人员登陆艇（Landing Craft Vehicle Personnel）：车辆人员登陆艇安装在6米（18英尺4英寸）长的盒状吊艇架臂上，每个架臂重4公吨，由两个轴心点链接，通过一套曲柄和钢绳系统实施装卸作业。

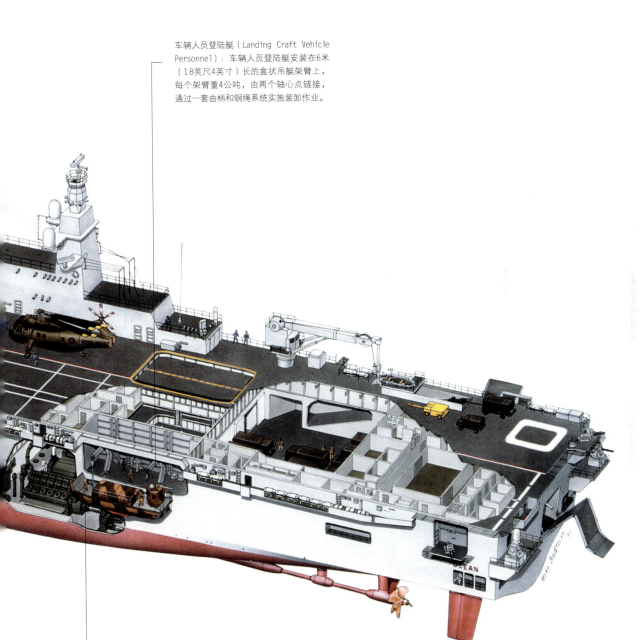

车辆人员登陆艇尺寸（LCVP Dimensions）："海洋"号的4艘Mk 5车辆人员登陆艇长15.7米（51英尺6英寸），满载重量达到24公吨（23.6吨）。它们可行驶210海里（389千米；241英里），最大速度可达25节（46.2千米/时；28.7英里/时）。

2012年12月，阿拉伯湾部署期间，飞行员在开展训练。1架来自美军第111航空团的UH-60"黑鹰"直升机正按照1名英军航空引导员的引导下着陆。

舰体修理

2015年年中，"海洋"号的电子设备进行了现代化升级。其原始的SELEX传感器和舰载系统公司的996型空中和水面搜索雷达已经替换为皇家海军的新一代海上中程雷达（MRR）。可能"海洋"号最不令人满意的就是舰体了，当初设计的使用寿命仅为20年。"无畏"级舰船之后，英国皇家海军还有2艘两栖攻击舰"堡垒"号和"阿尔比恩"号，但它们搭载直升机的能力有限。"海洋"号的退役似乎将会给英国皇家海军多功能特混舰队作战能力留下了缺口。

2004年3月，它们被替换为Mk 5B登陆艇，还是在2004年，3月至5月期间，"海洋"号成为第1艘在海上测试"阿帕奇"AH Mk 1直升机的舰船。2007年，它在德文波特进行了重大改装，包括安装了1套单室热解装备，以及用于处理和清理"生活垃圾"的垃圾压缩机和气化炉。2008年至2011年期间，"海洋"号与盟国海军一起参与了常规的系列演习，大部分演习都着眼于通过多功能特混舰队对于紧急状况做出有效响应。

皇家海军旗舰

2011年，"海洋"号在利比亚沿岸的基地度过了4个月时间。2012年，该舰停泊在伦敦的格林威治，作为奥林匹克运动会的安保力量的组成部分。

2014年至2015年期间，"海洋"号按计划在德文波特造船厂完成了维修，耗资6500万英镑。2015年6月，该舰被正式确定为英国皇家海军的旗舰。2016年6月，该舰在波罗的海参加了代号为"波罗的海行动"（Baltops）的军事演习，7月，尽管反潜作战能力有限，该舰仍然在地中海的国际"深蓝II"反潜演习中充当指挥舰。

2016年9月20日，"海洋"号离开普利茅斯，与船坞登陆舰"堡垒"号及其支援舰船一起组成联合远征军（海上）特混舰队，并部署到地中海和中东水域长达6个月时间，其间搭载了一个海军突击营，以及来自第845海军航空中队，第662陆军航空兵中队和皇家空军第27中队的直升机。

"海洋"号目前计划在2018年3月底退役，但还没有对应的替代者。新的航空母舰"威尔士亲王"号可能将配备专门用于支援皇家海军陆战队行动的装备。一些专家评论员提出延长"海洋"号的服役寿命，或者建造比"威尔士亲王"号尺寸和配置更低的多用途两栖战舰作为替代。

"夏尔·戴高乐"号
（Charles de Gaulle）

作为法国海军的旗舰，"戴高乐"号是欧洲国家海军中唯一的核动力水面舰艇，也是除美国之外唯一的核动力航空母舰。

　　核动力且装备核武器的"戴高乐"号航空母舰被视为法国维持世界地位以及参与国际重大外交活动的重要基础。其龙骨于1987年11月24日在布雷斯特的法国舰艇建造局（DCNS）船厂安放，1994年5月7日下水，1999年完成海上试航，2001年5月18日正式开始服役。由于资金困难，"戴高乐"号服役时间比最初计划时间晚了5年。该舰是当时欧洲国家海军中最大的战舰，但后来英国的"伊丽莎白女王"级超过了它。

　　由于没有必要安装烟囱为发动机通风，极高的舰岛装在了舰船前部，其上布置了大量的探测和通信系统。桅杆的最高点高出吃水线75米（228英尺6英寸）。舰上可容纳多达800名突击队员，以及500公吨（492吨）弹药。舰上大约15%的舰员是女性。舰艉的两部升降机均位于侧舷，一次可提升2架飞机，载重高达36公吨（35吨），每2分钟就能将2架飞机运输到飞行甲板上。飞行甲板带有8°的斜角，面积为203米（618英尺）×20米（61英尺）。2部75米（228英尺6英寸）的美国C 13-3型弹射器可每2秒钟将25公吨的飞机加速至270千米/时（167英里/时）。此外船上还装有3座Mk7 3型阻拦索系统。2座法国自主设计的AREVA K15压水式核反应堆和2台阿尔斯通蒸汽轮机通过2根传动轴传输推进动力。舰载电力系统功率达到21400千瓦（28697马

▼从某些方面来讲，在2017年美国海军的"杰拉尔德·R.福特"号航空母舰出现之前，"戴高乐"号在设计方面是世界上最先进的航空母舰，但普通的排水量使其称不上"超级航空母舰"。

舰岛（Island）：舰岛的设计最大程度上强调了隐身性能。虽然是一艘大型舰艇，雷达隐身也能有助于隐藏舰艇的身份。

泄压阀（Pressure Vents）：虽然不需要烟囱，舰岛融合了蒸汽安全阀通风管以释放涡轮机和弹射器系统过度的压力。

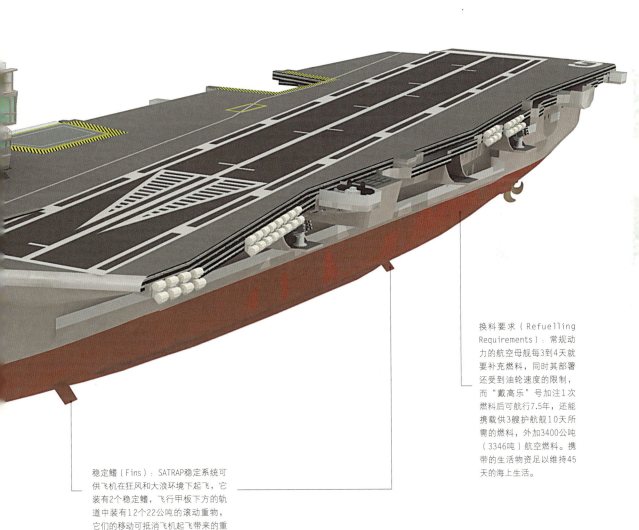

换料要求（Refuelling Requirements）：常规动力的航空母舰每3到4天就要补充燃料，同时其部署还受到油轮速度的限制，而"戴高乐"号加注1次燃料后可航行7.5年，还能携载供3艘护航舰10天所需的燃料，外加3400公吨（3346吨）航空燃料。携带的生活物资足以维持45天的海上生活。

稳定鳍（Fins）：SATRAP稳定系统可供飞机在狂风和大浪环境下起飞，它装有2个稳定鳍，飞行甲板下方的轨道中装有12个22公吨的滚动重物，它们的移动可抵消飞机起飞带来的重量变化，以此保证横向的稳定。

▼ "戴高乐"号的轮廓图。与美国航空
母舰相比，其舰岛位置相对靠前。

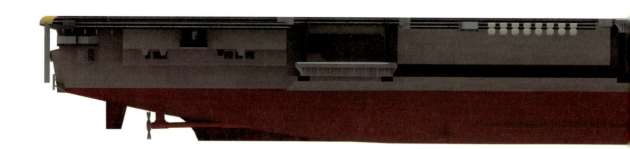

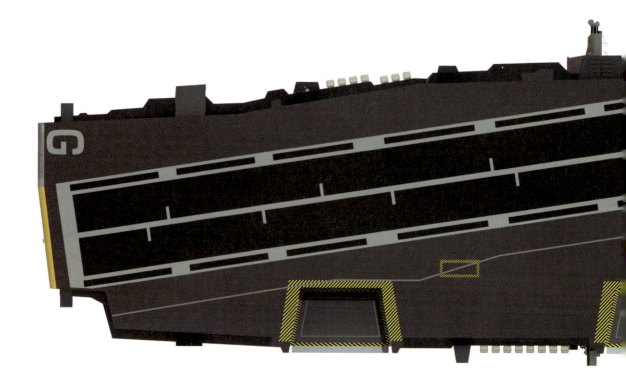

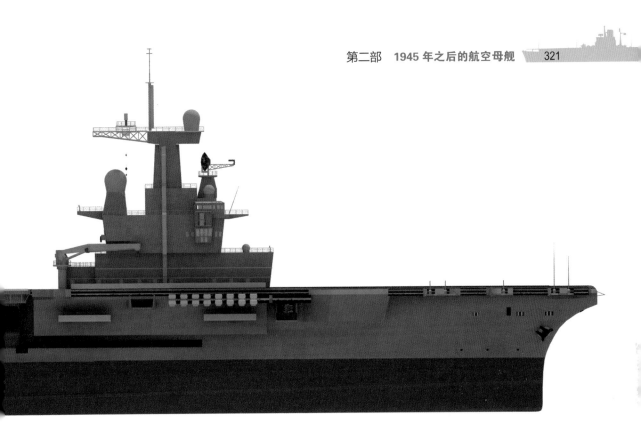

力），电力来自4台4000千瓦（5364马力）的涡轮交流发电机，4台1100千瓦（1475马力）的柴油交流发电机，以及4台250千瓦（535马力）的燃气涡轮交流发电机。

精密电子装备包括2部雷卡DRBN-34雷达，外加DRBJ-11 B，DRBV-26 D三坐标雷达和DRBV-15 C对海/对空搜索雷达，以及ARABEL目标探测雷达。电子对抗设备包括1套ARBR-21探测器，2套ARBB-33干扰机，4个"萨盖"诱饵发射器，1套SLAT反鱼雷诱饵系统和ARBG-2

MAIGRET拦截系统，以及战术空中导航（TACAN）NRBP-20A系统。SENIT 8/05（战术情报处理系统）以及Link 11和16数据链可提供作战信息和指挥。"戴高乐"号装备2套DIBC-2A（维吉105）光电火控系统，同时配备红外VMB DIBV-2A监控雷达。舰上还装有"锡拉库斯"卫星通信系统，舰队卫星通信系统和国际海事通信卫星系统。武器装备包括2座8单元"席尔瓦"垂发系统，发射欧洲导弹公司"紫菀15"舰空导弹，2座6联装"萨德拉尔"短程防空导弹发射器，

2012年12月，"戴高乐"号停泊在土伦海军基地，当时该舰正在接受性能升级。

性能规格

尺寸：长261.5米（858英尺）；宽64.3
　　　米（211英尺3英寸）；吃水9.4米
　　　（30英尺11英寸）

排水量：标准37085公吨（33530吨）；
　　　　满载42500公吨（41830吨）

推进装置：2座K15反应堆，2台阿尔斯通
　　　　　蒸汽轮机，2根传动轴；功率
　　　　　61000千瓦（83000轴马力）

速度：27节（50千米/时；31英里/时）

续航能力：无限

武器装备：2座8联装"席尔瓦"垂发系
　　　　　统（发射"紫菀15"舰空导
　　　　　弹），2套6联装"萨德拉尔"
　　　　　点防空导弹系统（发射"西
　　　　　北风"防空导弹），外加8门
　　　　　法国地面武器工业集团Giat
　　　　　20F2 20毫米机关炮

载机量：40架

舰员：1950人

发射"西北风"防空导弹，以及8门法国地面武器工业集团的Giat 20F2 20毫米机关炮。

"戴高乐"号最初的舰载机力量包括16架"超级军旗"攻击机，1架E-2C"鹰眼"预警机，2架达索"阵风 M"双发多用途战斗机以及一些直升机。目前，它的舰载机包括多达40架"阵风 M"战斗机和3架E-2C"鹰眼"预警机。同时也能搭载AS-565"黑豹"直升机和"海豚"直升机。

改装

"戴高乐"号的母港位于法国南部的土伦。它曾多次参与世界范围内问题地区的任务，其中包括2001年11月的首次部署行动，即支援美国主导的针对阿富汗塔利班组织的"持久自由"行动。另外4次部署到西南亚和印度洋的任务一直延续到2007年。2007年9月，它开启了为期15个月的改装，其中包括核反应堆补充燃料和安装新的螺旋桨。原始螺旋桨的缺陷导致它不得不使用更小型"福熙"号和"克莱蒙梭"号航空母舰的备用螺旋桨，其速度也因此仅为24节（44.4千米/时；27.6英里/时）。

2010年10月，"戴高乐"号作为法国海军第473特混舰队的旗舰，开启了在地中海、红海、波斯湾和印度洋的4个月行动部署，与之一起行动的还有美国第9和第10航母打击群，外加英国海军部队。

"戴高乐"号被视为美国之外的国家制造的最大型最复杂的航空母舰，它也是唯一能与美国"尼米兹"级航空母舰完美协作的航空母舰，可以搭载F/A-18E/F"超级大黄蜂"战斗机和C-2"灰狗"运输机。2011年，"戴高乐"号与印度海军舰船开展了演习，随后返回地中海参加联合国维持利比亚上空禁飞区的作战任务。法国人对拥有核动力航空母舰的自豪感使其热衷于比较"戴高乐"号及以前航母的性能：在1993年至1996年期间的波斯尼亚冲突中，"克莱蒙梭"号和"福熙"号大部分时间都部署在那里，35架舰载机共计出动1500架次，并且几乎全部在白天时间。而在利比亚沿岸，"戴高乐"号搭载的18架战斗机和1架"鹰眼"预警机在不到5个月的时间里共计出动1573架次，并且在白天和夜晚都有出动。

虽然"戴高乐"号的速度比"克莱蒙梭"号慢，但也能在4分钟内从0加速到20节（37千

米/时；23英里/时），7分钟内达到全速，并无限期地维持27节（50千米/时；31英里/时）的最高速度。自2015年来，"戴高乐"号已经部署3次，对在法国本土和中东国家制造恐怖主义袭击的"伊斯兰国"（ISIS）极端组织发动空袭。按照预定计划的改装，"戴高乐"号的服役寿命有望达到40年。

英法合作

最初，法国政府计划维持一支2艘航空母舰的舰队，目标是保证任何时候至少有1艘可随时部署。因此，2艘航母的构想没有考虑"戴高乐"号现代化升级的方案，但从2003年开始，这种可能性出现了，因为通过泰雷兹公司和法国舰艇建造局的合作可分享英国"伊丽莎白女王"级航空母舰的设计方案。根据该设计方案建造的法制航空母舰可以成为1艘CATOBAR（弹射起飞/拦阻着舰）航空母舰，也可能配备核动力推进装置。虽然在2006年1月达成了最初的协议，出于政治、经济和战略上的考虑，特别是石油价格的剧烈变动，导致法国政府在2013年放弃了第二艘大型航空母舰的计划。

2003

美国海军"罗纳德·R.里根"号
（USS Ronald R. Reagan）

作为世界上最强大国家海军的旗舰，这艘巨大的航空母舰展现出了与早期的
"尼米兹"级航母众多的不同之处。

　　"罗纳德·R.里根"号（CVN-76）是第9艘"尼米兹"级航空母舰，于1998年2月12日在弗吉尼亚州纽波特纽斯的诺斯罗普·格鲁曼船厂开建，2001年3月4日下水，2003年7月12日开始服役。在这些超级航空母舰的建造过程中，海军和船厂可以整合众多新技术以降低成本和增加有效性。舰岛有很多改动之处，首先它变成了一个独立的660吨预制部件，同时再次对主桅杆和雷达天线重新进行了布局。"里根"号的舰岛甲板比先前的"尼米兹"级少一层，但内部更高的空间使其总高度差不多。飞行甲板上装有常规的4台升降机和4部蒸汽式弹射器。机库区域的设计也可以保证发生火灾时能快速控制火势并扑灭。冲洗系统包括在整个船体内部安装的自动洒水装置，可应对火灾和核生化攻击。与"尼米兹"级其他舰船一样，"里根"号的动力装置包括2座西屋AS4W反应堆，通过4台蒸汽式涡轮机向4根传动轴提供动力。虽然该舰设计速度是30节（55.5千米/时；34.5英里/时），但实际最高航速可能超过这一数字。虽然自身不消耗燃料，但该舰依然设计有燃料舱以便为护航舰船和舰载机运载燃料。除了远程航行外，"里根"号也能在海上装卸军械和其他补给，即使在恶劣天气条件下能够进行此类作业。

　　舰载武器包括2座用于发射RIM-162"改进型海麻雀"中程舰对空导弹的Mk 29八联装导弹

发射装置，2座21联装RIM-116点防空导弹发射器。该舰舰载机数量高达90架，包括固定翼和旋翼机。

2004年6月，"里根"号成为第一艘通过麦哲伦海峡的核动力航母，并开到指定的母港，即位于加利福尼亚州科罗纳多北岛海军航空站。在此途中，它还与巴西航母"圣保罗"号和阿根廷海军飞机一起参与了一次11国联合演习行动。2006年年初，它开启了首次部署，并一直持续到7月6日，对外宣称是在波斯湾支援全球反恐活动的海上安全行动，2006年该舰还参与了"勇敢之盾"演习，测试了海军在陆海、空中以及太空中的检测、追踪和应对能力。2007年，"里根"号带领第7航母打击群与韩国海军开展了联合演习。2008年6月，菲律宾群岛遭遇"风神"台风后，"里根"号参与了人道主义救援行动，随后在8月28日，该舰在"持久自由"行动中首次出动战斗架次，其舰载机为阿富汗南部的地面部队提供支援。

性能规格

尺寸：长332.8米（1092英尺）；宽40.8米（134英尺）；吃水11.3米（37英尺）

排水量：标准113600公吨（101400吨）

推进装置：2座A4W核反应堆，4台蒸汽轮机，4根传动轴；功率194000千瓦（260000轴马力）

速度：30节（56千米/时；35英里/时）

续航能力：无限

武器装备：2座Mk 29八联装导弹发射装置（发射RIM 162"海麻雀"中程舰空导弹），2座RIM-116 RAM 21联装点防空导弹发射器，近防武器系统

载机量：90架

舰员：5680人

放射性洗消

为期6个月的计划内增量可用性维修（PIA）在加利福尼亚州科罗纳多北岛海军航空基地完成。2011年3月11日，日本东北海岸发生海啸后，"里根"号再次前往参与救灾行动，在日本本州沿岸作为浮动支援平台，为日本自卫队直升机和海上自卫队舰艇补充燃料。由于靠近受损的福岛核电站太近，该舰需要进行彻底的放射性清洗并采取其他防辐射措施。2012年1月6日，"里根"号进入普吉特湾海军基地进行入坞计划内可用性维修的升级和改造，2013年3月12日完成，总耗资2.1亿美元。另一次计划内增量可用性维修于2014年9月至2015年4月17日在加利福尼亚州科罗纳多完成。

2015年8月31日，"里根"号将其母港从圣地亚哥转移至日本横须贺的美国海军前进基地，第5舰载机联队也随之前出。作为第5航母打击群的核心舰船，该舰定期在日本和韩国周边海域进行巡逻，并参与盟友的演习。

2010年7月31日，"里根"号达到珍珠港参加2年一次
的环太平洋联合军演——世界上最大规模的多国海上
演习，按照惯例，舰艇在入港时会全员站坡。

▼ 超级航空母舰以美国总统名字命名的先例始于1968年的
"约翰·F.肯尼迪"号（CV-67）。但自开始以来就一直有
人批评，特别是以最近在位者的名字命名。美国国会在1862
年确立战舰命名规则时完全想象不到航空母舰会在未来出现。

舰艏（Bow）："里根"号采用
了新型的球状舰艏，与其同级别
的611公吨（601吨）舰艏相比，
它在舰艏增加了122公吨（120
吨）的重量，新型球鼻艏改善了
舰体前部的浮力，并通过改善舰
艏的流体力学特性提升稳定性。

甲板尺寸（Deck Dimensions）：起
飞甲板全长76.8米（252英尺）。

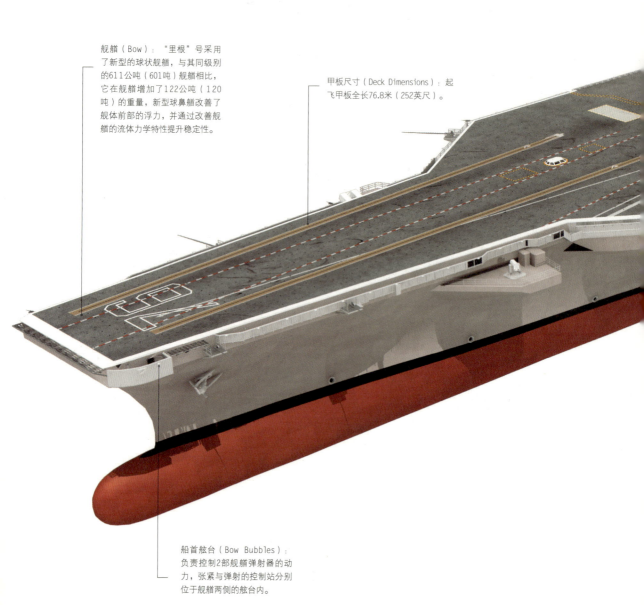

船首舷台（Bow Bubbles）：
负责控制2部舰艏弹射器的动
力，张紧与弹射的控制站分别
位于舰艏两侧的舷台内。

桅杆（Masts）：该舰没有在舰岛后面安装独立的桅杆，第二个桅杆整合到了舰岛之中。

航母打击群

美军目前的航母打击群主要以"尼米兹"级航空母舰为核心，通常也会包含一艘"洛杉矶"级或"弗吉尼亚"级核潜艇。一般而言，1个航母打击群包括两艘"提康德罗加"级（Ticonderoga）制导导弹巡洋舰、2艘"阿里·伯克"级（Arleigh Burke）或"斯普鲁恩斯"级（Spruance）驱逐舰（主要装备防空导弹）、2艘"奥利弗·哈泽德·佩里"级（Oliver Hazard Perry）护卫舰（主要装备反潜武器，布置在编队两侧）。打击群可通过补给舰补充燃料或弹药，补给舰通常是美国海军的49600公吨（48800吨）"补给"级快速作战支援舰，可运载燃料、军械和所有物资以保证战舰在海上连续作战，其速度也可以达到25节（46.2千米/时；28.7英里/时）。停在母港时，打击群一般保持警戒状态，需要紧急部署时立即开赴全球任何地方。

▶2006年5月7日，美国海军"企业"号航空母舰（CVN-65）领导其打击群在大西洋航行。其他舰船包括导弹护卫舰"尼古拉斯"号（Nicholas），导弹巡洋舰"莱特湾"（Leyte Gulf）号，导弹驱逐舰"麦克福尔"号（McFaul），以及快速作战支援舰"供应"号（Supply）。打击群还有一艘"紧急部署"加强而来的导弹驱逐舰"詹姆斯·E.威廉姆斯"号（James E. Williams）。

2006

"西北风"号两栖攻击舰（Mistral）

这艘两栖攻击舰是第一艘采用综合电力推进技术的大型战舰，也是第一艘采用吊舱推进器的战舰。

　　法国海军共有3艘"西北风"级舰船，其官方分类为兵力投送和指挥舰（BPC）。"西北风"级的设计开始于1997年，旨在增强法国海军的两栖作战能力。设计要求该级舰可搭载一支航空中队，运载和投放军事车辆及武装部队，可支援4个作战连和280辆车辆在100千米（62英里）范围内连续作战10天。舰船采用模块化设计以便外销，削减成本和升级电子设备。2000年12月，经过多次修改和增减后形成最终建造方案，并批准建造第一批的2艘——"西北风"号和"托内尔"号（Tonnerre）。

　　主承包商是布雷斯特的法国船舶工程公司，参与者包括圣纳泽尔的大西洋造船公司。大量零部件是由波兰格但斯克的雷蒙托娃造船厂（Stocznia Remontowa yard）制造，然后再运往法国。该级舰是法国第一批采用商船的标准大型战舰，而不是以前按照军用舰艇生存力标准建造的战舰。舰船前部分段在圣纳泽尔建造，然后运送到布雷斯特，舰船后部分段的建造和整体组装也在布雷斯特完成。因此每艘船都有2个建造时间，如"西北风"号的后部于2002年7月9日开建，而前部则在12月13日开建。这种分布式建造方式逐渐在欧洲海军中流行起来（英国的新型"伊丽莎白女王"级航空母舰也采用了这种方式）。2004年7月19日，"西北风"级的前部分段抵达布雷斯特，然后前后分段开始合拢，2004年10月6日，舰船整体正式下水。"西北风"号最终于2006年2月才开始服役，主要是由于创新性作战指挥系统技术上的复杂性导致延期，该系统整合了导航和着舰系统，外加军用指挥系统。舰船总造价达到6亿欧元。

该级别的舰船外观与同类型的其他舰船差别不大，虽然"西北风"号没有舰艏坡道和弹射器。导航舰桥上方装有一个短的桅杆，主桅杆在其后方，并与4个向舰艉倾斜的烟道一起整合到了一个整体结构之中。舰船的"神经中心"是指挥室，位于飞行甲板下方的第2层甲板上，面积达到850平方米（9444平方英尺），共设有150个指挥控制台。登陆部队、其他舰船、飞机和潜艇可通过这里交换信息和通信。舰岛后方安装了一部升降机，配套的还有一个17公吨的吊臂，另外一套升降机安装在舰艉。舰艉的坞舱长60米（183英尺），宽15.4米（47英尺），可容纳4艘运载中型坦克的登陆艇，或2艘大型气垫登陆艇，或2艘法国EDA-R两栖快速登陆艇。内部的坡道通往船坞和甲板。右舷还开设有一处横向装载坡道。

性能规格

尺寸：长199米（653英尺）；宽32米（105英尺）；吃水6.2米（20英尺6英寸）

排水量：标准16500公吨（14918吨）；满载21300公吨（19258吨）

推进装置：2台阿尔斯通·美尔达吊舱推进器；功率14000千瓦（18774马力）

速度：18.8节（35千米/时；21.6英里/时）

续航能力：可以18节（33.3千米/时；20.7英里/时）的速度航行5800海里（10000千米；6670英里）

武器装备：2座"辛巴达"舰空导弹发射系统；2门30毫米布雷达·毛瑟机关炮；4挺勃朗宁12.7毫米M2-HB重机枪

载机量：16架（大型）或32架（轻型）直升机

舰员：310人

两栖攻击舰

本质上讲，"西北风"号是直升机母舰和两栖攻击平台，但也具备指挥能力。偶尔用作训练船也是官方设计功能之一，舰上支援设施还包括69个床位的医疗舱（还可再增加50个床位），外加2个手术室，并且自带升降机，可直达甲板。医疗舱也采用模块化设计，可以在机库内布置额外的医疗设备。

"西北风"号安装了可升缩的稳定鳍。推进系统也是该型号战舰独一无二的设计特征，该型舰采用2个电动推进吊舱，外加1部舰艏推进器，这种推进装置最初是为游轮设计的。电力主要来自3台瓦锡兰16V 32柴油交流发电机，功率4850千瓦（6503马力），外加1台瓦锡兰3000千瓦（4025马力）辅助交流发电机和一台800千瓦（1072马力）紧急备用发电机。"西北风"号可供450名全副武装的士兵连续作战6个月，短期作战时运兵数量甚至可以翻倍。机库面积达到1800平方米（19355平方英尺），可容纳16架直升机。2台13公吨的升降机可通往飞行甲板——其面积为5200平方米（55944平方英尺）。货舱面积为2560平方米（27527平方英尺），足以容纳60辆车辆，当然取决于车辆尺寸和重量：60辆装甲车或46辆装甲车与13辆AMX-56"勒克莱尔"主战坦克。

1号直升机位（Helicopter Spot No.1）：这是专门为了起降30公吨（29吨）级的美国"超种马"直升机而进行了结构强化的机位。

废料循环（Waste Recycling）：符合MARPOL（防止船舶污染国际公约）标准的再循环系统可以处理所有废料和垃圾，因此"西北风"号成为最为环保的作战舰艇之一。

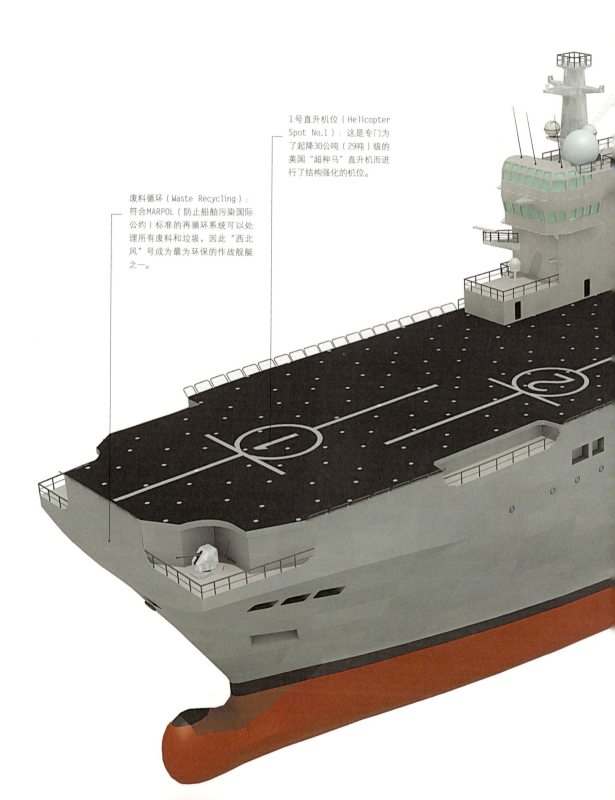

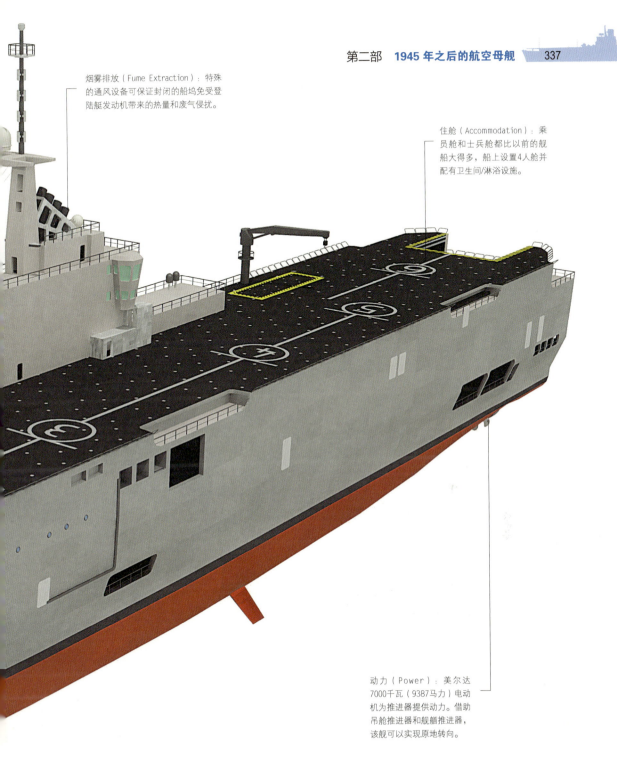

烟雾排放（Fume Extraction）：特殊的通风设备可保证封闭的船坞免受登陆艇发动机带来的热量和废气侵扰。

住舱（Accommodation）：乘员舱和士兵舱都比以前的舰船大得多，船上设置4人舱并配有卫生间/淋浴设施。

动力（Power）：美尔达7000千瓦（9387马力）电动机为推进器提供动力。借助吊舱推进器和舰艏推进器，该舰可以实现原地转向。

▲ "西北风"级新颖的特征使得法国海军进入现代海军舰船设计的前列。

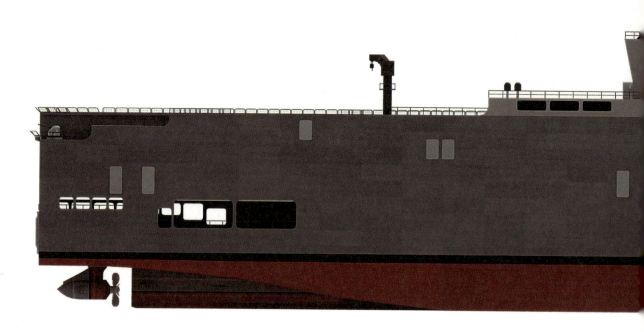

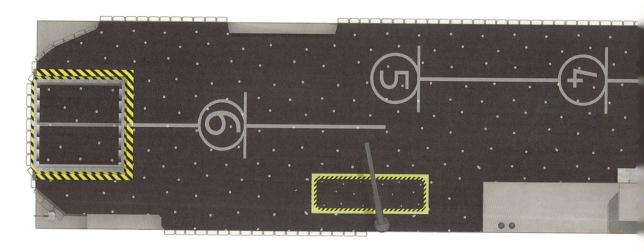

▼ "西北风"级在设计时只计划搭载直升机,因此也没有必要安装舰艏坡道、弹射器和阻拦索。

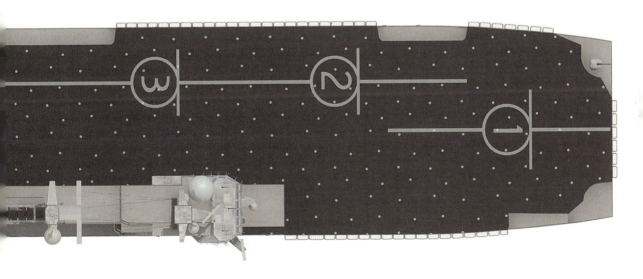

2011年8月20日，暂时脱离针对利比亚的国际行动后，"西北风"号启程离开马耳他瓦莱塔。

姊妹舰

　　"西北风"号的姊妹舰包括"雷鸣"号（2007年服役）和"迪克斯梅德"号（2012年服役），该级舰的设计和装备都非常相似。它们是真正的多功能舰船，可以搭载4艘机械化登陆艇，或2艘95公吨的气垫登陆艇。最新的"迪克斯梅德"号（2012年1月服役）可能配备了一些更新型的控制设备，但基本上沿用了其姊妹舰的技术。"迪克斯梅德"号参与了东非沿岸的反海盗行动，以及法国在非洲国家和也门的大量干涉和救援任务。"托内尔"号与北约舰船一起参加了很多演习，2011年，它与"西北风"号和英国皇家海军"海洋"号一起参加了对利比亚的进攻行动，以及西非沿岸的反毒品贸易行动。该级4号舰曾列入计划，但后来取消了。

　　武器装备包括舰艏安装的"辛巴达"导弹发射器，舰艉安装的"布雷达·毛瑟"30毫米（1.18英寸）火炮，外加4挺M2-HB勃朗宁12.7毫米（0.5英寸）机枪。2个SIGMA 40惯性导航中心利用环型激光陀螺（RLG）技术提供综合导航功能，SENIN测绘系统可保证精确定位。通信系统服务器每秒可处理8兆字节数据量，所有行动都能做到实时处理。SENIT 9战斗指挥系统是从"戴高乐"号航母所用设备演进而来的。它可收集来自传感器和检测器的信息，进行整合后用于辅助指挥决策。

　　"西北风"号的母港位于土伦，但该级舰在设计时就考虑到了长期海上活动的需要，可以远离母港独立运行数月，海上补给保证他们储备足够的物资，从食物到军械和燃油。同时舰上还备有电子游戏、卫星电视和健身房，供舰员娱乐和锻炼。"西北风"号设计中的一个关键因素是削减战舰所需的周期性维修时间。大部分内部维修都是在舰船海上巡航时完成的，如有需要，"西北风"号可每年在海上停留350天。

　　2009年，俄罗斯订购了2艘"西北风"级。舰船快完工时，乌克兰危机爆发，当时俄罗斯宣布占领乌克兰在黑海沿岸的大量领土。2014年下半年，有人预测法国将收回这2艘舰船，2015年8月，在舰船建造的最后时机，大量俄罗斯设计的装备已经完成装配，法国政府取消了订购，并向莫斯科方面退还了9000万欧元的订金。只留下2艘法国海军不需要也不想要的舰船。最终，2016年，这2艘"西北风"级舰船都卖给了埃及。埃及海军将它们重命名为"阿卜杜勒·纳赛尔"号（Abdel Nasser）和"安瓦尔·萨达特"号（Anwar el Sadat），目前正在俄罗斯的帮助下完成舾装。

澳大利亚皇家海军"堪培拉"号

作为澳大利亚最大的战舰和一艘先进的两栖攻击舰，"堪培拉"号可以执行各种任务，并能显著增强皇家澳大利亚海军的濒海作战能力。

澳大利亚全球地位变化带来的战略和战术要求在1999年至2000年期间凸显出来，当时澳大利亚军队在东帝汶保障联合国维和部队后勤补给方面遇到诸多困难。这导致澳大利亚政府决心提升澳军的两栖作战能力，关键点就是2艘直升机船坞登陆舰（LHD）。2005年前后，澳大利亚进行了公开招标，并收到2个投标方案，一个是法国的"西北风"级设计方案，另一个是西班牙基于2010年投入使用的西班牙海军"胡安·卡洛斯I世"号直升机船坞登陆舰提出的设计方案。最终西班牙的方案被选中，但澳大利亚皇家海军进行了大量改造，该方案的2艘即称为"堪培拉"级。建造商是位于西班牙费罗的纳万蒂亚造船厂。"堪培拉"号的龙骨于2009年9月23日铺设，2011年2月17日下水。

该级舰的建造是模块化的，分为3个模块在同一个造船厂各自分别建造，3部分完成后在进行组装。2012年10月17日，还没有建造舰岛的船体通过重型起重货船转移至澳大利亚维多利亚州威廉斯顿船厂，并由英国航宇系统集团澳大利亚分部完成最终的舾装。虽然"堪培拉"号是该级别的首舰，并且于2014年11月28日率先开始服役，但其舷号为L02，而2号舰"阿德莱德"号（Adelaide）的舷号则为L01。"阿德莱德"号于2015年12月4日开始服役。这2艘直升机船坞登陆舰大幅提升了澳大利亚在印度洋和太平洋参与行动的能力，对于他们在众多外交和军事热点地区施加影响力具有重要意义。

双甲板（Twin Decks）：
双甲板可分别装载重型和
轻型车辆。

▲经过大量讨论后，这艘澳大利亚最新的战舰以西班牙的设计方案为基础，在西班牙建造，最终在澳大利亚舾装。

桅杆高度（Mast Height）："堪培拉"号的桅杆高出吃水线46.8米（142英尺7英寸），通过悉尼海港大桥时，桅顶距离桥底的间隙仅有40厘米（15.7英寸）。

登陆艇（Landing Craft）：4艘LCM 1E登陆艇可航行190海里（389千米；242英里）。它们能很"舒适"地容纳120名全副武装的士兵，但最大装载量可达到170人。

螺旋桨（Propeller）：推进器螺旋桨直径为4.5米（15英尺）。

2015年6月，"堪培拉"号停
泊在悉尼港的东舰队基地。

适应性设计

　　"堪培拉"号和"阿德莱德"号安装舰艏滑跃坡道曾引起人们关于它能否作为固定翼垂直起降飞机母舰的讨论。澳大利亚高层最初接受采用类似"胡安·卡洛斯I世"级的舰艏坡道时似乎曾有过相关考虑，但在放弃搭载固定翼舰载机后，考虑到维持原设计比修改设计更便宜，该级舰依然保留了滑跃跳板。2015年，澳大利亚国防部对购买海军版本洛克希德·马丁F-35B飞机的成本问题开展了研究，以及直升机船坞登陆舰搭载F-35B中队所需的改装工作，但由于成本过高而最终被否决。相关的争论仍在继续，有人认为增加固定翼飞机搭载能力可能会影响该级舰的多任务能力，或者削弱其作为两栖战舰艇的作战效能。

▶澳大利亚皇家海军"阿德莱德"号舰艏的特写镜头，曲线别致的跳板舰艏与盒状的垂直船体形成鲜明对比，实际上船体内几乎就是设置有多层车库的浮船坞。

性能规格

尺寸：长230.8米（757英尺4英寸）；宽32
米（105英尺）；吃水7米（23英尺
2英寸）

排水量：标准27940公吨（27500吨）；满
载27534公吨（27100吨）

推进装置：1台通用电气公司LM2500燃气
涡轮机；2台MAN 16V32/40柴
油发电机，2台西门子吊舱推
进器；功率22000千瓦（29502
马力）

速度：19节（35千米/时；22英里/时）

续航能力：可以15节（27.7千米/时；17.2
英里/时）的速度航行9000海里
（17000千米；10000英里）

武器装备：4部拉斐尔"台风"遥控武器
站，6挺12.7毫米机枪

载机量：18架

舰员：358人

建造

2艘"堪培拉"级舰船的建造成本为15亿美元。它们拥有欧洲海军直升机船坞登陆舰的主要特征，舰岛位于右舷，其上安装3个桅杆，轴向的飞行甲板长202.3米（616英尺6英寸），宽32米（97英尺6英寸）。由于设计时定位于直升机母舰，因两舰没有弹射器和阻拦索。然而，该级舰的舰艏左侧布置了一条滑跃坡道以辅助短距/垂直起降飞机的起飞，但目前还没有搭载这种飞机，甲板上共有6个降落点，可供6架NRH90或"黑鹰"尺寸的直升机，或4架"支奴干"尺寸的直升机同时起飞和降落。

飞行甲板下方有3层主甲板：机库甲板，也可用于存放轻型车辆和货物；住舱甲板下方便是位于舰艉的坞舱甲板，坞舱面积为69.3米（211英尺3英寸）×16.8米（51英尺），重型车辆存放在坞舱前方的重型车辆甲板。坞舱通常可容纳4艘LCM 1E登陆艇，但也适用于其他型号，如美国和英国的常规登陆艇和气垫登陆艇等。重型车辆甲板可搭载重达65公吨（64吨）的装甲车辆，如60公吨（59吨）的"艾布拉姆斯"主战坦克。内部的坡道，外加2座飞机升降机和1个16公吨的货物升降机联通了不同甲板，舰体左舷和右舷都安装了侧面舱门。船上总计可运载110辆车辆。舰艉坞舱门可以向下放倒成为坡道，便于登陆艇驶入驶出。该级舰7米（23英尺2英寸）的吃水使其可以近距离参与沿岸行动，进入澳大利亚海岸和太平洋岛屿的很多浅海湾和泻湖。为了实现其多功能，船上通常带有陆海空三军士兵。除了舰员，该级舰还可运载1000人及其装备的部队。

动力系统采用电力推进。舰船装备1台功率19160千瓦（25693马力）的通用电气公司LM2500燃气涡轮发电机和2台7448千瓦（9987马力）的MAN 16V32/40柴油发电机，外加1台备用的1350千瓦（1810马力）三菱S16MPTA柴油发电机。舰艉安装2台11兆瓦的西门子吊舱推进器，驱动2部直径4.5米（14英尺9英寸）的螺旋桨，2台1500千瓦（2011马力）的舰艏推进器进一步提升了舰船的可操控性。该级舰满载时最大速度可达到19节（35.1千米/时；21.8英里/时）。萨博9LV Mk 4作战管理系统包括1台"海长颈鹿"三坐标监视雷达和"吸血鬼"夜视/红外搜索和追踪系统。飞行甲板前后两端边缘安装了4座以色列制造的拉斐尔"台风"25毫米遥控武器站。对抗系统包括拖曳式AN/SLQ-25"水精"鱼雷诱饵和澳大利亚设计的"纳尔卡"悬浮式导弹诱饵（美国战舰也曾使用过）。

　　"堪培拉"号可搭载澳大利亚国防军的18架做好作战准备的直升机，但在例行巡逻中通常仅搭载8架。可搭载的直升机包括MRH90、CH-47"支努干"、"黑鹰"、S-70B-2"海鹰"和Romeo"海鹰"直升机，根据作战任务不同而选择不同机型，如运送士兵和货物、侦察、反潜作战和反水面舰艇作战。有人预测"堪培拉"号和"阿德莱德"号也能搭载新型的洛克希德-马丁F-35B短距/垂直起降战斗机，该机型目前正在生产之中，但澳大利亚政府的采购意向尚不明确。

抗击飓风

　　"堪培拉"号的母港位于悉尼的东舰队基地。2014年3月3日，"堪培拉"号正式依靠自身动力出海航行，在此之前舰员们在陆地上进行了模拟训练，此后它又在海上进行了一年的训练和常规巡航以确保舰船能完全适应所有可能遭遇的状况。拥有直升机船坞登陆舰和相似攻击舰的海军高度赞赏它们在人道主义救援和灾难救援方面的潜力，而这也有利于国内外公共关系的改善，这一点也被诸多事实所证明。飓风季来临时，"堪培拉"号一直停在昆士兰的汤斯维尔。2016年2月至3月期间，斐济遭遇"温斯顿"飓风后，"堪培拉"号立即参与了人员救助和物资运输等行动。2016年6月，"堪培拉"号参加了夏威夷沿岸的"环太平洋"联合军演，这是它首次参与国际部署行动，其间搭载了美国西科斯基"CH-53E""超级种马"重型直升机和波音V-22"鱼鹰"倾转旋翼机，以及澳军的直升机。

2015

"出云"号（Izumo）

为了规避日本宪法的约束，日本海上自卫队将2艘"出云"级划为"直升机驱逐舰"，但它们是强大的高速多功能战舰。

　　日本曾拥有世界上最大的航母舰队之一，该国此前曾拥有的航空母舰，不论新旧，都在1942年至1945年期间被摧毁。战后，1954年设立的日本海上自卫队由相对较小的舰船组成，后来又加入一些潜艇，主要用于本土水域的自卫。20世纪下半叶，随着周边形势的变化，日本决定建造大型的"白根"级（Shirane）直升机驱逐舰，两舰建造于1977年至1981年期间，可携带3架反潜直升机，机库和起降点位于舰艉。"白根"行将退役之际，更大型的"日向"号（Hyuga）和"伊势"号（Ise）在2009年至2011年对其进行了替换，它们拥有全长的飞行甲板，可搭载多达18架直升机。

　　与"白根"级一样，它们也被划分为直升机驱逐舰。虽然与国际分类方式不同，但日本官方的分类是有原因的，日本宪法禁止建造超过国防所需的武器。驱逐舰被视作自卫武器，但航空母舰由于明显具有进攻潜力而被宪法所禁止。然而，不论有没有船坞设施，"日向"级与英国、法国、意大利和西班牙的直升机母舰都非常相似，虽然反潜作战并非这些国家直升机母舰的主要任务，但它们和日本的"日向"级和"出云"级一样，都配备有作为旗舰所需的指挥和控制系统，适合于在多种战术态势下担负作战指挥任务。

　　"出云"级的高速性能优异，最大速度超过30节（55.5千米/时；34.5英里/时）。"出云"级——仍然被冠以"直升机驱逐舰"的分类——代表了下一步的趋势。该级舰是日本自战败后建造的最大型战舰，其2号舰"加贺"号（Kaga）的舰名源自于日本的一个古国名，同时也是1941年日本对美宣战前发动珍珠港偷袭的航空母舰之一。"加贺"号于2013年10月7日在横滨的日本海军联合船厂开建，2015年8月27日下水，服役时间是2017年3月。"出云"号于2015年3月25日开始服役，总造价为1140亿日元。

该级舰舰岛长70米（213英尺），分为5层，设置于舯部，除了航海舰桥和飞行控制台，整个舰岛几乎没有窗子。其上安装了一个高高的单桅杆，略微向舰艉倾斜，双层桅桁搭载着众多天线。废气从一个下沉的正方形烟囱排出。飞行甲板上设置了5个着舰

性能规格

尺寸：长248米（814英尺）；宽38米（125英尺）；吃水7.5米（25英尺）

排水量：标准19800公吨（19500吨）；满载27432公吨（27000吨）

推进装置：全燃联合动力装置，4台LM2500IEC燃气涡轮机，2根传动轴

速度：30节（55.5千米/时；34.5英里/时）

续航能力：未公开

武器装备：2套近防武器系统；2座"海拉姆"导弹发射器

载机量：28架

舰员：470人

点，可同时用于飞机的起飞和降落。舰船中心线上安装了2台升降机，另1台位于舰岛后方右舷甲板边缘。船上可容纳多达400名士兵及其装备，以及大约50辆3.5公吨（3.5吨）的军用车辆，这些车辆均通过右舷的坡道进入船内。两舰都设有一个35床位的医务室，外加1个手术间。

反潜功能

"出云"级驱逐舰的首要功能就是反潜，不过日方也强调其人道主义救援和灾难救援能力。防御性武器包括2套20毫米"密集阵"近防武器系统和2座Mk 31 RIM-116"海拉姆"导弹发射器。前部的近防武器系统安装在飞行甲板的右舷，其他所有武器都安装在舷侧舷台或舰岛上。除了自己搭载的直升机，"出云"级通常还与一支护航舰队一起部署行动，其中包括水面舰艇和潜艇，进一步加强其防御能力。

"出云"级在甲板搭载舰载机的情况下，全舰可容纳多达28架直升机，通常实际搭载数量大约为14架，和平时期基本的舰载机配置据称为7架三菱公司的SH-60K反潜直升机，或7架阿古斯塔-韦斯特兰MCM 101反水雷直升机。"加贺"号和"出云"号也能搭载很多其他型号的飞机，如波音V-22"鱼鹰"倾转旋翼机，日本防卫省已经订购了这种飞机，该飞机的旋翼外端点间长度25.78米（84英尺6英寸），最大起飞重量达到23859千克（52600磅）。飞行甲板共有5个着陆点。值得注意的是，飞行甲板的布置也可供短距/垂直起降飞机使用。尽管没有弹射器，也可能具备起降某些型号的无人机的能力，但在设计时是否设想过这种能力就无从得知了。

"出云"号和"加贺"号都采用全燃联合动力装置，4台GE/IHI LM2500IEC集成电子控制燃气轮机驱动2根传动轴。舰船所需电力来自4台LM500涡轮机。最大速度超过30节（55.5千米/

导弹（Missiles）："海拉姆"导弹发射器。

舰艏（Bow）：新颖的锥形方端舰艏设计带有一个锚点。

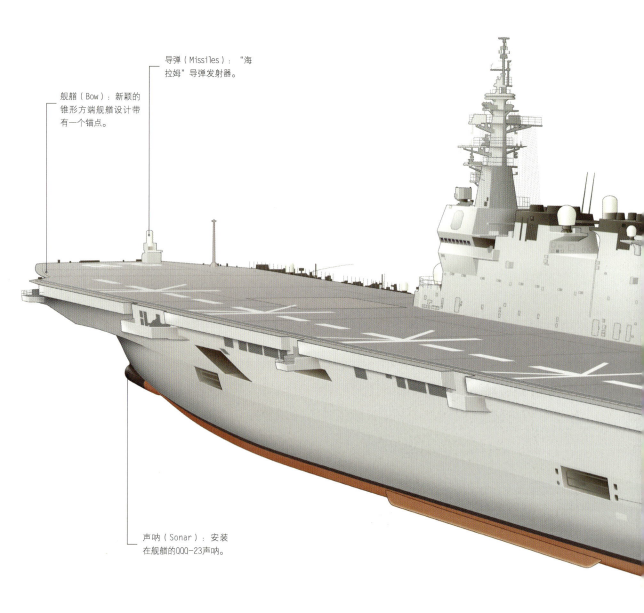

声呐（Sonar）：安装在舰艏的QQQ-23声呐。

▲两艘"出云"级驱逐舰是迄今为止日本海上自卫队建造的最大型舰船。

甲板边缘升降机（Edge Elevator）：
甲板边缘升降机尺寸为14米（42英
尺6英寸）×15米（45英尺9英寸），
舰体前部的升降机尺寸为20米（61英
尺）×13米（39英尺7英寸）。

近防武器系统（Close-in
Weapon System）：20毫米Mk
15近防武器系统。

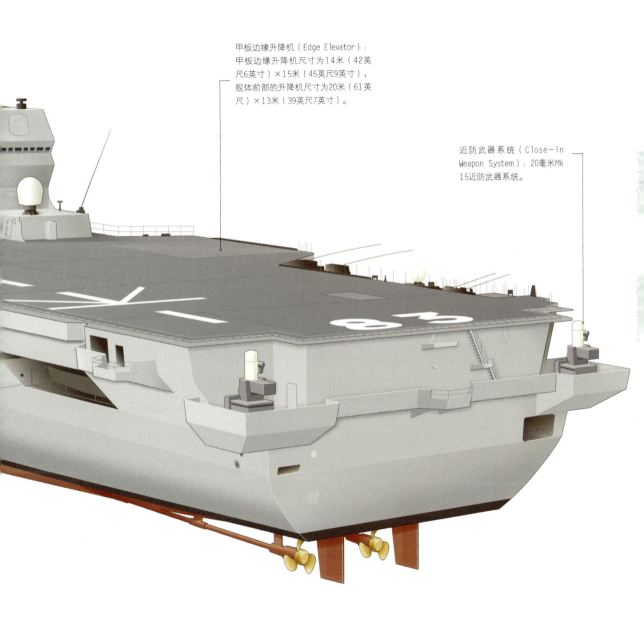

"出云"号在海上。与美国舰船不同，日本海上自卫队的直升机驱逐舰很少看到飞机停在飞行甲板上的画面。

"出云"号的舰艉视角。日本的直升机驱逐舰可搭载大型飞机，如美国海军陆战队的MV-22"鱼鹰"直升机。

未来的计划

日本海上自卫队下一步的扩充中将寻求更加巨大的舰艇，如拥有全长飞行甲板的船坞登陆舰。这种舰船可能会以"塔拉瓦"号的继任者——"黄蜂"号为基础，具备更大范围内的两栖作战能力。虽然可以起降短距/垂直起降飞机，但它们远达不到进攻性武器的标准，目前，日本似乎也没有可能考虑建造显然以进攻为主要目的的航空母舰。日本政府在很大程度上依赖他们与美国的军事同盟关系，以及美国第7舰队的存在对维持地区稳定的作用。

时；34.5英里/时），使得"出云"级的航速超过大多数两栖战舰，也使得它们足以跟上美国的核动力航空母舰打击群——日本海上自卫队与美国第7舰队紧密协作——同时也便于起降短距/垂直起降飞机。

加上2艘更小的"日向"级直升机驱逐舰，日本现在共有4艘直升机驱逐舰。

2017

英国皇家海军"伊丽莎白女王"号
（HMS Queen Elizabeth）

两艘"伊丽莎白女王"级舰船将是英国皇家海军最大的航空母舰和战舰。

与常规的现代舰船建造方式不同，多家船厂都参与了"伊丽莎白女王"号的建造，英国宇航系统公司是项目主承包商，泰雷兹公司是主要的设备供应商。所有的承包商组成一个联盟以确保多源供给和装配的有效协作。2艘舰船的合计成本目前达到62亿英镑。CAD建模使得所有的承包商都可以根据结构变化而做出调整。"伊丽莎白女王"号包括9个主要模块，建造工作于2009年7月7日开始，而此时距离设计工作启动已经过去10年之久。最终的舾装在苏格兰岛的罗赛斯海军船厂完成。"伊丽莎白女王"号在2014年7月4日于罗赛斯正式命名，7月17日离开干船坞，随后开始舾装。

海上试航在2017年3月开始，在5月正式服役。然而，它们可能直到2020年才能真正完全具备作战能力。"伊丽莎白女王"级的设计非常新颖，2个舰岛均位于右舷，中间由1台安装在甲板边缘的升降机隔开。前部的舰岛负责舰船控制，顶部装有1部远程雷达天线，舰艉的舰岛负责航空管制，其上装有主桅杆（舰船通过桥梁时可以折叠）和"工匠"三坐标雷达。这种配置据称也能降低飞行甲板上方的空气扰动。前后2个燃气轮机的进风口也安装在2个舰岛上。

▼ 在隐藏不愿为人所知的信息方面，英国皇家海军已经做得非常好，但
"伊丽莎白女王"级的基本特征，包括2个舰岛，都是显而易见的。

航空管制（Air Control）：
位于后方的航空管制舰岛。

实时地图（Real-time Mapping）：为了
适应复杂的舰船内部，舰员可使用一套特
殊的手持式平台导航地图。

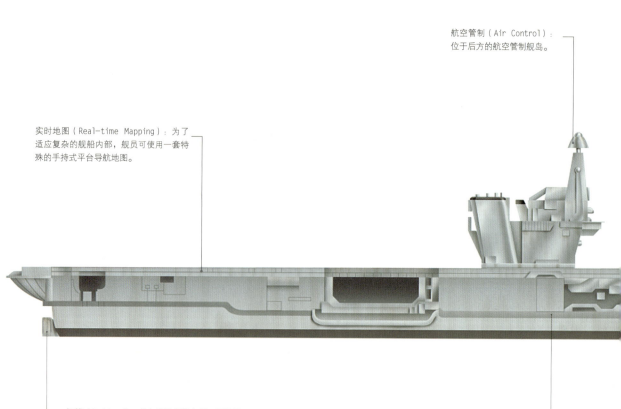

船舵（Rudders）：转向装置是罗尔斯·罗伊斯
公司提供的，并被整合到1套系统之中，该系统
还包括液压动力装置，控制和警报装置等。双舵
采用"扭转设计"的叶片以减少空泡现象。

废物处理（Waste Disposal）：
船上产生的废物在高温分解舱
中处理，常用方法包括压缩和
焚烧。

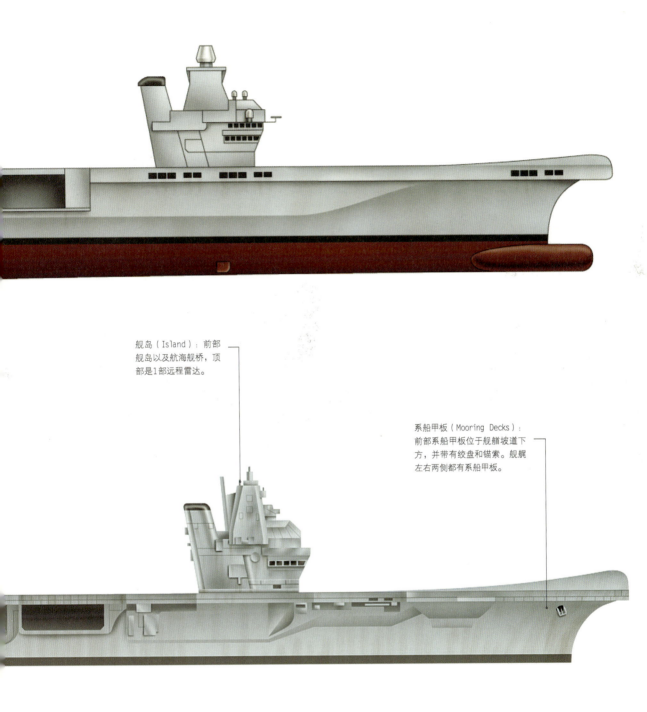

舰岛（Island）：前部
舰岛以及航海舰桥，顶
部是1部远程雷达。

系船甲板（Mooring Decks）：
前部系船甲板位于舰艏坡道下
方，并带有绞盘和锚索。舰艉
左右两侧都有系船甲板。

▲ 两艘"伊丽莎白女王"级航空母舰都采用短距/垂直起降构型，计划搭载
洛克希德·马丁F-35B多用途战斗机，航母快完工时该飞机还在研制之中。

2016年的某个时候，"伊丽莎白女王"号在罗赛斯船厂接受舾装当中。

装甲的作用

　　20世纪末到21世纪初的航空母舰设计尤为注重攻击能力，其中一个重要体现就是大幅削减曾一度认为至关重要的因素：防御装甲。由于现代航空母舰的动力系统远比第二次世界大战期间的航空母舰强大，现代航空母舰的建设重点被放在了防火与损管上的，舰内材料普遍具备防火能力，同时舰体和甲板的装甲防护相对薄弱。现代的许多航空母舰都是按照商船船体标准建造的，抗毁伤能力远不如传统的军用舰艇。这一转变的原因有很多，如100000吨及以上级别的全装甲化舰船成本过高，舰船达到航母一般的速度所需动力大幅提升，此外吃水也要求更高。但现代化武器和对抗措施也起到一定作用。现代武器的杀伤力远远超过70年前的炸弹和鱼雷，舰船依靠增加装甲抵御武器的进攻几乎是不可能的了。因此，航空母舰必须依赖其护航舰船的火力，以及其自身反导弹防御系统的有效性，在被击中之前防止被直接命中。

▶ "伊丽莎白女王"号的主体在干船坞中进行模块搭建。

性能规格

尺寸：长284米（932英尺）；宽72.97米
　　　（239英尺5英寸）；吃水10.97米
　　　（36英尺）

排水量：标准71730公吨（70600吨）

推进装置：2台罗尔斯·罗伊斯MT30燃
　　　　　气轮机，2根传动轴；功率
　　　　　71520千瓦（96000轴马力）

速度：27节（50千米/时；31英里/时）

续航能力：10000海里（18500千米；
　　　　　11500英里）

武器装备：3套近防武器系统

载机量：40架

舰员：1450人

50年服役寿命

　　9个模块构成的舰体包含3000多个模块，设计寿命为50年。"伊丽莎白女王"号没有侧舷装甲和装甲化的横向舱壁。飞行甲板与舰体中轴线平行，最大宽度为73米（222英尺），逐渐变窄至一个6米（18英尺4英寸）高的13°起飞坡道。飞行甲板总面积为19000平方米（204514平方英尺），并分为几个部分，大约2000平方米（21500平方英尺）的区域特别采用了铝钛合金隔热层，可以承受1500摄氏度（2730华氏度）的高温，以保障F-35B"闪电 II"喷气战斗机的起降。飞行甲板上共有12个停机点，可同时运作固定翼和旋翼机。总体而言，"伊丽莎白女王"号的设计留下了整合未来50年新技术的可能性。

　　操纵的简易性是这2艘航母的重要特征。其舰员仅为679人，与小得多的"无敌"级航母差不多，由于在大型部件操作、散装货物装卸、专用机械设备以及计算机化仓储控制上实现了高度的自动化，这679个人就能控制整个舰船。"高度机械化的武器操控系统"基于商业仓库的挑选和传送系统，并由一个中心节点进行总控制。

　　各种行动都大幅提速，12名舰员可在8小时内完成舰内全部物资补给补充，而这项工作以前至少需要几天，甚至几周。乘员舱是6人间，如果运兵需要，也可改成8人间。船上共有4个厨房，还设有电影院和健身房等配套设施。逆向渗透海水淡化装备每天可提供500公吨（492吨）淡水，另有一个高温分解舱处理废物。

动力平台

　　综合电力推进系统的电力由罗尔斯·罗伊斯MT30燃气轮机提供，据说这款燃气轮机是世界上在役的最大功率涡轮机，2008年首次应用在美国濒海战斗舰"自由"号（Freedom）上。交流发电机是由通用电气公司供应的。2个舰岛下方分别安装2台独立的发电机，外加前后排列安装的20兆瓦先进感应电力推进电机，驱动2个固定桨距的铜制螺旋桨。船上还安装了4台瓦锡兰38柴油发电机，12缸型和16缸型各两台，共可提供大约40兆瓦的功率。一套低压电源系统通过13个总配电板分配电力，此外还有一个紧急备用配电板和34个电力分布中心。船上可携带大约8600公吨（8464吨）燃料，供其发动机和舰载机使用。舰船采用的先进技术还包括固定消防系统，可喷洒加压的水成膜泡沫和海水混合液体。

　　尽管体型巨大，比法国的"戴高乐"级航母还大，"伊丽莎白女王"级没有安装弹射器和阻拦索，因此只能搭载短距/垂直起降飞机。该级舰大约可容纳40架飞机，目前指定的舰载机是美国洛克希德-马丁的F-35B。一次部署中可能搭载12架到24架F-35B，外加一些直升机，如"默林""支努干""阿帕奇"和"野猫"直升机。该级舰中的1艘，或者2艘都可能进行改装以携载车辆人员登陆艇（LCVP）。

指挥、信息、通信、航空管理和保护等功能整合到了一套系统之中。船上遍布的闭路电视使用220个照相机，分布在24个工作站。内部通信设备包括自供电的电话，2000套广播和警报对讲机，以及"泄露通信"无线系统。舰载机大队管理应用软件还在研制之中，用途是辅助规划复杂的飞行计划，组织各种飞机在甲板上的移动，安排武器、飞机和空勤人员全天候的行动。

该级舰的首要角色定位是"兵力投送航空母舰"和"开展空中远征行动的快速部署基地"，除紧急情况外，2艘"伊丽莎白女王"级航母任何时候仅有1艘在役。2004年，英国海军称"伊丽莎白女王"号搭载36架战斗机，每天可出动75架次。2016年，这一数字增加至110架次。多功能性经常被提及，但没有解释任何细节，不过"软实力"一词，以及灾害救援，都经常被提及。

2017

美国海军"杰拉德·R. 福特"号
（USS Gerald R. Ford）

作为新一代核动力超级航空母舰的首舰，"杰拉德·R. 福特"号旨在维持和放大美国海军在未来几十年的优势。

美国的10艘"尼米兹"级超级航空母舰构成了迄今为止世界上最大的"力量投射"能力。但由于舰船的评估、检查、整修和改造所需要的时间，目前可用的舰船数量勉强可满足需要，服役要求至少在太平洋和中东地区部署1艘，最长部署时间达到6至7个月。"杰拉德·R. 福特"级最初包括3艘舰船，计划补充"尼米兹"级航母，从而满足部署灵活性的要求，同时可以考虑老旧舰船的退役。

"福特"号（CVN-78）于2008年9月10日订购，2009年11月13日在纽波特纽斯开建，2013年11月9日下水。该舰也采用了模块化建造技术，大约500个模块分别在船厂不同车间，甚至在不同船厂建造，最终在巨大的干船坞完成搭建和焊接，通常需要1050公吨（1033吨）龙门吊的辅助。2015年8月，舰员正式上船，将巨大的组合体变为真正有效的战舰。其总建造成本达到130亿美元，是迄今为止最昂贵的战舰。"福特"号的设计服役寿命为50年，由于所需舰员较少（比"尼米兹"级少近700人），舰载机联队所需人员也较少（比"尼米兹"级少400人），以及智能系统自动化技术、模块化设备以及软件的大量使用，因此它节省了40亿美元的"总拥有成本"。基本的设计方案中也考虑了未来新型或升级系统的安装，如直接能量武器。"福特"

号是第一艘拥有全电气化机械装置的超级航空母舰，因此它不需要难以维护的蒸汽管道。整个舰船拥有超过3000千米（980万英尺）的电缆和122千米（390万英尺）的光缆。

"福特"号的舰岛比"尼米兹"级小，但比"里根"级高6米（20英尺），位于舰船最后方并位于舷侧。每个舰员舱可容纳86人（与之对比的"尼米兹"级为200人），附近配有洗浴设施。考虑到一次部署时间可能长达6个月，船上还配有娱乐场所和健身场所，并且乘员生活的地方都装有空调。"福特"号的动力系统包括贝克特尔船舶推进装置公司制造的2座新一代A1B反应堆（总输出功率没有披露）和4根传动轴。反应堆每隔25年才需要补充一次燃料。诺斯罗普·格鲁曼公司制造的4台蒸汽轮机发电机提供的电力功率是以往航母的3倍之多，不过"福特"号新的控制系统和武器系统确实需要如此之大的电力消耗。

性能规格

尺寸：长337米（1106英尺）；宽41米（134英尺）；吃水12米（39英尺）

排水量：大约101600公吨（100000吨）

推进装置：2座A1B核反应堆，4台蒸汽涡轮机

速度：30节（56千米/时；35英里/时）

续航能力：无限

武器装备：2座RIM-162改进型"海麻雀"导弹发射器；2座RIM-116 RAM导弹发射器；3套近防武器系统

载机量：75架

舰员：4317人

电磁飞机弹射系统（EMALS）

该级舰飞行甲板面积为20234平方米（217796平方英尺），共包含4个起降点，与"尼米兹"级一样，2个位于舰艏，2个位于船舯。在作战中，"福特"号可至少同时供2架飞机起飞，同时供第3架降落。"福特"号安装了4部线性驱动的电磁飞机弹射系统，而没有采用以往航母常用的蒸汽式弹射器，后者的起源还要追溯至20世纪50年代。电磁弹射系统虽然根据要求具备更高的可靠性和高效性，但还必须克服很多其他问题。"尼米兹"级已经使用的精确飞机着舰系统（PALS）获得了进一步的升级。"福特"号采用了先进拦阻系统（AAG）。航空系统方面的改进旨在让该级舰在战斗机出动率方面比"尼米兹"级再提高33%。

"福特"号的电子系统大量使用了"商用现货"（COTS）计算机和组件。它还拥有新型的综合作战管理系统，以及全新的双波段雷达（DBR）——融合了AN/SPY-3 X波段多功能雷达和AN/SPY-4 S波段广域搜索雷达。舰载防御系统包括2座改进型RIM-162"海麻雀"地空导弹发射器，2座RIM-116 RAM导弹发射器，以及3套"密集阵"近防武器系统。除此之外，该级舰未来可能安装的武器还包括自由电子激光器，可以应对机载导弹和海面密集舰船的攻击。

"福特"号大约可搭载75架舰载机，其中包括战斗机和攻击机，以及运输机、侦察机和其他特种飞机，如无人机。舰载机力量的基础包括F-35C"闪电II"舰载战斗机（适用于弹射式起

桅杆（Masts）：桅
杆是由复合材料造成
的，其上装有通信，
搜索和追踪链路。

双波段雷达（Dual Band Radar）：
双波段雷达是第1套使用全自动中
心控制器和2台不同工作频率的主
动相控阵雷达的系统。

舰岛（Island）：舰岛安装在舰
艉最末端，以至于舰艉右舷的飞
机升降机改到了更靠近舰船中部
的位置。虽然仅有3台升降机——
"尼米兹"级有4台，"福特"号
的升降机工作效率却更高。

弹药运输（Weapon Handling）：舰上
共有11部先进舷外武器升降机，并与
舰体内的军械搬运系统相整合。

▼2017年年初，造价几十亿美元的"福特"号进入"试运行"阶段。该舰舰岛安装在远离舰艉的位置。

系泊点（Mooring）：停止并稳住100000吨级舰船是一项非常不易的工作。系泊系统可在5秒内放出29米（90英尺）的锚链。

2013年1月26日，巨大的纽波特纽斯起重机将"福特"号航空母舰555公吨（546吨）的舰岛精确放入安装位置。

飞与拦阻式降落），具备隐身飞行和电子入侵/干扰能力，此外还具有强大的火力，其中包括AIM-120先进中程空空和空地制导导弹，2枚GBU-31联合直接攻击弹药（JDAM），8枚GBU-38炸弹和1门25毫米GAU-22A航炮，总载荷达到8160千克（17993磅），作战半径达到1100千米（440英里）。

在"福特"号规划阶段，国防部已经引进了"转变"的战略主题，以推动在国防采购中吸收最先进的技术。甚至舰船还在建造和修改评估阶段时，它就对大量使用的前沿创新性技术进行测试和试验，这也推迟了舰船的服役时间。2017年1月，官方正式宣布"福特"号达到99%完工状态。预计首次部署在2021年。"福特"级的第二艘——"约翰·F.肯尼迪"号预计将取代"尼米兹"号（CVN-68），目前正在建造之中，第三艘——"企业"号目前已在计划之中。可以预测，虽然"肯尼迪"号的建造仍在向前推进，但该级舰电子系统的装配将会推迟，这可能是为了确保"杰拉德·R.福特"号采用的全新的全电气化系统在实战环境中得到充分测试。该级舰的后续批次很可能会一直服役至2105年甚至之后。

线性驱动电磁飞机弹射系统

线性驱动电磁飞机弹射系统（EMALS）虽然此前已经在陆上设施进行了大量测试，但其在航母上的有效性是在"杰拉德·R.福特"号上才得以证实。其优势很多，如对舰船结构的压力更小，系统本身也更紧凑，对控制的响应效率更高，可以发射包括无人机在内的轻量级飞机，同时也能发射更重的舰载机。由于过载曲线更平滑，虽然极其迅速，加速推力对飞机结构的冲击力也比蒸汽式弹射器小得多。线性驱动电磁飞机弹射系统对电力供应要求很高，再加上传感器和操控系统，其电力需求已经超过"尼米兹"级的电力供应能力了，而"福特"号的反应堆可以满足这些能量输出。

2016年6月11日，"杰拉德·R.福特"号停在詹姆士河，这里是国防后备舰队的锚地。

2018

印度海军"维克兰特"号
（INS Vikrant）

印度第一艘自主建造的航空母舰正在扩展和发展印度的军事能力，但服役时间也多次推迟。

　　印度国产的38100公吨（37500吨）级航空母舰的设计方案是法国国有船舶工程公司（DCN）在1990年提出的，但后来经历了大量修正。印度政府在2003年1月批准了舰船的设计和建造。多年来，该级舰以"防空舰"以及"国产航空母舰"之名而广为人知，但在下水之前，该级舰设计草图至少有4270处修改，舰体结构改动超过1150处。舾装过程中修改仍在继续。

　　"维克兰特"号于2009年2月28日在科钦造船厂开建，2013年8月12日下水。该舰是一艘短距/垂直起降航空母舰，舰艏坡道可帮助飞机短距起飞，3根阻拦索保障飞机着舰。右舷边缘安装了2台升降机。舰体和飞行甲板采用印度自产的锻造钢：舰体采用DMR 249 A级钢，飞行甲板采用弹性更大的DMR 249 B级钢。发动机舱和弹药舱也使用了其他特种钢。舰船采用模块化建造，共计由870个模块组成，该舰的整体布局为标准的航母布局，设有斜角着舰甲板，大型舰岛位于舰体右舷位置。

　　"维克兰特"号采用常规动力，4台通用电气公司LM2500+ G4航改式燃气轮机驱动两部螺旋桨，最大速度为28节（51.8千米/时；32.2英里/时）。柴油发电机功率为24兆瓦，电力可满足舰船需要。大量技术性装备都是印度自主研发的，如大量自动化系统、主配电盘、转向装置、空调和冷却系统、主减速箱、泵、集成化平台管理系统等。

　　"维克兰特"号载机量为36架，但机库仅能容纳17架。舰载机包括可折叠机翼的多用途米格-29K舰载战斗机、卡-31空中预警机、卡-28反潜直升机以及HAL-Dhruv通用型直升机。据报道，印度研制的"光辉"战斗机由于过重而没有在"维克兰特"号上使用，但它可能在该级别的第2艘航母上使用，因为下一艘航空母舰尺寸更大，并将安装弹射器。航空设备由俄罗斯供应，包括航空武器、舰载机固定和调动系统，以及所有舰载机所需的设备。米格-29K战斗机可能将成为"维克兰特"号的主要武器。米格-29K于2009年服役，并被称为第4++代战斗机，该型机是服役已久的苏-33战斗机的继任者。印度和美国签署了军事合作协议，虽然不可能影响到"维克兰特"号的建造，但很可能对其目前在建的继任者"维沙"号（Vishal）产生巨大影响。

　　传感器和搜索装置包括C/D波段早期预警雷达，V/UHF战术空中导航和测向系统，以及舰载进场雷达。意大利的塞雷斯联合系统公司提供了RAN-40L三坐标L波段监视雷达，可用于远程预警。船上还安装了以色列的EL/M-2248 MF-STAR（多功能监视，追踪和制导雷达）。印度自主研制的作战管理系统负责整合全舰的作战装备。自卫防御火力包括以色列"巴拉克"防空导弹，配备16管垂直发射系统和装备多功能雷达的远程制导系统。俄罗斯的AK-630近防武器系统为该舰提供了更近距离的防空能力。此外，舰上还装备了4门意大利奥托·梅拉76毫米（3英寸）超高速火炮，每分钟可发射120发炮弹，射程达到30千米（18.6英里）。

性能规格

尺寸：长259米（850英尺）；宽58米（190英尺）；吃水8.4米（28英尺）

排水量：标准38100公吨（37500吨）；满载40640公吨（40000吨）

推进装置：4台通用电气公司LM2500+燃气涡轮机，2根传动轴；功率80000千瓦

速度：28节（52千米/时；32英里/时）

续航能力：可以18节（33.3千米/时；20.7英里/时）的速度航行7500海里（13875千米；8625英里）

武器装备：4门奥托·梅拉3英寸（76毫米）双用途火炮，"巴拉克1"和"巴拉克8"舰空导弹，AK-630近防武器系统

载机量：36架

舰员：1560人

修正的时间表

　　印度已经公开宣称将力图减少国防对外部资源的依赖，"维克兰特"号确实标志着在这方面前进了一大步。另一个目标则是拥有一支至少装备2艘航空母舰的舰队，印度的两个海岸线各配备1艘，这一目标短期内不会实现，因为维持2艘航母不间断服役就需要第3艘，以保证在一艘航母接受维修和改装时始终有2艘可用。2017年，"维克兰特"号计划已经远远落后于原始的时间表了，正式服役时间一直有不同的预测。2017年7月，印度审计长发表一篇报告，列举了

▼ "维克兰特"号是1艘短距起飞/拦阻着
舰航空母舰,虽然没有弹射器,但可搭载
短距起飞固定翼舰载机。

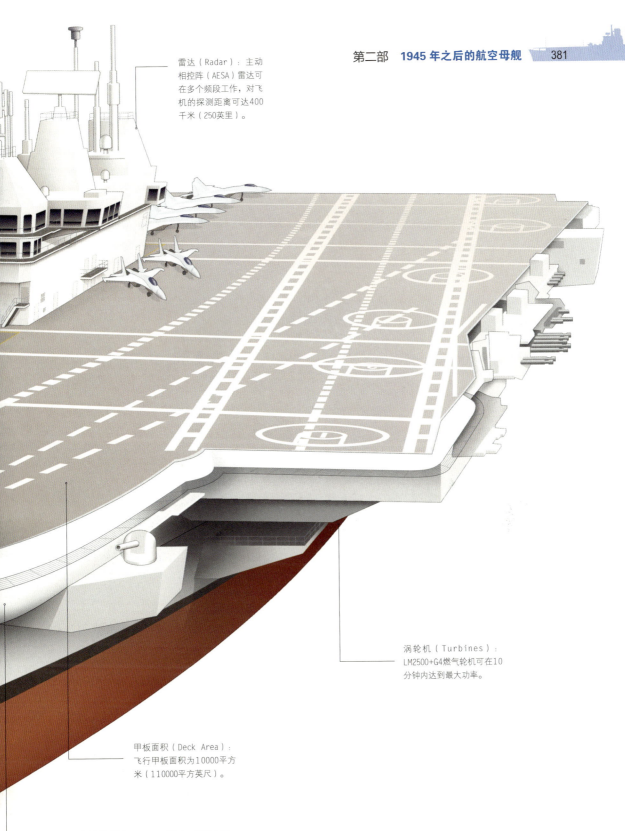

雷达（Radar）：主动相控阵（AESA）雷达可在多个频段工作，对飞机的探测距离可达400千米（250英里）。

涡轮机（Turbines）：LM2500+G4燃气轮机可在10分钟内达到最大功率。

甲板面积（Deck Area）：飞行甲板面积为10000平方米（110000平方英尺）。

雷达反射面积（Radar Profile）：舰岛自下向上逐渐变窄以尽量减小雷达反射截面积；飞行甲板的棱边修圆也是出于这样的考虑。

विक्रान्त   VIKRANT

2013年8月12日，新下水的"维克兰特"号舰体被拖往舾装泊位。

2013年8月12日，"维克兰特"号的舰体上装饰了彩带以准备下水，科钦船厂的工人们聚集在一起见证这一幕。

23000E计划

有消息称印度海军正在计划建造与美国"尼米兹"级相当的第四艘航空母舰。印度似乎下定决心加紧实现国防装备的自给自足，他们也就未来航母部署的合作与俄罗斯和美国两者都开展了讨论。美国已经在建造新一代的"杰拉德·R.福特"级核动力航空母舰了，俄罗斯也公开了23000E"风暴"计划，即建造101600公吨（100000吨）级的超级航空母舰，该型舰可能是核动力，也可能采用常规动力。与美国、法国、英国（也正在建造2艘航空母舰）相比，俄罗斯更追求运用最先进的技术。

由于设计修改、设备供应问题以及工期延误等服役推迟原因。缓慢的进度证明了第一次建造航母的困难，其中还包括多个承包商的协作以及国际供应链的问题。如果"维克兰特"号在2019年早期交付给印度海军，此时的该舰可能尚未安装大部分航空和电子设备，同时仅能进行基本的海上航行试验，且根本无法达到满载排水量。截至目前，该舰造价已经逐步增长到2551亿卢比（36亿美元）。

印度部署和使用航空母舰的真正时间表吸引了众多国家的预测。有人指出，"维克兰特"号和"维沙"号仅能搭载12到16架战斗机，即使一起行动，打击力量也不如法国的"戴高乐"级，更远远比不上美国的"尼米兹"级。战略专家认为这两艘航空母舰在近岸持续"力量投射"方面也意义不大，因为"维克兰特"号的海上自持力仅为45天。

图书在版编目（CIP）数据

世界航空母舰极简史/（英）大卫·罗斯著；徐玉
辉，石健译. —上海：上海三联书店，2022.1（2024.12重印）
　　ISBN 978-7-5426-7527-9

　　Ⅰ.①世…　Ⅱ.①大…②徐…③石…　Ⅲ.①航空母
舰－介绍－世界　Ⅳ.① E925.671

　　中国版本图书馆 CIP 数据核字（2021）第 183166 号

世界航空母舰极简史

著　　者 /［英］大卫·罗斯
译　　者 / 徐玉辉　石　健

责任编辑 / 李　英
装帧设计 / 千橡文化
监　　制 / 姚　军
责任校对 / 张大伟　王凌霄

出版发行 / 上海三联书店
　　　　　（200041）中国上海市静安区威海路 755 号 30 楼
邮　　箱 / sdxsanlian@sina.com
联系电话 / 编辑部：021-22895517
　　　　　发行部：021-22895559
印　　刷 / 固安兰星球彩色印刷有限公司

版　　次 / 2022 年 1 月第 1 版
印　　次 / 2024 年 12 月第 2 次印刷
开　　本 / 787mm×1092mm　1/16
字　　数 / 550 千字
印　　张 / 25
书　　号 / ISBN 978-7-5426-7527-9/E·19
定　　价 / 168.00 元

敬启读者，如发现本书有印装质量问题，请与印刷厂联系 0316-5925887